慕课理论与
教育实践研究

王海波 著

湖北省教育科学规划2019年度重点课题『基于人本主义教育理论的慕课发展现状研究』结项成果（项目批准号：2019GA015）

武汉大学出版社

WUHAN UNIVERSITY PRESS

图书在版编目(CIP)数据

慕课理论与教育实践研究/王海波著.—武汉：武汉大学出版社，2023.5

ISBN 978-7-307-23639-4

Ⅰ.慕⋯　Ⅱ.王⋯　Ⅲ.网络教学—教学研究　Ⅳ.G434

中国国家版本馆 CIP 数据核字(2023)第 045849 号

责任编辑:胡国民　　　　责任校对:李孟潇　　　　版式设计：马　佳

出版发行：**武汉大学出版社**　　（430072　武昌　珞珈山）
（电子邮箱：cbs22@whu.edu.cn　　网址：www.wdp.com.cn）
印刷:湖北金海印务有限公司
开本:720×1000　　1/16　　印张:14　　字数:222 千字　　插页:1
版次:2023 年 5 月第 1 版　　　2023 年 5 月第 1 次印刷
ISBN 978-7-307-23639-4　　　定价:56.00 元

前　言

　　国际学术界通常把 2012 年作为"慕课（MOOCs）元年"，其产生至今十余年时间，已在全球教育领域广受关注、影响深远。2013 年，慕课进入中国，给国内教育界带来一场"风暴"。不仅普通等教育，成人教育、社区教育等方面也受到了不同程度的冲击。一段时间的积淀后，国内顶尖高校率先加入慕课平台，从"坐而谈"进入"起而行"的新阶段，到目前为止，国内较为主流的慕课网络平台包含以下几个：顶你学堂、开课吧、Coursera Zone、学堂在线、中国大学 MOOC、好大学 MOOC、慕课网、慕课中国、爱课程、万门大学以及智慧树等。尤其是 2020 年新冠疫情暴发以来，慕课得到前所未有的大面积使用，吸引了更多人的关注。关于慕课的研究也日益增多，从慕课推介，到慕课制作、慕课学习模式、慕课在各领域应用等，研究范围十分广泛。总体而言，理论研究多于实证研究，高等教育领域研究多于其他领域研究，系统化研究还不够完备。

　　慕课的优势主要表现在三个方面：一是慕课把优质的课程资源更广泛地提供给全社会，且绝大多数是名校名师制作，向众多普通学习者提供，相当于把精英教育面向大众开放；二是慕课推动了教育理念、教学模式的革新，又一次促使人们深入反思传统教学班级授课制的弊端，更加强调以学生为中心的教学模式；三是慕课在社会上已经得到广泛认可，在信息技术手段和教育融合发展的趋势下，慕课已成功获得社会的高认可度。同时，作为一种新兴事物，慕课发展仍有诸多待解决的难题，主要有四个方面：慕课设计以片段视频为单元展开，影响学习者完整地获取知识，学习评价由机器完成，不利于培养学生思维；学习者以成年人居多，学习完成率较低；慕课制作过程耗费教师大量精力、时间，导致教师积极性不高；由于慕课免费或收费较低，慕课公司资金不足，持续发展受限制。

慕课最初的迅猛发展让部分学者认为它有可能取代传统的高等教育，但从我国高等教育和高等学校的目标看，还需要在大学四大功能——人才培养、科学研究、社会服务和文化传承创新四个方面不断提升，向更高质量发展。显然，慕课在提高学生的思想修养与道德素质、培养其社会责任感、涵育校园文化等方面"力有不逮"，无法取代大学校园里的现场教学，更无法颠覆传统的高等教育。具体而言，慕课在高等教育领域存在的短板主要有：(1)慕课的课程设计受制于慕课技术，质量并没有期望那么高；(2)慕课评价环节过于简单，缺乏必要的反馈、实践环节；(3)慕课退学率较高，且大多数学习者是拥有大学学位的成年人；(4)慕课制作难度大，缺少可持续发展策略。慕课与传统高等教育的有效融合，需要从校园网络硬件和软件建设、制定慕课教学质量评价标准、将慕课纳入培养方案、结合慕课进行教学模式改革等方面加强。

慕课的产生与发展与高等教育联系密切，随后也对继续教育、基础教育领域产生了深远影响。随着终身教育思想在全球推广，慕课这种大规模的网络在线教学模式在推动人们终身学习、接受继续教育方面，其优势和价值越来越显著。慕课促使终身教育体系更加完善，扩大了终身教育获益者的规模，提升了终身教育的质量和效益。慕课在教育理念、教学资源、教学管理以及教师聘请与管理等方面，给开放大学带来了前所未有的机遇。而在慕课背景下，进一步明确网络远程教育的差异性目标定位，有助于提升教学质量，促进终身教育落到实处。慕课在基础教育领域也有明显的优势与不足，借助慕课优势，基础教育可以将慕课作为对传统课堂的补充和完善，帮助中小学生利用慕课对学期内容进行查漏补缺。慕课在基础教育阶段的运用是一项复杂的系统工程，需要在国家层面统一规划，在学校层面具体落实，在教师层面加强业务学习，在学生层面对慕课持开放心态，在家长层面配合协调，以营造良好的慕课学习氛围，充分发挥慕课的积极作用，提高中小学的教育质量。

　　慕课发展至今，已经在教育教学实践中被广泛运用。如一些理工院校人文课程长期存在不足，理工院校可以利用国内外现有的慕课资源，尝试从政治与哲学、文化与历史以及文学与音乐三个领域构建相对完善的人文课程体系；同时，结合现有文科教师资源，构建线上线下相结合的教学模式，加强教学硬件建设、课堂设计与组织、教学管理等，切实提高理工学院人文教学质量，培养德才兼备的优秀人才。国内很多高职院校建设了慕课，不少高职慕课平台引入北京大学等名校慕课，借鉴名校慕课模式，汲取经验，以发展高职慕课。慕课在高职院校的应用需要从培养目标、培养对象、师资力量、社会认可度四个方面，促进慕课与高职教育融会贯通，并在实践类慕课线上线下混合模式教学、增加慕课助教、升级软硬件设施以及优化慕课教学环境等方面加强建设。慕课还可以与特定学科专业相结合，培养复合型人才，比如审计人才的培养，可以基于慕课设置完整课程体系，构建慕课与课堂教学有机结合的教学模式。在区域教育规划中，结合生态学理论，运用慕课和微课等新教育技术，有助于解决我国区域教育发展不够均衡、资源分布参差不齐等问题。慕课在中小学思政教学中也能起到积极的作用，中小学思政慕课的开发需要总体规划与阶段建设相结合，其设计需要充分考虑学生的年龄与心理特征，其应用需要加强中小学的信息化建设，且要遵循循序渐进的原则。慕课在高校翻译硕士培养中可以发挥重要作用，尤其对翻译硕士培养国际化益处多多。慕课在外语教学中的运用具有十分明显的优势，主要体现在：慕课的微课堂设计符合语言习得规律，可以满足学习者的个性化需求，能有效降低学习者的情感过滤，提高学习效率。在课程思政的大背景下，慕课的思政功能尚有不足，主要表现在重知识传授轻思政教育、"教""学"时空割裂、考核机制不完善三个方面，因此需要进一步优化教学形式、改进考核机制。在讲解知识技能的同时，深入挖掘历史文化、爱国精神、思想道德素质等思政要素，进而帮助学习者树立正确的自我认知与社会认知。

　　面对慕课这种复杂的新生事物，专家学者们褒贬不一，从哲学高度理解慕课，也许可以更加理性、科学地运用慕课。慕课打破了传统教育时间、地点等对学生的限制，将学习自主权归还学生，有利于发挥他们的主观能动性，符合人本主义哲学理念。但慕课也隐含着一些技术特征与负面后果，慕课犹如课堂教学的复制品，缺少课堂教学所具有的师生情感交流和双向互动，教师与学生均受制于互联网技术，成为慕课技术操控的对象。当前国外慕课多数由西方名校制作，这极易形成西方发达国家的教育霸权和教育殖民，在引进国外慕课时，需要进行鉴别，将包含有政治、历史、宗教等偏见的慕课排除在外，同时大力开发中文慕课，鼓励国内实力较强的高校建设慕课平台，做到扬慕课之长，避慕课之短，促进我国教育现代化，提高教育质量。

　　慕课是技术进步的产物，也是外部社会压力和学校自身需求共同作用的结果，国外已有学者将其视为文化的一部分，会对人际关系、大学教育产生一定影响，有潜在的社会后果。未来如何应对，应具体问题具体分析，不同层次的学校应采取差异化路径选择慕课、面对慕课。

王海波

目　　录

绪论

慕课发展历程及慕课研究

慕课(MOOCs)全称为"大规模在线开放课程(massive open online classes)"，它名称中包含的几个关键词——大规模、开放、在线——即体现了它的教育理念。慕课自产生伊始，以海啸之势席卷全球，在其发展壮大的短短 10 年时间，影响越来越深远，受到了教育界的广泛关注。

第一节　慕课的发展历程

慕课蕴含的教育理念究竟萌芽于何时，众说纷纭。早在 2003 年，爱尔兰推出在线学习交互平台 ALISON，延续至今日，该平台已上架 1500 多门课程，注册用户来自 195 个不同国家和地区。该平台宣称自己开发的课程就是最早期的慕课。同年，英国全球电子校园有限公司(UK eUniversities Worldwide Limited)推出一门电子课程。该课程采取线上授课的形式，费用为每名学生 50 英镑。一些学者认为该课程是最早期的慕课。2007 年，美国犹他州立大学开设网络开发课程"开放教育导论"（Intro to Open Education），部分学者认为该门线上课程才是慕课的前身。也有学者争辩，加拿大里贾纳大学（University of Regina）于 2008 年推出的网络开放课程"媒体与开放教育"（Media and Open Education）才是慕课的雏形。

虽然关于慕课教育理念起源于何时、何处众口不一，但"慕课"这一概念是在 2008 年由加拿大爱德华王子岛大学网络传播与创新主任大卫·科米尔（Dave Cormier）与国家人文教育技术应用研究院高级研究员布莱恩·亚历山大（Bryan Alexander）明确提出，用以形容加拿大曼尼托巴大学开发出的一门大规模在线开放课程——"连通主义与连通知识"。是年，该课程上架，供世界各地的学习者参与学习。据统计，共有 2300 多名学习者参与该课程的学习。此后，玛丽华盛顿大学和纽约大学约克学院等高校相继开设大规模在线开放课程。这一阶段的慕课，注重学习者的创新能力与自主性，强调学习内容和学习环境的开放性，被称为"联通主义慕课"（cMOOCs）。与此同时，慕课概念的提出引起了研究者们的关注，相关研究开始出现。然而，这一阶段，由于慕课不瘟不火，还没有形成专门的慕课体系。因此，相关研究的质量自然也相对较低。直到 2011 年秋天，慕课教学与研究迎来了重大突破。

2011 年秋，斯坦福大学塞巴斯蒂安·特伦（Sebastian Thrun）与彼得·诺维德（Peter Norvig）合作开发线上课程"人工智能导论"并免费发布，吸引了来自世界各地的共 19 万学习者注册参加，这象征着慕课逐渐趋于成熟。慕课的潜力引起各方关注，高等院校、商业机构等开始着力开发慕课课程，媒体也对慕课加以大肆宣传，更是推进了慕课的席卷之势。如此背景下，美国三大慕课平台 Udacity、Coursera 以及 edX 于 2011 年上架。Udacity 致力于通过网络课程等技术进行技能教学，帮助学习者培养专业技术能力，其推出的课程涵盖云计算、人工智能等领域。Udacity 公司的口号是"将可使用的、负担得起的、有吸引力的、高效的高等教育带给全世界"。① Udacity 与许多领军企业合作，开办企业专属的电子教育平台，以灵活方便为卖点。发展至今，已经有超过 16 万名来自 190 多个国家和地区的学习者注册了 Udacity 平台并在平

---

① UDACITY. About Us. https://www.udacity.com/us，2019-06-26.

台上进行线上学习。Coursera 则主推随时随地可供学习的在线课程，既能帮助学习者获取证书与学位，也能根据学习者不同需求帮助其培养优秀技能。Coursera 公司在其公司网页上声称："我们致力于普及全世界最好的教育，提供任何人可以免费学习的在线课程。"①至今，Coursera 已经与 140 多家顶尖机构合作，上架 2500 多门在线课程。课程既涵盖商务管理、人文学科等企业素养学科，也包括数据分析、编程等技术层面的学科。同时，Coursera 与哈佛大学、香港理工大学等知名大学合作，开发教学课程以供学习者学习。相较于 Udacity 和 Coursera 而言，edX 更注重企业技能方面的电子教学。其自身定位是为企业提供电子学习方案，帮助企业成长繁荣的在线学习平台。三个平台各有所长，都是质量优质的慕课平台，被誉为慕课平台的"三驾马车"。"三驾马车"齐头并进，一起带动了慕课的发展。此外，英国的 FutureLearn、德国的 iversity、法国的数字大学慕课平台等慕课平台也先后上线，发布慕课课程，供全世界的学习者在线学习。

与此同时，许多高等院校也上线了专属慕课课程。至今，麻省理工学院已上架 2000 余门慕课课程，哈佛大学、牛津大学等名校也纷纷开设线上课程、创立网络学习平台。与早期的联通主义慕课不同，已有众多高校参与的慕课，以行为主义理论教学为基础，注重内容教学，强调知识的传播、学习和检测，也因此被称为"行为主义慕课"（xMOOCs）。相较于联通主义慕课，行为主义慕课更加接近传统教学课程，更加契合传统教学理念。由于最具代表性的行为主义慕课最先由斯坦福大学开设，有学者也将行为主义慕课亲切地称为"斯坦福模式"。这一时期，慕课迅猛发展，关于慕课的研究大量涌现，研究质量也在逐步提高。2012 年，慕课概念提出一年后，慕课无论是在平台发展还是在文献研究上都有了重大进步。《纽约时报》（*The New York Times*）把这一年称为"慕课元年"，② 这一说法得到了众多研究者的认可。总体而言，2012 年是慕课呈井喷式发展的一年。慕课如同刚刚成形的巨型风暴，开始向全球各地席卷扩张。

2013 年，随着国外慕课上架一年多的实践检验，研究者也对慕课有了更

---

① COURSERA. About Us. https://www.coursera.org/about/，2019-06-26.

② Pappano，Laura. The year of the MOOC. *New York Times*，2012-11-02（3）.

为全面的认识。慕课的不足也开始被一些研究者揭示，比如退学率较高、教学效果欠佳等。这一阶段，已有国外学者对慕课进行批判性研究，指出了慕课存在的缺点，并提出相应的解决方案。因此，2013 年后，一方面，国外慕课发展继续高歌猛进，热度居高不下；另一方面，关于慕课优与劣的争论也一直如影随形，持续至今。时至今日，学者们基本认可慕课虽不能取代传统教育教学，但能在一定程度上帮助教育教学，是教育信息化、教育网络化时代不可或缺的助力。

慕课对于我国教育界而言，属于"舶来品"，发展相较国外起步稍晚，但发展到今天，也已蔚然成风。2013 年，慕课风暴席卷全球，也不可避免地对我国教育界产生了巨大影响，而且这一影响并未局限于普通高等教育，而是迅速波及成人教育、社区教育，甚至基础教育等各个方面，这一年也被称为"中国慕课元年"。最先进行实践尝试的是一些顶尖高等学校，它们率先加入慕课平台，从"坐而谈"进入"起而行"的新阶段。2013 年 5 月，香港大学率先与慕课平台三驾马车之一的 edX 合作，北京大学和清华大学紧随其后，与 edX 开展合作。此后，上海交通大学等知名高校相继加入 Coursera 平台，并与其他 C9 类高校及部分 985 高校一起打造慕课联盟。经过一段时间的发展，慕课在我国高等教育领域遍地开花。东西部高校联盟、吉林高校联盟、高校外语慕课联盟等高校慕课联盟纷纷成立。除了普通高校，高职院校也受到慕课的极大影响，虽说高职慕课在发展势头上比普通高校稍显逊色，但总体发展势头依然强劲。自 2014 年起，国内高职院校纷纷开始尝试开展慕课教学，高职慕课如雨后春笋般迅速发展，有学者称这一年为"高职慕课元年"。发展至今，国内已形成三个最具代表性的高职慕课联盟：苏州国际高校慕课联盟、宁波市高校慕课联盟以及中国大学 MOOC 职教联盟。2014 年 9 月，苏州工业职业技术学院、苏州科技学院等 10 所院校加盟苏州国际教育园课程共享联盟，联盟课程内容丰富，涵盖公共基础类慕课、通识类慕课等。苏州国际教育园课程共享联盟，主打互联互通的卖点，基于另一个更大的高校慕课平台——"智慧树"，与其他高校共同分享课程。2015 年 7 月，宁波大学领衔 8 所高职院校合作成立宁波市高校慕课联盟，约定在未来 5 年将建设 200 门优质本地化慕课课程，引进 500 门优秀慕课课程，建设 1000 门本校慕课课程，向国内外慕课联盟或平台输送 20 门以上的精品慕课课程。目前，宁波市高校慕课联盟共向学生开放 250 余门公选课。相比于苏州国际教育园共享联盟课程，宁波市高校慕课联盟是一个相对独立的慕课平台，所提供的课程全都来自联盟内的院校，且不完全对联盟外的学生开放。2015 年 11 月，教育部、财政部推动发展的中国大学 MOOC 职教联盟成立，提供涉及多项领域的慕课，包含部分职业技能课程。中国大学 MOOC 职教联盟的特点则是开放与免费，平台的大部分课程对所有学习者免费开放，供学习者提升职业能力与知识水平。值得一提的是，学习者在中国大学 MOOC 职教联盟完成学习后，可以获得中国大学 MOOC 的官方认证以及课程合格证书等证明。除此之外，超星高职慕课联盟等专注于培养具备高素质的技术技能型人才的高职慕课平台也先后涌现，为高职教育带来另一番生机。当然，成人教育、社区教育等其他方面的慕课平台也在努力开设，以适应教育信息化、教育网络化的发展趋势。

目前来看，国内较为主流的慕课平台包含以下几个：顶你学堂、开课吧、Coursera Zone、学堂在线、中国大学 MOOC、好大学 MOOC、慕课网、慕课中国、爱课程、万门大学以及智慧树等。顶你学堂成立时间较早，早在 2012 年就已上线。其与清华大学、北京大学、中国人民大学等著名高校开展合作，为国内上百所高校制作、输送专门的慕课学分课程，在业内享有盛誉。然而，相对其他主流平台而言，顶你学堂的注册学习者相对较少。"开课吧"则主要与国内知名 IT 企业与互联网企业合作，提供 Web 前端、Java、大数据等互联网知识技能相关的在线课程，注重学习者职业能力的提升与可持续性成长。而 Coursera Zone 是慕课三驾马车之一的 Coursera 平台在国内成立的官方中文学习社区，由网易公司负责运营，也被称为网易公开课。与其他平台不同，Coursera Zone 致力于带来国外最优质的课程并通过专业翻译、详细讲解及助教陪课等方式打造中文学习环境。其宣传语"传播属于全人类的知识与智慧"，旗帜鲜明地彰显慕课的独特优势，获得了广大学习者们的一致好评。学堂在线则是清华大学基于 edX 源代码开发的慕课平台，于 2013 年 10 月正式上线。其不仅与北京大学、复旦大学、中国科技大学等国内知名高校合作，也与麻省理工大学、加州大学伯克利分校等国外一流院校合作开发课程，致力于为学习者提供系统的高等教育。至今，学堂在线上线了国内外一流院校的 2300 多门优质课程，课程涵盖面广且质量较高。中国大学 MOOC 则是由网易与高等教育出版社合作开发的在线学习平台，承接教育部精品开发课程，向大众提供中国知名高校的慕课课程。值得一提的是，中国大学 MOOC 有一套类似于线下课程的完整体系，涵盖课程教学、课堂讨论、作业布置、课后答疑到结课考试等各个环节，体系完备。并且，学习者按照老师要求完成课程学习并通过课程考核后，可以免费获取有授课老师签署的认证证书。中国大学 MOOC 提出的"希望能够通过互联网这个渠道和手段，打破各种壁垒，让每个人都可以平等地进行教育"，受到众多学习者的青睐和赞许。好大学 MOOC 则是上海交通大学于 2014 年创办的慕课平台，创办宗旨为"让所有人，都能上最好的大学"，其上架的课程多为高等教育课程，适合学习者，特别是广大在校大学生学习理论知识与课程知识。相较于其他平台，好大学 MOOC 仍然不够成熟，还处于早期发展阶段。

与上述平台不同，慕课网专注于 IT 技能的分享学习，于 2013 年上线。其上架的课程大体为计算机方面的理论课程，对于主攻这一方向的学习者大有裨益。慕课网平台上架课程较多、质量也较高，但无法为学习者开具学习证明，无法提供专门的认证证书。慕课中国则致力于收录全球优秀在线开放课程，面向中国学习者提供课程学习，目前，慕课中国共计收录发布 1780 余门在线课程，部分课程由 Coursera、Udemy、Linkshare 等国外知名慕课平台共同提供。慕课中国的宣传标语"慕课改变你，你改变世界"，备受学习者喜欢。爱课程则是教育部、财政部于"十二五"期间启动实施的"高等学校本科教学质量与教学改革工程"的组成部分，由高等教育出版社建设共享平台，平台承担建设、管理高等教育国家精品课程的工作。爱课程平台的课程涵盖面广，注册参加的学习者较多。万门大学于 2012 年创办，被不少学习者称为中国第一所网络大学。该平台提供一站式在线学习资源，课程内容涵盖职场技能、中小学教育等各个方面，如今，已有超过 1000 万名学习者注册，版权自有课程超过 1200 门，且这一数量仍在不断增加。智慧树平台由上海卓越睿新数码科技有限公司开设，是全球性大型学分课程运营服务平台。其采用的"平台、内容、服务"三位一体的业务模式独树一帜，能够实现跨校课程共享和学分互认，完成跨校选课修读。由于自身的独特优势，智慧树平台受到东西部高校联盟、吉林高校联盟等众多高校联盟的青睐。截至目前，已有超过1700万名大学生在智慧树平台修读课程并获得学分，且有近3000所大学与智慧树平台合作。当然，也有不少慕课平台发展仍不成熟，甚至在发展过程中逐渐被淘汰。例如，2012年上线的果壳网MOOC学院就在2017年因运营不当而下架。

2020年，突如其来的新冠疫情肆虐全球，不少高等院校在慕课平台进行线上授课，此举无疑进一步扩大了慕课的影响力。当然，慕课的广泛应用也在一定程度上暴露了自身的一些缺陷，导致更多研究者对慕课提出质疑。虽然慕课的未来仍迷雾重重，其能否成为独当一面的教育教学方式仍难下定论，但或许正如原教育部科技发展中心主任李志民所言，"在未确定慕课对高等教育是否具备颠覆性影响的前提下，参与其中是最好的选择"。①

第二节　慕课的研究现状

当前，慕课在国内外教育领域已经成为一种蔚为壮观的现象，研究慕课也成为显学。笔者对2012年至今国内外关于慕课研究的专著与期刊文献进行梳理，依次从国外专著、国内专著、国外期刊文献和国内期刊文献四个方面，深入了解当前慕课的研究现状，对比分析国内外慕课的研究动态，以便更为准确地把握慕课发展状况。

一、国外专著方面

笔者将慕课（MOOCs）作为关键词输入超星发现系统中进行高级检索，一共得到77本与此相关的外文专著。

虽然超星发现系统收录的外文慕课专著只是所有外文慕课专著的沧海一粟，但也能在一定程度上体现国外慕课研究的方向变化。不难看出，2012年慕课元年后，有部分国外慕课专著出版，但数量不多。2013年为批判慕课之年，越来越多的学者投入慕课研究。之后的2014年、2015年，相关研究专著

---

① 《"慕课"来了，中国大学怎么办？》，《光明日报》2013年7月16日。

数量呈爆发式增长，在 2015 年达到顶峰。这一趋势一方面体现出自慕课元年以来慕课在国外备受关注，另一方面也显示出关于慕课的争论与质疑其实在一定程度上促进了慕课研究的发展。自 2016 年起，关于慕课研究的国外专著在数量上有所下降。总体而言，关于慕课研究的国外专著成果颇丰，主要研究集中在慕课质量分析、慕课在具体领域的应用以及慕课的改进策略等方面。

下文将以发表年限为顺序，简述几本影响较大的国外慕课专著的研究内容，以期探讨国外慕课专著的研究重点与发展方向。

2013 年，国外慕课专著主要围绕慕课的概念与基本特征展开讨论。2013 年出版的《数字时代下的高等教育》（*Higher Education in a Digital Age*）就对慕课的核心概念与基本特征进行了讨论，并在一定程度上回应了对慕课的质疑，指出慕课是符合教育发展趋势的一种远程教学手段。[①] 这一阶段的专著更多的是关注慕课本身，尚未深入探究慕课与大数据时代背景的联系。

2014 年出版的《云教育技术：慕课与大数据》（*Learning Technology for Education in Cloud — MOOC and Big Data*）则弥补了这一缺陷，在大数据时代的背景下讨论慕课这一大规模在线开放课程。[②] 该著作从信息科学的角度，对慕课展开讨论，并通过实证案例证实观点，有着较强的说服力。总体而言，这一阶段的专著主要局限于宏观层面，关于慕课在具体领域应用的研究很少涉及。

2015 年，慕课自身经过了一段时间的实践检验，发展更为成熟，研究者们开始关注微观层面，探析慕课运营过程中的具体问题。比如，2015 年出版的《慕课：设计、使用与商务模式》（*MOOCs：Design, Use and Business Models*）就慕课的设计方式、使用过程与商务模式展开讨论，研究视角更加关注慕课的可行性与可持续性。[③] 同年出版的《高等教育中的慕课：制度目标与前进道路》（*Moocs in Higher Education：Institutional Goals and Paths Forward*）也着眼于微观层面，深入探究慕课在高等教育中的应用现状，并据此指出高等教育慕

---

① Bowen, W. G. *Higher Education in a Digital Age*. New Jersey：Princeton University Press, 2013.

② Uden, Lorna. et al. *Learning Technology for Education in Cloud — MOOC and Big Data*. Berlin：Springer International Publishing, 2014.

③ Pomerol, J. C. *MOOCs：Design, Use and Business Models*. New Jersey：John Wiley and Sons, 2015.

课的前进方向。① 同样，莎拉·波特（Sarah Porter）于 2015 年出版的《使用慕课与否：在线教育如何帮助建构高等教育的未来》（*To MOOC or Not to MOOC：How Can Online Learning Help to Build the Future of Higher Education?*）也将重点放在慕课在高等教育的应用中。② 这一阶段，研究者们开始关注慕课在具体领域的应用，但仍对影响慕课教学效果的具体因素如慕课学习者学习动机、慕课学分机制等关注较少。

2016 年出版的外文专著则将更多的关注点放在慕课学习者等影响慕课教学效果的因素上。比如，《大规模在线开放课程（慕课）——以用户为中心的设计策略》（*User-centered Design Strategies for Massive Open Online Courses（MOOCs）*）就将视角转移到了慕课学习者方面，分析慕课实践过程中影响教学效果的因素，并指出慕课设计应以用户为中心。③《技术发展学习中的重大挑战性问题——慕课及其他》（*Grand Challenge Problems in Technology-Enhanced Learning II：MOOCs and Beyond*）则从多个角度分析了影响慕课教学效果的各个因素并谈及其他网络化教育教学手段的部分问题。④ 发展至这一阶段，从专著方面看，国外慕课研究已较为成熟，但研究主题多拘泥于现状分析，缺乏对慕课后续发展的指导价值，研究相对而言仍不够系统化。

2017 年出版的国外专著则更加系统，并重视对慕课发展的指导意义。《慕课——关于设计、开放和运行大规模在线开放课程所需的一切知识》（*MOOCs Now Everything You Need to Know to Design，Set Up，and Run a Massive Open Online Course*）基于对慕课特点的分析以及对慕课发展历程的梳理，系统探究设计慕课、开放慕课及运行慕课整链条的必备知识，对后续慕课建设有着一定指导意义。⑤ 伊丽莎白·A. 蒙斯克（Elizabeth A. Monske）和克里斯

① Hollands，F. M. *Moocs in Higher Education：Institutional Goals and Paths Forward*. London：Palgrave Pivot Us，2015.

② Porter，Sarah. *To MOOC or Not to MOOC：How Can Online Learning Help to Build the Future of Higher Education?*. Oxford：Chandos Publishing，2015.

③ Mendoza-Gonzalez，R. *User-centered Design Strategies for Massive Open Online Courses（MOOCs）*. Hershey，PA：Information Science Reference，2015.

④ Eberle，Julia. et al. *Grand Challenge Problems in Technology-Enhanced Learning II：MOOCs and Beyond*. Berlin：Springer International Publishing，2016.

⑤ Alman，S. W. & Jumba Jennifer. *MOOCs Now Everything You Need to Know to Design，Set Up，and Run a Massive Open Online Course*. Englewood：Libraries Unlimited，2017.

汀·L. 布莱尔（Kristine L. Blair）合作出版的《慕课时代下的写作指南》（*Handbook of Research on Writing and Composing in the Age of MOOCs*）则更加注重在慕课时代的大背景下，慕课对于论文写作等方面的指导意义。① 同时，也有一些学者基于研究现状和实证调查，对慕课的未来提出大胆预测，并指出慕课的改进策略与发展方向。《慕课及其未来：高等教育慕课规模及访问量的实验》（*MOOCs and Their Afterlives：Experiments in Scale and Access in Higher Education*）就对高等教育中慕课的规模和访问量进行了一定的调查研究，并据此指出慕课未来的发展方向。② 但这些预测仍主要局限在高等教育领域，对其他领域慕课的应用关注较少。后续出版的专著研究范围逐步扩大，开始把探究的视野拓展到全球范围，并且关注慕课在许多不同领域的应用。

2018 年出版的国外专著《中国慕课发展》（*The Development of MOOCs in China*）从国际视角，分析了慕课在中国的发展历程与应用现状，对世界其他国家慕课的发展具有一定的借鉴意义。③ 研究者首先将视点聚焦于中国，能够看出慕课在我国发展迅猛，已经形成一定气候。《慕课时代下的图书馆和信息科学》（*Library and Information Science in the Age of MOOCs*）则拓宽了研究领域，将主要局限在高等教育范围的慕课延展至其他不同领域，深入分析慕课时代图书馆建设和信息科学研究，并提出其与慕课融会贯通的发展方向。④

2018 年后，关于慕课研究的国外专著逐渐减少。慕课这一话题似乎在慢慢降温，但 2020 年关于慕课研究的期刊数量有所反弹，重新呈增长趋势。在新冠疫情的影响下，大规模在线开放课程受到前所未有的重视，这会不会使得慕课研究的热度再次升温，仍未可知。

---

① Monske, E. A. & K. L. Blair. *Handbook of Research on Writing and Composing in the Age of MOOCs*. Hershey：IGI Global, 2017.

② Dominguez, Daniel. *MOOCs and Their Afterlives：Experiments in Scale and Access in Higher Education*. Kerala：OPEN PRAXIS, 2017.

③ Zheng, Qinhua. et al. *The Development of MOOCs in China*. Berlin：Springer Singapore, 2018.

④ Kaushik，Anna. *Library and Information Science in the Age of MOOCs*. Hershey：IGI Global, 2018.

二、国内专著方面

与国外相比，国内关于慕课的研究仍不是特别成熟，与之相关的专著相对较少。笔者将"慕课"或"MOOCs"作为关键词输入超星发现系统进行检索，一共得到49本与慕课相关的中文专著。

不难看出，2013年中国慕课元年后，国内关于慕课研究的专著开始出现。随后几年，慕课相关专著的出版数量不断增多。这一方面体现出国内教育界对慕课倍加重视，另一方面也体现出国内慕课仍处在发展阶段，尚不成熟。目前，国内专著主要围绕对慕课的系统化梳理和对慕课在具体教育方面的应用展开讨论。

下文将按出版时间顺序集中讨论几本影响力较大的国内慕课专著，以期探讨国内慕课专著的研究重点和发展方向。

华东师范大学教授陈玉琨于2014年出版专著《慕课与翻转课堂导论》。该专著围绕慕课与翻转课堂两个概念探讨互联网时代下的教学理论与实践，不仅全面详尽地论述了慕课与翻转课堂两种全新的教育教学手段，也对其现存问题与后续发展道路作出了深刻思考。基于这些思考，作者提出"在慕课背景下进行翻转课堂"与"将翻转课堂与教学生态相结合"等具有建设性的建议。[①]

然而，《慕课与翻转课堂导论》将重点放在慕课与其他教育教学方式的融会使用，对慕课本身的发展历程与应用现状关注较少。2015年机械工业出版社出版的《慕课》一书很好地填补了这一空缺，该书深入探讨了慕课这一新型网络化教育教学模式，从慕课产生、慕课发展、慕课教学、慕课学习、慕课研究、慕课应用、慕课开发等多个方面对慕课进行分析，主要讨论了慕课对高等教育造成的巨大影响。[②] 但《慕课》更加关注慕课给高等教育带来的巨大冲击，对慕课在职业教育、成人教育等方面的影响关注较少。

与《慕课》同年出版的《慕课革命》一书论及上述问题。《慕课革命》由美国伊利诺伊大学经济系博士、国务院参事汤敏编纂出版。该专著围绕"慕课的特点是什么""慕课是否能实现教育公平""慕课教学真的能起到作用吗""慕课实

---

① 陈玉琨、田爱丽：《慕课与翻转课堂导论》，上海：华东师范大学出版社2014年版。

② 焦建利、王萍：《慕课》，北京：机械工业出版社2015年版。

践中要注意什么"等问题展开论证并逐一回答这些备受关注的问题。同时，该专著涉及的领域并不局限于高等教育，也涵盖职业教育、成人教育等领域。值得一提的是，《慕课革命》不仅有详细的理论论述，也谈及许多国内外的实践案例，全文引证充分。①

相较于上述几本专著，2016年出版的《基础教育慕课与翻转课堂教育理论和实践》更加注重慕课在应用过程中的教学质量以及具体问题。该书由华东师范大学田爱丽编撰，详细论述了慕课与翻转课堂结合教学模式的结构流程，通过分析具体的理论数据，指出教师们应在教育网络化的趋势下，有效使用慕课及翻转课堂以提升整体教学质量。② 不难看出，《基础教育慕课与翻转课堂教育理论和实践》主要面向教师群体，以期对教师们的教育教学有所启发。

2016年出版的《慕课：重新定义学习》则将高校及高校学习者设想为目标读者。该书关注慕课引发的教育变革，指出目前教育格局、学习理念和学习方式正在发生巨大改变，并进一步探讨如此发展趋势下，高校应该如何适应慕课浪潮，学习者又应该如何利用慕课提高学习质量。③

上述研究并未深入探究高校特定学科专业慕课的应用情况。慕课的出现无疑为外语学习者提供了更好的目标语言使用环境，许多高校也尝试采用慕课的方式提升英语教学效果。《慕课与高校英语学习方式研究》于2018年出版，围绕慕课作为"线上课堂"的特征展开，全面分析了目前高校主要的英语学习方式以及慕课的特点，并据此指出管理规范、质量优质的慕课势必会对高校学生的英语学习产生巨大影响，从而提高学习者的学习效率。④

谈及学习效率，就不得不研究学习者的学习意愿。只有学习者学习意愿较强，慕课才能更好地发挥作用。为探究这一方面的问题，教育部人文社科项目围绕大学生慕课学习意愿展开研究，并于2019年将部分研究成果编纂成《大学生慕课学习的意愿与影响因素研究》。该书采用方差分析、结构分析等

---

① 汤敏：《慕课革命：互联网如何变革教育?》，北京：中信出版社2015年版。
② 田爱丽：《基础教育慕课与翻转课堂教学理论和实践》，上海：华东师范大学出版社2016年版。
③ 杜积西、严小芳：《慕课：重新定义学习》，北京：北京师范大学出版社2016年版。
④ 郑立、姜桂桂：《慕课与高校英语学习方式研究》，成都：西南交通大学出版社2017年版。

方法对大学生的慕课学习意愿进行了定量分析，主要探究大学生慕课学习意愿与课程供给、技术条件、环境引导、政策支持、学生特征和慕课属性等方面的关系。全书论据充分、材料翔实，实践价值较高，对后续慕课建设中如何提升学生的学习意愿有着一定的指导意义。①

当然，要提高慕课学习者的学习意愿，慕课的学分认证问题是一个绕不开的话题。在高校慕课中，学生们对慕课学分如何转换，慕课能否帮助他们成功修完课程关注极多。兰州大学教育学院教授方旭深入研究了慕课学分转换的理论并进行了实证研究，其研究成果《高等教育慕课（MOOC）学分转化的理论和实践研究》于 2019 年出版。专著围绕慕课学分转换的文献综述、慕课学分转换的比较研究、国外慕课学分转换的比较研究、慕课学分转换的影响因素以及我国慕课学分转换的路径和机制五个方面展开，层层递进、环环相扣，从理论研究逐步过渡到实践研究。该书同时关注国内和国际两个领域，并采取定量和定性等多种研究方法，提出的理论结果说服力强，能够为我国慕课实践提供建设性意见。②

当然，提升慕课教学质量的过程中要关注的主体不仅仅是高校大学生，其他慕课学习者也应受到重视。浙江大学出版社于 2020 年出版的《慕课学习者持续参与行为研究》就着眼于所有类型慕课学习者的持续参与行为。该书通过文献调研、亲身实践、访谈等多种方式获得资料，并采用情态分析等质性研究方法和 SPSS 数据统计分析等量化分析方法探究慕课学习者的持续参与行为，以期解决慕课课程考核通过率较低等一系列问题。③

同时，我国高校有着独特的生态格局，在慕课的影响下，我国高等教育格局如何变化，众多高校如何打造并发展适合自身的慕课从而抢占先机也是个值得探讨的问题。基于国家社科基金项目"MOOCs 背景下地方高校战略重构与流程再造研究"的研究成果，湖南工学院教授刘俊学出版了《在线与混合：慕课时代地方高校战略选择》。该书深入分析了高等教育课程变化的趋势

① 赵晋：《大学生慕课学习意愿的影响因素与形成机制研究》，上海：同济大学出版社 2019 年版。

② 方旭：《高等教育慕课（MOOC）学分转化的理论和实证研究》，北京：人民出版社 2019 年版。

③ 邹菊梅：《慕课学习者持续参与行为研究》，杭州：浙江大学出版社 2019 年版。

和特点，并结合慕课的特点提出了地方高校发展的"在线课程战略"，同时尝试建构地方高校在线课程战略评价指标体系与评价模型，对高校明确未来发展方向有着重要的指导意义。①

当然，正如前文所述，慕课对中国教育界的影响，并不局限于普通高等教育，职业教育、成人教育等方面也受到巨大冲击。2019年，阳信县职业中专高级教师朱洪彬、袁广西探索慕课、微课在中职学校中的应用与实践并出版《中职学校慕课、微课应用研究与实践——以公共基础课为例》。该书以中职公共基础课为对象，结合慕课、微课的起源、设计方法等理论基础，以及慕课、微课在中职院校实践中的典型案例，全面深入地论述了中职院校慕课、微课的应用现状与实践途径，对后续中职慕课发展及相关研究有一定帮助。②

不难看出，国内关于慕课研究的专著涵盖面较广，既有对慕课与翻转课堂的理论发展进行概述的研究，也有对高校慕课、中职慕课等慕课在特定机构中的使用进行分析的研究。但国内关于慕课研究的专著在数量上仍远远不及国外专著，仍有很大的发展空间。

三、国外期刊方面

采取相同的方式，笔者将"MOOCs"作为关键词输入超星发现系统进行高级检索，共计得到10636篇与慕课相关的外文文献，剔除无关数据后，仍有近9300篇文献与慕课研究直接相关。

2012年前，慕课还未广泛推行，国外研究者们对其关注较少，只有寥寥几篇文献以慕课为切入点。2012年后，慕课得到重视，但2012年国外关于慕课的研究仍然较少，不少学者仍处在调查研究的初步阶段，还未发表理论成果。2013年，学者们对慕课的探讨达到了前所未有的高度，前期关于慕课的研究也有了阶段性成果。这一年，外文慕课文献数量呈井喷式增长，超过1000篇关于慕课研究的文献发表。2013年后，关于慕课研究的文献数量稳步

---

① 刘俊学、罗元云：《在线与混合：慕课时代地方高校战略选择》，长沙：中南大学出版社2018年版。

② 朱洪彬、袁广西：《中职学校慕课、微课应用研究与实践——以公共基础课为例》，北京：中国纺织出版社2019年版。

上升，于 2017 年达到第一个峰值。慕课在各个领域的广泛应用，使得这一话题的探讨具有极大意义，也使得慕课研究涵盖面十分广泛，难以穷尽。2017 年后，国外慕课研究的热度似乎有所降温，慕课相关的外文文献数量有所下降，但 2018 年、2019 年仍分别有近千篇关于慕课的研究文献发表。2020 年，慕课研究的热度又再次回暖。可以看出，受新冠疫情影响，慕课再次得到高度重视，但这一现象也同时体现出，慕课虽已发展多年，仍然谈不上完全成熟，许多慕课相关的问题还未讨论清楚，仍待进一步研究。

　　2012 年前，由于慕课还远远谈不上被广泛使用，研究者们关于慕课的研究大多比较粗浅。尽管如此，一些学者的研究基于对慕课极具洞见力的思维，创造性地介绍了慕课相关教育理念，并强调了慕课在后续教育中的重要性。比如，肯·马斯特斯（Ken Masters）于 2011 年发表的《理解慕课的简要指南》（*A Brief Guide To Understanding MOOCs*）主要关注慕课在医学领域的应用并认为慕课可能对医学教育带来积极影响。这一简介不仅对医学领域的慕课起到一定的指导作用，也对其他领域的慕课应用有着一定影响。① 伊·德瓦德（I deWaard）等同年发表的《利用移动学习和慕课理解教育的混乱性、涌现性和复杂性》（*Using mLearning and MOOCs to Understand Chaos, Emergence, and Complexity in Education*）从更宽泛的角度研究了慕课本身，并指出慕课将会带来一次教育范式的变革。受客观条件所限，2012 年前，关于慕课的研究大多描绘的是慕课研究的大图景，尚未涉及更细致深入的问题。②

　　2012 年随着慕课平台的建立与慕课在高校被广泛使用，研究者们有了更多研究材料，研究也更加系统深入。劳拉·帕帕诺（Laura Pappano）于 2013 年发表的文章《慕课之年》（*The Year of the MOOC*）就对慕课的发展历程和应用现状进行了系统的描述，明确指出 2012 年是慕课之年。③ 凯蒂·玛拉吉（Katy Mahraj）同年发表的《利用信息技术加强慕课建设》（*Using Information Expertise*

① Masters, Ken. A brief guide to understanding MOOCs. *The Internet Journal of Medical Education*, 2011, Vol. 1, No. 2, p. 2.

② DeWaard, Inge. et al. Using mLearning and MOOCs to understand chaos, emergence, and complexity in education. *International Review of Research in Open and Distance Learning*, 2011, Vol. 12, No. 7, pp. 94-115.

③ Pappano, Laura. The year of the MOOC. *New York Times*, 2012-11-02(3).

to Enhance Massive Open Online Courses）则分析了慕课建设中的具体问题，并提出要通过信息技术等专业手段促进慕课发展。① 当然，这一阶段也有一些学者针对慕课带来的问题而提出质疑，如 2012 年发表的《慕课会摧毁学术界吗》（*Will MOOCs Destroy Academia?*）就表达了作者对慕课所带来影响的深入思考，虽然该文主要局限于慕课对学术界的影响，但对后续关于慕课的反思起到了一定的引导作用。② 这一阶段的研究虽然取得了一定进展，但总体数量仍然较少。

　　2013 年，国外期刊关于慕课研究的重点发生变化，研究者们更多地关注具体领域中的慕课应用，其中最受关注的是慕课对高校图书馆的影响和作用。凯瑞·吴（Kerry Wu）2013 年发表的《慕课时代下高校图书馆建设》（*Academic Libraries in the Age of MOOCs*）就围绕这一话题，对慕课这一大规模在线开放课程对高校图书馆的影响作了深入详尽的分析，并指出高校图书馆应该未雨绸缪，尽快适应慕课。③ 当然，除却高校图书馆这一具体领域，高等教育中的慕课、职业教育中的慕课等其他领域的慕课研究也得到重视。与此同时，不少学者对慕课的发展脉络进行全面系统的分析，以促进后续慕课研究的发展。泰杜瑞卡·里洋瓦德纳（Tharindu Rekha Liyanagunawardena）等就全面分析了2008—2012 年慕课的发展现状，对 2008 年以来所发表的关于慕课的文献进行梳理，并依据研究主题进行分类，发现当时慕课研究主要涵盖如下领域：慕课学习兴趣、慕课介绍、慕课概念、慕课案例研究、慕课教育理论、慕课技术、慕课参与者研究、慕课供应商探究，以及其他方面。④ 同时，该文对发表文献的质量进行评估分析，极大地方便了后续慕课研究。2013 年还是批判慕课之年，学者们对于慕课的反思与争论达到了白热化的程度，不少学者对

---

① Mahraj, Katy. Using information expertise to enhance massive open online courses. *Public Services Quarterly*, 2012, Vol. 8, No. 4, pp. 359-368.

② Vardi, M. Y. Will MOOCs destroy academia? *Communications of the Association for Computing Machinery*, 2012, Vol. 55, No. 11, p. 5.

③ Wu, Kerry. Academic libraries in the age of MOOCs. *Reference Services Review*, 2013, Vol. 41, p. 3.

④ Liyanagunawardena, T. R. et. al. MOOCs: a systematic study of the published literature 2008-2012. *International Review of Research in Open and Distance Learning*, 2013, Vol. 14, No. 3, pp. 202-207.

慕课进行了质疑与反思。《对斯坦福大学慕课的反思》(*Reflections on Stanford's MOOCs*)就基于斯坦福大学慕课模式对高校教育教学中慕课的使用进行了剖析，提出了学分转换等关乎高校慕课教学质量的关键问题，对慕课在高等教育中的应用具有一定的指导作用。① 虽然这一阶段的研究有着大量实证材料，在数量和质量上都有了一定的发展，但主要研究仍着眼于宏观层面，分析影响慕课教学效果因素等微观层面的研究相对较少。

2014 年，研究者们将更多的精力集中在分析影响慕课教学效果的因素上，力求通过改善影响慕课教学效果的环境、学习动机等因素确保慕课的效用。《学生和教师使用大规模在线开放课程(慕课)——动机和挑战》[*Students and Instructors Use of Massive Open Online Courses*(*MOOCs*)：*Motivations and Challenges*]就主要分析了慕课学习者和慕课教师使用慕课进行学习、教育的动机，并据此提出慕课缺乏反馈机制、缺乏教学质量评估机制等重要问题。② 《大规模在线开放课程的交流模式》(*Communication Patterns in Massively Open Online Courses*)则主要分析慕课教学过程中学习者与教师以及学习者之间的交流模式，并指出一定的交流模式会对慕课在高等教育的使用起到帮助作用。③ 也有部分学者从慕课技术、慕课平台、慕课学分机制等更为具体的方面展开研究。

及至 2015 年，不少国外学者采用全新方法对慕课进行研究，并对未来慕课的发展趋势提出大胆预测。贾斯汀·莱西(Justin Reich)在 2015 年发表的《重启慕课研究》(*Rebooting MOOC Research*)就采取了比较分析等方法，通过具体的实验分析来探究慕课的教学效果。与之前研究不同，莱西没有将视野局限在单一领域的慕课上，而是同时对多门不同学科的慕课进行研究，通过对比分析探究慕课的教学效果。④ 这一阶段，一部分文献仍然在慕课纯理论方面开拓，但许多学者的研究已开始向实证性研究转向。《大规模在线开放课

---

① Cooper, Steve & Mehran Sahami. Reflections on Stanford's MOOCs. *Communications of the Association for Computing Machinery*, 2013, Vol. 56, No. 2, pp. 28-30.

② Hew, K. F. & W S Cheung. Students' and instructors' use of massive open online courses (MOOCs)：motivations and challenges. *Educational Research Review*, 2014, Vol. 12, pp. 45-58.

③ Gillani, Nabeel & Rebecca Eynon. Communication patterns in Massive Open Online Courses. *The Internet and Higher Education*, 2014, Vol. 23, pp. 18-26.

④ Reich, Justin. Rebooting MOOC research. *Science*, 2015, Vol. 347, No. 6217, pp. 34-35.

程中保留率和通过率预测》(*Predictors of Retention and Achievement in a Massive Open Online Course*)则通过生存分析的方法，分析了慕课学习中备受重视的保留率与通过率问题。很大一部分慕课学习者难以完成慕课学习，并且会因为种种原因不再登录慕课平台进行学习。关于这一问题的解释此前大多局限于理论分析，缺乏实证依据。该文很好地弥补了这一缺陷，指出经验丰富的学习者更容易通过慕课考核并坚持慕课学习。① 这一时期大部分研究转向实证性研究，采取特定的调查手段与分析方法对慕课进行实证分析，以证实自己的观点，文献的实用价值和说服力大大提升。

2016 年，慕课的研究视角开始发生国际转向，许多学者对开始应用慕课的超级大国——中国备感兴趣。2016 年发表的《自我决定视角下，中国大学学生慕课接受度调查》(*Chinese University Students' Acceptance of MOOCs：A Self-determination Perspective*)就以 475 名中国大学生为研究对象，采取结构方程建模的方法，探究了大学生对慕课的接受程度，以及慕课接受度与学习效果等各个因素间的关系。② 同时，关于慕课质疑的探讨一直持续着，如 2016 年发表的《慕课能让学生感兴趣吗？基于监管焦点视角的实验研究》(*Can MOOCs be Interesting to Students? An Experimental Investigation from Regulatory Focus Perspective*)就以监管焦点视角为理论基础，通过实验对慕课有关质疑进行证明，结合理论分析与实验分析得出结论，指出预防为主的措施能够在一定程度上提升学生学习慕课的积极性。③ 关于慕课的其他质疑，如慕课是否会损害教育者利益、慕课能否有效推广等，也受到研究者们的重视。

2017 年、2018 年两年里国外慕课研究稳定发展，虽然话题依然围绕慕课在具体领域中的应用、影响慕课教学效果的因素以及对慕课质疑的回应展开，但随着技术发展，不同的研究者采用不同的研究方法对慕课进行了更加系统化、更具逻辑性的分析，使得最终结果可信度更高。如此背景下，对慕课的

---

① Greene, J. A. et al. Predictors of retention and achievement in a massive open online course. *American Educational Research Journal*, 2015, Vol. 52, No. 5, pp. 925-955.

② Zhou, Mingming. Chinese university students' acceptance of MOOCs: a self-determination perspective. *Computers & Education*, 2016, Vol. 92-93, No. 1, pp. 194-203.

③ Zhang, Jie. Can MOOCs be interesting to students? An experimental investigation from regulatory focus perspective. *Computers & Education*, 2016, Vol. 95, pp. 340-351.

质疑也实际上促进了慕课的发展。

2019 年，国外关于慕课研究的热度略微下降。这一阶段，大多数学者对慕课持积极肯定的态度，认为慕课虽不能完全取代传统教学，但却是日后教育教学中不可或缺的助力。研究大多关注如何提高慕课质量，使慕课的实用性更强。《提供慕课：一种有趣的招生方式?》(*Providing MOOCs: A FUN Way to Enroll Students?*)就考察了在慕课平台法国大学(FUN)上提供慕课课程对招生人数的影响。研究发现，在其他条件相同的情况下，开设慕课课程的大学的新生入学人数在接下来的学年里增长了 2% 以上。[①] 当然，虽然大多数学者对慕课的未来发展持积极态度，但当前慕课发展仍有待进一步成熟，不少实际问题仍未得到解决，这也是众多学者广泛讨论的话题之一。如 A. 博雷戈(A. Borrego)于 2019 年发表的《慕课对图书馆和信息教育技术的影响》(*The Impact of MOOCs on Library and Information Science Education*)就全面分析了近年来关于慕课在图书馆和信息教育技术方面的应用。作者表达了对慕课高辍学率和慕课商业模式不完善的担忧，并从更加实用的角度对慕课可持续发展进行了分析。[②]

2020 年，慕课研究重新升温，受新冠疫情影响，慕课的真正教学效果更加受到研究者们的重视。2020 年发表的《慕课中会话行为的重要意义和含义》(*The Importance and Meaning of Session Behaviour in a MOOC*)深入分析了慕课中的会话行为，并指出慕课中的会话会在一定程度上影响学习者的学习态度与学习效果。[③] 同年发表的《模拟慕课学习者的社会行为》(*Modelling MOOC Learners' Social Behaviours*)则通过学习者的课程参与度，对其未来所需的课程模式进行预测并对这些模式进行干预，从而保障学习者的学习质量。[④] 总体

---

① Jacqmin, Julien. Providing MOOCs: a fun way to enroll students? *Information Economics and Policy*, 2019, Vol. 48, pp. 32-39.

② Borrego, Angel. The impact of MOOCs on library and information science education. *Education for Information*, 2019, Vol. 35, No. 2, pp. 87-98.

③ De Barba, P. G. et al. The importance and meaning of session behaviour in a MOOC. *Computers & Education*, 2020, Vol. 146, pp. 1-18.

④ Sunar, A. S. et al. Modelling MOOC learners' social behaviours. *Computers in Human Behavior*, 2020, Vol. 107, No. 1, pp. 1-12.

而言，研究者关注慕课教学质量并不断想方设法提升慕课教学质量，但慕课涵盖领域广泛，且涉及的主观因素较多，许多问题仍有待分析探讨。

四、国内期刊方面

为深入探究慕课近年来在国内教育界的研究现状，笔者对 2012—2020 年关于慕课研究的文献进行统计检索。笔者在 CNKI 的中国学术期刊网络出版总库中进行高级检索，输入"慕课"或含"MOOCs"或含"大规模在线开放课程"作为关键词搜索 CSSCI 和中文核心期刊中的发表文献，一共得到 1801 篇文献，剔除无关数据后，还有 1677 篇文献与慕课直接相关。

笔者按照发表时间顺序从发展趋势、期刊来源、研究主题三个方面对统计结果进行简要分析。

从发展趋势上看，国内关于慕课的研究在 2013—2015 年呈井喷式发展。这一现象与国内慕课的应用现状密切相关。正如前文所述，2013 年是中国慕课元年，学者们开始对慕课倍加关注，而 2014 年、2015 年，作为新兴的大规模在线开放教育模式，慕课在国内的研究热度持续上升；但相对而言，学者们对慕课的态度从推崇备至逐渐过渡到质疑与反思。自 2016 年起，慕课在国内的热度略有下降，但依然是备受欢迎的话题。2017—2020 年，慕课的热度逐渐下降，一方面代表着慕课这一大规模在线开放课程在国内已逐渐趋于成熟；另一方面也彰显着目前国内对慕课的研究非常丰富，已经有了一定的基础。值得一提的是，虽然慕课的研究热度有所下降，但慕课应用中的许多问题依然亟待解决。比如，慕课能否在一定程度上代替传统教育；慕课是否拥有长久的生命力，可以稳定地发展、运营；慕课是否更适合高职教育、成人教育领域，等等。诸如此类的问题依然是广大研究者们正在探讨的问题，这些问题或许会随着慕课的发展一直存在并不断完善。同时，2020 年受新冠疫情影响，慕课的使用率达到了前所未有的高度。可以说，慕课依然是时代发展的宠儿。在如此趋势下，慕课或许会再次成为焦点，国内关于慕课的研究或许会迎来第二次春天。

其次，从期刊来源上看，关于慕课研究的国内文献数量繁多且来源不一，几乎各个类别的期刊都有所涉及。但总体而言，关于慕课研究的学术文献主要来源于教育类、远程教育类的期刊，也有部分文献来自热点话题类期刊或计算机类期刊等其他类型的期刊。《现代教育技术》《开放教育研究》等教育类期刊刊载的关于慕课研究的文献数量较多。早在 2013 年，《现代教育技术》就刊载了慕课相关的文章，探讨国际慕课对我国课程建设的启示。① 截至 2020 年，《现代教育技术》共计刊发 143 篇关于慕课的核心文献，主题围绕"翻转课堂""教育信息化"等方面展开；而《开放教育研究》则一共刊载了 89 篇关于慕课研究的核心文献。与《现代教育技术》期刊有所区别，《开放教育研究》更加关注慕课发展的总体脉络以及慕课应用的具体现状。早在 2013 年，《开放教育研究》就刊载文章，力图整理分析大规模在线开放课程的发展现状。随着时间的推移，《开放教育研究》也逐渐将重点转向慕课在具体环境下的应用问题，与研究趋势相契合。总体而言，慕课研究文献的期刊来源繁杂多样，但这也正说明，慕课这一大规模在线开放课程对各个领域都产生了广泛影响。

再次，从研究主题看，国内关于慕课的研究大体可以分为宏观层面和微观层面两个层次。宏观层面的研究，主要针对慕课的发展脉络、应用现状、社会评价等较为宽泛的问题展开讨论，并在一定程度上比较国内外慕课的发展情况。而微观层面的研究，更加注重慕课在具体领域的应用现状与现存问题，涵盖的领域较广，同时，微观层面的研究重视提出较为具体的解决方案，力求将慕课与特定领域的教育教学融会贯通，发展完善慕课体系。研究早期（2013—2015），国内研究者们更加关注宏观层面的研究，随着慕课不断发展，研究方向逐渐从宏观层面转向微观层面。

2013 年，国内慕课刚刚开始建设发展，远未形成独立完备的体系。关于慕课的研究也主要从国外慕课应用现状分析以及其对中国慕课建设的影响与启发等方面展开讨论。比如，浙江师范大学教育学院教授张家华概述了美国高等网络教育的发展现状与问题，从而提出国内慕课等网络教育手段建设方面的建议。② 博尔顿大学教育控制论研究所与陕西师范大学教育技术系合作，

---

① 马武林、李晓江：《国际 MOOCs 课程对我国大学英语后续课程建设的启示》，《现代教育技术》2013 年第 23 期，第 85~89 页。

② 张家华：《美国网络高等教育十年发展报告：现状、问题与启示》，《现代教育技术》2013 年第 23 期，第 11~14 页。

袁莉和斯蒂芬·鲍威尔等共同对大规模在线开放课程的国际现状进行分析，在文献研究的基础上分析了关于慕课的部分争论，涵盖慕课可持续发展、教学方法、质量考核以及学分转换等方面的问题。① 也有学者以上海高校课程共享中心为例，深入分析了慕课在中国的实践性探索。② 此外，于 2013 年刊载的不少文章也围绕国际慕课应用现状与国内慕课实践探索展开。不难看出，这一阶段的文献多属于综述类型。受国内慕课发展现状所限，一些具体的实践问题仍没有得到重视也无法具体展开讨论。总体而言，慕课研究处于初步发展阶段。

2014 年，国内慕课已经取得一定发展，不少慕课平台纷纷建立。具体的实践使得关于慕课的研究更进一步。这一阶段，研究者们不仅重视梳理慕课的概念与发展历程，也关注慕课在实践应用中存在的问题。中国海洋大学计算机基础部教授姜永玲等深入探究慕课的特点并剖析了慕课在实践过程中的影响因素，从而提出我国高校慕课的发展路径；③ 天津师范大学马克思主义学院教授赵艳波探究慕课的发展路径以及应用现状，据此指出慕课时代我国高等教育的应对策略；④ 南京师范大学教育科学学院教授刘和海等人则通过梳理慕课形成的原因以及技术负荷教育的四机制系统论述慕课的价值问题，深入探究慕课对教育的影响。⑤ 众多学者就慕课应用中的实际问题展开讨论并提出了自己的见解。总体而言，这一阶段，关于慕课的研究重点已经从宏观层面向微观层面转变，关注的问题大多是慕课在不同领域的实践中出现的问题。如深圳大学社会科学学院教授刘志山与东莞理工学院城市学院教授李燕燕发表的《慕课背景下"思想道德修养与法律基础"课教学面临的机遇、挑战及其对策》，主要围绕慕课在思想道德修养与法律基础课程上的实践问题展

① 袁莉、斯蒂芬·鲍威尔、马红亮：《大规模开放在线课程的国际现状分析》，《开放教育研究》2013 年第 19 期，第 56~62、84 页。

② 徐辉富等：《直面变革：中国式 MOOCs 的实践探索》，《开放教育研究》2013 年第 19 期，第 11~17 页。

③ 姜永玲等：《我国高校 MOOCs 发展的影响因素及发展路径》，《中国成人教育》2014 年第 11 期，第 18~21 页。

④ 赵艳波：《慕课时代我国基础教育的应对策略》，《教学与管理》2014 年第 30 期，第 28~30 页。

⑤ 刘和海等：《论"慕课"本质、内涵与价值》，《现代教育技术》2014 年第 24 期，第 5~11 页。

开讨论。① 这一阶段，国内研究者们几乎对慕课持积极态度，较少着眼于慕课本身的缺陷。虽然也有部分学者如吉林工商学院教授崔宏伟等提出对慕课应保持冷思考的态度，② 但大部分研究者仍集中于慕课的推广与应用，对慕课的缺陷与弊端关注较少。

2015 年，经过一段时间的实践经验后，慕课的优势和弊端均已显露。这一时期，学者们逐渐开始反思慕课在实践应用中的问题，并对慕课本身进行批判。继 2013 年国际"批判慕课之年"后，国内也步入这一阶段。北京航空航天大学思想政治理论学院教授谢惠媛明确分析了慕课自身的缺陷与弊端，指出慕课因为自身的缺陷制约了教育成效并呼吁教师正视慕课的优势和缺陷，寻找发展教育新的突破点。③ 武汉科技大学高等教育研究所副研究员王海波对慕课的主要问题进行了分析，认为慕课的缺陷主要在于慕课课程设计、慕课学习者、高校与教师以及慕课公司四个方面，并指出慕课作为新生事物，要发展成熟仍需要一段时间的实践和尝试。④ 曲阜师范大学传媒学院教授孟志远等人着眼于慕课教育教学中"冷机器"与"伦理人"等诸多矛盾关系，并指出慕课仅仅是教学手段，技术永远无法取代"爱"。⑤

当然，除却对慕课的反思，研究者们依然重视慕课在具体领域的应用。比如，武汉东湖学院思政课部谢桂兰教授就通过知识梳理，辨析了慕课、翻转课堂、微课及微视频等几大概念的定义与关联，方便了对慕课及翻转课堂等网络化教学手段的后续研究。⑥ 华中师范大学信息管理学院乔嶠教授等则分析了慕课与高校图书馆的新角色，从国际视野分析了国外慕课与高校图书

① 刘志山、李燕燕：《慕课背景下"思想道德修养与法律基础"课教学面临的机遇、挑战及其对策》，《思想教育研究》2014 年第 11 期，第 55~58 页。

② 崔宏伟、程淑佳：《对慕课热的冷思考》，《中国教育学刊》2014 年第 10 期，第 106~107 页。

③ 谢惠媛：《"慕课"教学的理性反思——基于 SWOT 的分析框架》，《思想政治课教学》2015 年第 11 期，第 12~15 页。

④ 王海波：《国外当前慕课发展中存在的问题探析》，《复旦教育论坛》2015 年第 13 期，第 25~30 页。

⑤ 孟志远等：《MOOCs 引发的矛盾关系思考》，《中国电化教育》2015 年第 10 期，第 22~27 页。

⑥ 谢贵兰：《慕课、翻转课堂、微课及微视频的五大关系辨析》，《教育科学》2015 年第 31 期，第 43~46 页。

馆的关系与发展现状，并据此提出我国高校图书馆在慕课时代下的发展途径。① 而安徽师范大学薛瑞昌等关注慕课在职业院校本土化建设中的机遇与挑战，指出职业院校要用互联网思维重新定义自身慕课建设目标与本土意义。② 长春工程学院学者陈佳则另辟蹊径，重点关注慕课与微课在服装设计专业教学中的开发与应用，将慕课与特定专业的教育教学相结合。③ 可以看出，随着慕课的不断发展，慕课研究者的视角不断扩大，不再局限于高等教育领域，而是着眼于与慕课相关的各个不同领域。总体而言，在这一阶段，研究者开始反思慕课，并在反思的基础上继续进行慕课实践，以促进慕课在各个领域的不断发展。

如同前文所述，及至 2017 年，国内慕课研究的热度已经有所下降。这一时期，慕课的基础概念和发展历程已经被梳理得较为清楚，研究者们更加重视慕课在微观层面应用的具体问题，如学习者积极性、学分转换机制等。这些问题的研究需要耗费更多的精力进行实践与检测，比之前的文献研究耗费时间更长。所以整体而言，关于慕课研究的核心期刊数量有所下降。当然，这些问题的阐明对于慕课的可持续发展有着至关重要的作用。比如，南京医科大学人文社会科学学院何源与南京医科大学康达学院何淑通共同发表的《基于 MOOCs 平台的高校翻转课堂师生人际互动指标体系构建探究》就借鉴弗兰德斯互动分析系统，构建了慕课平台下师生互动的言语指标，为慕课背景下师生人际互动提供了指导。④ 更有学者观点新颖，深入探究慕课对新进本科辅导员的培养作用，指出慕课能够促进辅导员提升基础素养与专业素养，加强辅导员队伍建设。⑤ 当然，还有许多研究者从慕课在其他领域的应用入手，

---

①　乔峤、夏南强：《慕课与高校图书馆的新角色——国外图书馆参与慕课建设与利用介绍》，《图书馆理论与实践》2015 年第 12 期，第 65~69 页。

②　薛瑞昌、王清：《互联网思维下职业院校 MOOC 本土化建设与启示》，《中国职业技术教育》2016 年第 26 期，第 62~65 页，第 80 页。

③　陈佳：《慕课与微课在服装设计专业教学中开发及应用》，《人民论坛》2015 年第 33 期，第 124~126 页。

④　何源、何淑通：《基于 MOOCs 平台的高校翻转课堂师生人际互动指标体系构建探究》，《江苏高教》2017 年第 12 期，第 50~52 页。

⑤　李荣江、成永红：《MOOCs：新建本科院校辅导员素质提升的新途径》，《教育理论与实践》2017 年第 37 期，第 38~39 页。

力求使慕课在我国各个领域的实践过程中发挥最大效用。

2017 年以来，虽然关于慕课研究的文献数量有所下降，但不可否认的是，慕课仍是一个备受关注的话题。2017 年后，国内关于慕课的研究体系较为完备。值得一提的是，这一时期，国内研究者们对慕课在教学方面的价值已经达成了一定共识。虽然学者们仍对慕课存在的问题提出批判，但大部分学者相信慕课能对教育教学起到积极有效的作用。因此，这一阶段的研究主要关注如何改善慕课以及如何解决慕课实践中存在的问题。西北大学信息科学与技术学院学者孙霞、吴楠楠等针对慕课辍学率高的弊端进行研究，根据学生的学习活动日志，建立辍学预测模型，为教师改进教学方法提供了有效指导。① 上海财经大学信息管理与工程学院吴继兰和上海外国语大学国际工商管理学院尚珊珊则以显性知识与隐性知识为视角，发放 1752 份调查问卷，对慕课平台学习使用影响因素进行研究，发现在慕课学习中，技能隐性知识和社交隐性知识学习的重要性明显高于学习网站设计与课程相关要素等显性知识。② 而学者钱小龙着眼于大学慕课的可持续性发展，通过分析加州大学欧文分校的慕课体系解析大学慕课的商业模式，提出提高任课教师的职业素养、强化课程开发的规模经济等方法以促进国内高校慕课进行可持续性发展。③ 也有不少学者针对慕课学习者、慕课教师等直接或间接影响慕课教学效果的因素进行调查研究。2020 年，在新冠疫情影响下，教育部发布"停课不停学"的通知，再次掀起了慕课研究的热潮。华南师范大学教育科学学院邹园园等深入分析了疫情期间高校在线教学的"湾区模式"，结合粤港澳大湾区的客观实际，依据在线教育教学理论提出全新见解，为疫情期间高校开展线上教学提供了一定的理论指导。④ 而清华大学在线教学指导专家组教授于歆

① 孙霞等：《基于深度学习的 MOOCs 辍学率预测方法》，《计算机工程与科学》2019 年第 41 期，第 893~899 页。

② 吴继兰、尚珊珊：《MOOCs 平台学习使用影响因素研究——基于隐性和显性知识学习视角》，《管理科学学报》2019 年第 22 期，第 21~39 页。

③ 钱小龙：《可持续发展视野下大学慕课商业化运作的整体性分析》，《现代教育技术》2019 年第 29 期，第 87~93 页。

④ 邹园园等：《疫情时期高校在线教学"湾区模式"的构建与实施》，《中国电化教育》2020 年第 4 期，第 22~28 页。

杰则更直接地指出，新冠疫情对教育界是一场"大考"，只有有效使用大规模实时交互性教学手段，才有可能交出满意的答卷。① 不仅如此，新冠疫情也让人们更加看清了慕课的潜力与弊端。虽然目前来看，国内关于慕课的研究热度仍未有明显反弹的迹象，但疫情过后，国内关于慕课的研究或许会迎来第二次春天。

上述分析表明，我国慕课研究自 2013 年至今已取得很大的进展，但总体而言，我国慕课研究仍存在一些问题。其中最值得关注的是以下几点：

(1)理论研究较多，实证研究过少。许多国内慕课研究是纯理论研究，在说明论点时往往借鉴国外慕课研究者的数据，缺乏自身的实证研究。定性研究占的比重较大，几乎达到了总研究数量的 90%，而实证类的研究不足10%。由于缺乏有效的客观数据以及实践证明，部分国内慕课研究的说服力不强。值得欣慰的是，随着国家基金投入与研究者们的重视，国内关于慕课的实证研究正在逐渐增多。

(2)研究领域较为狭窄。如同前文所述，虽然国内慕课研究正不断扩大视野，但扩大后的视野仍然具有一定的局限性。根据前文引用的文献不难看出，研究者们对慕课的关注仍主要集中在高等教育，虽然也有部分研究者关注慕课在高职教育或辅导员培养等领域的应用，但鲜有研究者关注中小学慕课、成人教育慕课以及职场慕课等方面。

(3)研究体系不完备。国内关于慕课的研究缺乏比较研究，大多关注单一领域的慕课或慕课使用中单一具体因素的研究。然而，对慕课的系统化研究至关重要。不同领域的慕课可以互相借鉴，取长补短。影响慕课教学效果的具体因素也存在内在的关联。目前国内慕课研究体系仍不完备，很大程度上限制了慕课教学质量的提高。

① 于歆杰：《以高质量在线教学应对高校疫情防控大考》，《人民论坛》2020 年第 10 期，第 108~109 页。

第一章

慕课的优势与现存问题

如果仅仅把慕课看作一种基于互联网的新型教育技术，慕课值得讨论的地方很有限；而如果把慕课看作一种基于互联网新技术的教育思潮，甚至是教育思想，慕课自身独特的优势和不足是显而易见的。本章将从慕课技术及其蕴含的教育教学理念等方面，分析慕课的优势以及不足，以期为慕课的可持续发展提供一定的参考。

第一节　慕课的优势

慕课的产生离不开两个前提，一是信息时代建设学习型社会的需要，二是互联网技术的飞速发展。可以说，慕课是随时代发展应运而生的产物，短短几年时间，已经在国内外高校遍地开花。从技术层面讲，慕课采用教学网络化、资源数字化的新型网络教学模式，为更多人更灵活接受教育带来了极大便利。慕课是人们可以随时注册使用的在线教育新模式，甚至被誉为"人类印刷术以来关于教育的重要发明"。慕课课程范围涵盖科技学科、社会学科和人文学科等众多领域，人们可以不受时间和地点的限制来共享世界一流的教育资源。从教育理念层面讲，慕课打破了现有班级授课制局限，围绕学生个性学习需要设计课程、开展教学，一定程度上真正实现了"以学生为中心"的教育理念。因此，在现实需求上，慕课以其并不限制课堂人数、较少的投入以及服务大规模群体等优势，在建设"人人皆学、处处能学、时时可学"的学习型社会方面具有十分重要的价值。慕课的优势主要表现在以下三个方面：

一、提供优质课程资源

《中国教育现代化 2035》总体目标中指出："到 2035 年，总体实现教育现代化，迈入教育强国行列，推动我国成为学习大国、人力资源强国和人才强国，为到本世纪中叶建成富强民主文明和谐美丽的社会主义现代化强国奠定坚实基础。"总体目标还提出了 2035 年的主要发展目标，其中第一条是"建成服务全民终身学习的现代教育体系"。同时，《中国教育现代化 2035》把"面向人人、终身学习"写入需要"更加注重"的八大基本理念。

信息时代，人民群众对教育的需求更加多样化、个性化，也更加迫切地追求更高质量的教育资源和更加公平的教育方式。当前新的一轮科学技术革命和产业革命正在孕育兴起，互联网技术、人工智能等重大科学技术创新在引领社会生产新变革的同时，深刻地影响现代教育活动，不断重塑教育形态。任何教育活动首先要有可供学习者学习的教学内容。慕课作为一种新兴的教育教学模式，呼应了时代需求，并借助新技术的发展，在提供优质课程资源方面展现出有别于传统教学方式的巨大优势。

慕课自问世以来，为全社会提供了大量优质的课程资源。当前国内外已经上线开展教学的慕课课程，绝大多数是名校名师制作，课程设计与制作质量较高。这些优质的慕课课程资源不仅让世界各地高校的学生能够接受教育，同时也让为数众多的社会大众接触这些课程资源，获得向名校名师学习的机会。国外慕课，以美国为例，大多为哈佛大学、哥伦比亚大学、杜克大学、麻省理工学院、斯坦福大学等知名院校制作，质量非常高。国内很多著名高校也积极投入慕课开发与制作工作，包括北京大学、清华大学、上海交通大学、西安交通大学等。一门慕课的制作需要 3~6 个月的时间，大体经过课程体系设计、课程内容组织、课程讲稿撰写、课程录制与编辑、课程上线 5 个步骤。制作一门慕课通常需要组织一个团队协作完成，制作团队包括主讲教师、助教以及视频录制人员等。无论在时间上还是在人员上，慕课所投入的资源均比传统课堂教学要大得多，这在一定程度上保证了慕课的质量。澳大利亚学者奥康纳（Kate O'Connor）认为，慕课挑战了传统的精英教育模式，给全世界的普通人提供了接受精英教育的机会。①

慕课这种把精英教育面向大众开放的独特魅力，使其自问世以后便有众多学习者迅速"慕名而来"，甚至可以说，正是因为线上慕课课程相比现实中传统课程显得质量高出很多，才吸引了大众纷纷加入慕课学习者行列，也因此引起国内外教育界的广泛关注。慕课发展至今，几乎所有的顶尖高校都在尝试使用慕课教学。中国已经有多所名校进行合作，共同开发、共享优质慕课资源，比如，香港大学率先与国际慕课平台合作，北京大学和清华大学紧随其后，并与国内其他高校、企业合作，共同开发国内慕课平台。此后，上海交通大学等知名高校相继加入 Coursera 平台，"C9 类"高校成立慕课联盟。

慕课的开放性也在改变不同层次大学之间交流借鉴的形式。高校之间的合作以及高校与慕课平台的合作不仅能在一定程度上保障慕课资源的优等质量，也能加深各校之间的交流，推进教学资源的共享。慕课课程开发完成并上传至网络后，所有学习者都可以通过网络共享课程、共同学习；同时，互联网上的共享资源不仅能方便学生学习，也为教师互相学习与交流创造了良好条件。一些自身教学水平相对薄弱的高校可以购买并观看顶尖高校研发的慕课，进行合作学习。慕课促使高校相互合作，共同学习，促进教学资源优质共享，可以说，慕课推动高等学校教育教学高质量发展的作用是显而易见的。

二、推动教育理念与教学模式革新

慕课这种教育模式的产生，又一次促使教育领域深入反思传统班级授课

---

① O'Connor, Kate. MOOCs, institutional policy and change dynamics in higher education. *High Education*, 2014, Vol. 68, No. 5, pp. 623-635.

制的弊端。1632年捷克教育家夸美纽斯《大教学论》出版，由此班级授课制确立了明确的理论体系，之后开始在全世界推行，特别是工业革命后，班级授课制在西方迅速推广开来。1862年，中国在京师同文馆也采用了这种教学模式，是当时西学东渐的结果。一定程度上，班级授课制其实是工业革命的产物，是与工业化生产相适应的，目的是培养更多、更好的流水线上的产业工人。随着社会的发展，关于班级授课制弊端的讨论越来越多。其最主要的弊端是难以因材施教，一个班级人数从十几人到上百人不等，使用同一的教材和教学安排，做不到针对不同受教育对象采用不同的教育手段，受教育者个性受到压抑。进入信息时代，大规模的班级授课越来越受到人们的质疑，从这个角度上讲，慕课的应运而生也是大家不再认同传统班级授课这种教学模式的结果。

慕课改变了这种现状，不再围绕教师的"教"开展统一的课堂教学，而是以学生学习为中心，有效组织课程资源、教师讲解、师生互动、学生作业等整个教学环节，最大限度地满足学生个性化培养需求。

慕课利用当前越来越发达的互联网技术，借鉴已有的在线课程以网络共享进行教学，且能进行信息互动交流，这种模式又从根本上有别于传统的在线课程学习。传统在线课程只是将录好的课程内容放到网上共享，教师与学生之间以及学生与学生之间无法进行互动，录制的课程一般没有随堂练习和课后作业，无法有效地检验学生的学习效果；并且，传统在线课程录制时长通常在40分钟以上，致使一些学生无法坚持到最后。慕课则根据人的记忆规律和注意力特点，将每节课根据教学知识点划分为若干5~15分钟不等的视频讲授片段。一些慕课还借鉴了游戏的闯关模式，在视频讲授片段与片段之间设置了问题，学生需要回答正确后才能进入下一阶段的学习，此举不仅可以检测学习效果，还能激发学生的"斗志"，巧妙地解决了学生因学习倦怠引起的学习兴趣低落等问题。慕课课程设计了一系列交流平台，包括"综合讨论""学习提问"和"随堂讨论"等，学生可以向老师提问或与其他同学交流。慕课的授课加灵活开放，与传统的课堂授课学生只能跟随教师讲授进度进行学习不同，慕课的学生可以根据自己的学习能力调整学习进度。慕课的教学反馈多样化且效果更好，可以采用大数据采集与分析技术，完整记录每一位学生的上课进度、测试结果和讨论次数，以此分析学生学习的强项与弱项、课堂有效度等。慕课授课教师也会定期收到教学反馈，用于总结以及改进教学。北京大学慕课工作组组长李晓明教授曾亲自注册学习了美国 edX 平台上的"网络、群体与市场"的慕课，发现学习效果比课堂教学要好，"如果真的想学，我觉得和课堂学习相比，在慕课上注意力更易集中，更不易开小差"。① 也有教育者指出，"慕课体现了一种以学生为中心，以'学'为本的教育价值取向，重视激发学生主动学习的积极性，强调学生的自主学习"。②

三、获得社会广泛认可

2015 年 4 月，《教育部关于加强高等学校在线开放课程建设应用与管理的意见》指出，要建设一批以慕课为代表的优质在线开放课程，鼓励高校"通过在线学习、在线学习与课堂教学相结合等多种方式应用在线开放课程"。2017 年 1 月 10 日出台的《国家教育事业发展"十三五"规划》明确指出，要形成信息技术与教育融合创新发展的新局面。这一目标得到国内教育界的广泛认同，慕课也因此备受欢迎。

在教育信息化大潮下，国内顶尖高校带头尝试慕课，为慕课的推广起到了极佳的宣传作用。2019 年 4 月 9 日，教育部牵头、众多机构协办的中国慕课大会，共同发表《中国慕课行动宣言》，旨在加强慕课开发，提升慕课使用力度。作为新型网络教育教学模式，慕课通过国家政策的推动，已经具有一定的知名度和社会认可度。慕课的结业证书也被不少学校、企业认可。虽然慕课的应用仍存在退学率高、无法稳定经营等一些问题，但在信息技术手段和教育融合发展的趋势下，即便不能代替传统课堂教学，却也成功获得了较高的社会认可度。

2020 年 12 月，由清华大学与联合国教科文组织教育信息技术研究所联合主办的世界慕课大会在清华大学举行。时任教育部部长陈宝生指出，中国慕课数量和应用规模已经位居世界第一。他强调，在全球教育创新的实践中，

---

① 汪瑞林：《四重视角看慕课——访北京大学校长助理、慕课工作组组长李晓明》，《中国教育报》2014 年第 9 期，第 29 页。

② 张杰：《"慕课"（MOOCs）带给中国大学的挑战与机遇——访上海交通大学校长张杰》，《大学（学术版）》2014 年第 1 期，第 11 页。

慕课正在成为推动高等教育变革的重要引擎，不仅助力中国高校成功应对了疫情危机，而且为今后建设全民终身学习的高质量教育体系积累了宝贵经验。这说明慕课在我国已经具有广泛应用基础和高度可行性。此外，我国不仅注重高质量的慕课建设，更注重持续推进多种模式因地制宜、因校制宜的慕课应用，通过实施"慕课西部行"，将慕课输送至新疆、西藏、青海、陕西、贵州等地，此举可以将优质教学资源以最快速度和最低成本的方式传播到祖国的四面八方，这也说明慕课在解决我国教育资源分配不均、促进高等教育普及化等方面也是具有可行性的。

2020年，来势凶猛的新冠病毒席卷全球，导致我国各大高校的教育教学无法正常运行。疫情当前，教育部印发《关于在疫情防控期间做好普通高等学校在线教学组织与管理工作的指导意见》，要求采取政府主导、高校主体、社会参与的方式，共同实施并保障高校在疫情防控期间的在线教学，实现"停课不停教、停课不停学"。并且明确提出，各高校应充分利用上线的慕课和省、校两级优质在线课程教学资源，在慕课平台和实验资源平台服务支持带动下，依托各级各类在线课程平台、校内网络学习空间等，积极开展线上授课和线上学习等在线教学活动，保证疫情防控期间教学进度和教学质量。与2003年"非典"时期的被动状态相比，此次新冠疫情下的各大高校充分利用慕课的灵活性与便捷性，突破了线下教育教学模式的时空局限，为学生提供线上课堂。慕课对传统课堂教学的及时"替换"，有效防止了疫情向校园蔓延，从而确保了师生的生命健康与安全。

第二节　慕课现存的问题

尽管慕课发展已有10年时间，取得了很大进展，但慕课在如火如荼的发展过程中，出现了一些始料未及的问题，使得一些专家开始深入反思甚至批判慕课。慕课创始人之一的乔治·西门斯（Geroge Siemens）甚至提出，"如果2012年是慕课元年，2013将成为批判慕课之年"。乔纳森·里斯教授则直接讥讽道，现在焦点已经不是慕课，而是"批判慕课"。① 圣何塞州立大学的几

---

① ［美］莱瑞·约翰逊、萨曼莎·亚当斯贝克尔：《对于"慕课"的质疑——在线学习变革引发的社会反响》，白晓晶、李胜波译，《北京广播电视大学学报》2013年第6期，第18~23页。

位哲学教授早在 2013 年就致信哈佛大学明星教授迈克尔·桑德尔，声称他们不会让自己的学生学习桑德尔的知名慕课"正义论"，他们反对的理由有三个：第一，慕课不能为学生提供比传统课程更好的学习体验；第二，即便不谈慕课的质量，风险投资企业(Coursera 和 Udacity)或名牌私立大学创立的非营利机构(如 edX)将把高等教育私有化，加剧了私立大学和公立大学本来就已经悬殊的贫富差距；第三，慕课将加速教授空心化的过程，有利于州立大学和社区大学采取缩减开支的措施，令兼职教师和青年教师沦为慕课明星教授的助手。① 这几位教授的担心不无道理，随着慕课的快速发展，出现了多种始料未及的问题。专家学者们指出慕课存在的问题主要包括四个方面：慕课课程设计、慕课学习者、制作慕课的高校与教授以及慕课公司。

一、慕课课程设计方面

慕课课程主要由教学视频、阅读材料、作业、小测试、讨论等几个部分组成。学习者免费注册慕课后，便可以开始收看教学视频。这些教学视频时间长短不一，有些长达一个小时，有些由若干微视频(3～15 分钟)组成。看完教学视频后，学习者需要阅读一些规定的、与课程相关的材料。在观看视频与阅读材料的过程中，学习者可以通过慕课网上平台与其他学习者进行交流与讨论。学习一段时间后，学习者需要参加课程小测试，这些小测试一般由多项选择题、判断题和简单的问答题组成，这些测试一般比较容易。课程结束后，学习者需要参加结业考试，这些考试的题型大多与课程中间的小测试类似，学习者无须花费大量的时间准备。

根据不同的教学方法，当今的慕课大致可以分为两类：XMoocs 和 CMoocs。XMoocs 所依据的教育理论是行为主义学习理论(Behaviorism)，该理论认为：人类的思维是与外界环境相互作用的结果，即形成"刺激-反应"的联结。学习是教师刺激与学习者反应之间的联结，教师是教学过程的设计者、组织者与训练者，学习者在教师创设的环境中被动接受知识。"有效的行为主

① 吴万伟：《"慕课热"的冷思考》，《复旦教育论坛》2014 年第 1 期，第 11 页。

义教学方法包括两个方面：课程内容讲授与准备充分的学习者。课程内容由
教师事先设计、精心讲授，学生通过教师的讲授接受并内化知识。"①与传统
的大学课程一样，XMoocs 有着严格的课程安排，每个教学视频为一个知识单
元，学生按规定看完所有视频后，要完成最终测试。通过测试即意味着学生
完成了既定知识目标，课程可以结业。

另一种慕课形式 CMoocs 则基于乔治·西门斯和斯蒂芬·唐斯(Stephen
Downes)提出的联通主义理论，该理论认为学习不再是单个人的活动，而是联
结不同知识源的过程，是一个连续的、知识网络形成的过程；每个学习者都
构成一个知识源，学习者通过交流工具、对话等方式相互学习，获取所需知
识。唐斯指出，知识是一种网络现象，通过网络进行建构与传播，知识并非
固定的实体，而是来自学习者之间的交互。② 与 XMoocs 不同，CMoocs 不是
由教授主讲全部课程，而是强调学习者个人通过与其他学习者交流获取知识，
学习者需要提供并分享一定的课程资料与学习资源，并对其他学习者的观点
进行评价。教师的教学视频只是学习活动中的一个组成部分，其他学习活动
则全部由学习者在相互交流与合作中完成。

这两种慕课均遭到一些专家的批评。澳大利亚纽卡斯尔大学教授伊丽莎
白·博德(Elizabeth L. Burd)等撰文指出，XMoocs 运用的是教授讲课、学生听
课的教学模式，与传统的大学课堂教学并无不同，只是将教授的授课制作为
视频播放，对学习者获取知识作用十分有限。③ 西班牙巴塞罗那大学教授马
科·柯拉瑞(Marc Clarà)等则进一步指出，XMoocs 依据的行为主义教育理论将
学习者视为被动的接受者，这违背了意识的能动性与主动性，与学习者实际的
学习情况不符，基于该理论之上的 XMoocs 并不利于学习者主动探求知识。④

---

① Woollard, John. *Psychology for the Classroom*：*Behaviourism*. New York & London：
Routledge, 2010.

② Downs, Stevens. Connectivism and Connective Knowledge, http://www. downes. ca/post/
54540. 2015-06-26.

③ Burd E. L. et al. Exploring business models for MOOCs in higher education. *Innov. High.
Educ*, 2014, Vol. 40, No. 1, p. 3.

④ Marc, Clara & Barbera Elena. Learning online：massive open online courses (MOOCs),
connectivism, and cultural psychology. *Distance Education*, 2013, Vol. 1, pp. 129-136.

CMoocs 遭到的批评更多，美国科罗拉多大学教授杰哈德·费希尔（Gerhard Fischer）认为，CMoocs 的学习者个人提供的很多资料与课程无关，而且不具权威性。学习者只重视慕课主讲教授提供的资料，对同伴贡献的资料漠不关心；学习者大多对同伴的相关讨论和评价也不以为然，认为不具参考价值，联通主义提倡的学习者之间的交互学习只是一种不切实际的理想。[1]加拿大远程教育专家乔恩·巴加雷（Jon Baggaley）则指出，CMoocs 对学习者的学习能力过于自信，这种慕课要求学习者有较高的学习能力，能成功甄别资料的可靠与否并对同伴的讨论作出恰当的评判，这种自信是毫无根据的。[2]持相似观点的还有安德森与卓恩（Anderson & Dron），他们指出 CMoocs 并不适合所有学习者，因为该慕课暗含两个前提：学习者具有交互学习的能力，能准确判断同伴提供的知识源是否正确、是否有用；学习者受过良好教育，有能力运用网络开展学习。[3]

慕课课程的评价环节也遭到诸多质疑。由于注册的学习者动辄成千上万，甚至十几万，教授与助教们无法进行教学所需要的深度评价，很多慕课的评价环节由一些选择题、判断题与简单的问答论述题组成，而且几乎所有的评价环节由机器自动完成。在面对面的教学中，教授们经常给学生布置论文写作、任务调研、现场实践等难度较大的作业，这对培养学生的批判性思维、提高学生运用知识解决问题的能力十分重要；然而慕课基本上杜绝了类似的作业，其形成性与终结性评价全部由机器自动生成。

此外，在慕课教学过程中，"教授-学习者"和"学习者-学习者"之间的互动反馈也十分有限。慕课平台上的留言板几分钟内就会出现成百上千条留言，教授与助教们根本无法一一回应，学习者也没有耐心仔细阅读并进行相关讨论，这使得教学效果大打折扣。英国格拉斯哥大学的马尔加良教授（AnoushMargaryan）等随机抽查了 76 门慕课课程，从知识应用、师生反馈、学习者之间的合作等方面做了统计，结果令人失望：76 个慕课中有 68 个慕课

①　Fischer, Gerhard. Beyond hype and underestimation: identifying research challenges for the future of MOOCs. *Distance Education*, 2014, Vol. 35, p. 152.

②　Baggaley, Jon. MOOC postscript. *Distance Education*, 2014, Vol. 35, No. 1, p. 128.

③　Anderson, Terry & Jon Dron. Three generations of distance education pedagogy. *The International Review of Research in Open and Distance Learning*, 2011, Vol. 3, pp. 80-97.

没有让学生将所授新知识运用于实践，所有慕课均未给学生提供教师反馈，68 个慕课不要求学习者之间相互交流学习。由此马尔加良教授得出结论：虽然大多数慕课包装精美，但其教育设计质量较低。①

20 世纪 30 年代美国教育家杜威就曾指出，教育的目标不仅仅是传授知识，而是帮助学习者运用所学知识与技能解决问题，帮助学习者成为独立的、具有批判思维的、有社会责任感的思考者。② 当前的慕课显然无法完成这样的教育目标，它们只是提供了便捷的电子学习资源。美国国家学者联合会（Nationtional Association of Scholars）的研究员彼得森（Rachelle Peterson）直接指出，慕课既没有对传统本科教育构成挑战，也没有提供一种有意义的、基于讨论的交互式教育，慕课其实是一种向世界各地观众传播信息的视频电子书，它无法取代有着严格要求的、基于对话的、面对面的课堂教学。③

二、慕课学习者方面

2012 年慕课初次出现，国外便出现慕课热潮，弗吉尼亚大学校董事会甚至因为现任校长对开发慕课不够热衷而决定解雇她。一些专家预言慕课将可能取代传统的大学教育。美国学者托马斯·费德曼（Thomas Friedman）认为，慕课是一种神奇的"革命性力量"，它将给传统大学教育带来前所未有的冲击，将彻底改变传统高等教育的运营模式。④ 澳大利亚悉尼科技大学的托马斯·克拉克（Thomas Clarke）经过统计发现，仅 2012 年美国三大慕课公司 Udacity、Coursea 和 edX 吸引的学生数量分别为 40 万、292 万、50 万，在分析了慕课的不受时间、地域限制等优势后，他声称慕课在全球的发展势不可挡，传统大学的经营将岌岌可危。⑤

---

① Margaryan, Anoush. et al. Instructional quality of massive open online courses (MOOCs). *Computers & Education*, 2015, Vol. 80, pp. 77-83.

② Spector, J. M. Remarks on MOOCS and Mini-MOOCS. *Education Tech Research*, 2014, Vol. 62, pp. 385-392.

③ Peterson, R. D. MOOC fizzles. *Academic Quest*, 2014, Vol. 27, No. 3, pp. 316-319.

④ Gillani, Nabeel & Rebecca Eynon. Communication patterns in Massively Open Online Courses. *Internet and Higher Education*, 2014, Vol. 23, p. 18.

⑤ Clarke, Thomas. The advance of the MOOCs. *Education Training*, 2013, Vol. 4, pp. 403-413.

　　费德曼与克拉克对慕课的看法似乎过于乐观，慕课的现实状况并非如此。有多项研究表明，在当前的慕课学习者中，绝大多数人是成人，是全职工作人员或者已退休人员，且这些人大多已经拥有学士、硕士或者硕士以上的学位。美国《新共和》(*The New Republic*)杂志在 2014 年年初登载了一篇关于慕课的调查报告，调查组选择了宾夕法尼亚大学的一门慕课作为研究对象，给至少看完一次授课视频的全世界的学习者发了调查问卷，共收回 35000 份有效问卷。调查组分析这些问卷发现，美国的慕课学习者中 86% 已经拥有大学学位，英、法等其他发达国家的慕课学习者中 83% 有大学学位，"金砖四国"(巴西、俄罗斯、印度、中国)的比例是 79%，哥伦比亚等其他发展中国家的比例也是 79%。由此调查组得出结论：当前慕课学习者中绝大多数已经拥有大学学位。此外，调查组还提供了这四个地区拥有大学学位的人在国民中的比例：美国是 32%，英、法等其他发达国家是 15%，"金砖四国"是 5%，哥伦比亚等其他发展中国家是 6%。① 这说明慕课在全世界范围内吸引的绝大多数是已获得大学学位的人。

　　无独有偶，英国牛津大学工程科学系的纳贝尔·吉拉尼(NabeelGillani)教授和网络研究所的瑞贝卡·艾侬(Rebecca Eynon)研究员，选择 Coursera 公司开发的"商业策略"慕课为研究对象。吉拉尼和艾侬给至少下载了一次授课视频的世界各地学习者发了调查问卷，共收回 7337 份有效答卷。数据分析表明：高中及高中以下学历的学习者占 5.7%，接受了部分大学教育的占 12.2%，拥有学士学位、硕士学位、博士学位的分别占 42.1%、36.3%、3.5%。慕课学习者中拥有大学学位的占到 81.9%。② 这个数据与美国《新共和》杂志上的调查报告的数据大体相当。这再次说明，慕课对学习者的要求很高，不仅要求学习者具有较强的自我管理能力，而且具有相当高的通过网络进行自主学习的能力。

　　另外，美国与英国的这两个研究也得出了慕课学习者年龄的相关数据。《新共和》杂志的报告指出，受调查的美国慕课学习者中，30 岁及以下年龄的

　　① Alcorn, B. et al. Who takes MOOCs. *The New Public*, 2013-12-30(6).

　　② Gillani, Nabeel & Rebecca Eynon. Communication patterns in Massively Open Online Courses. *Internet and Higher Education*, 2014, Vol. 23, pp. 18-26.

占24%，31~50岁的占37%，51岁及以上的占39%。英国牛津大学的这份研究得出的数据是：慕课学习者中25岁以下的占28%，25~54岁的占67.7%，55岁及以上的占4.3%。这说明慕课学习者中绝大多数是成年人。

除学习者大多为拥有大学学位的成年人之外，当前慕课的学习者还存在另一突出问题——低完成率。许多研究得出的数据支持了这一现象。上文提到的美国科罗拉多大学教授杰哈德·费希尔指出，在宾夕法尼亚大学教育学院提供的慕课学习者数据中，平均只有50%的注册者曾观看过教学视频，只有大约4%的注册者学完课程。① 澳大利亚纽卡斯尔大学教授博德也指出，虽然注册慕课的学习者人数众多，但完成慕课学习的人很少，仅仅有5%。② 美国德克萨斯大学的一份研究表明，只有5.6%的学习者完成了慕课全部的学习。③ 中国香港大学与新加坡南洋理工大学的一份关于慕课研究报告指出，高达90%以上的学习者因为种种原因中途退出慕课的学习。这份研究报告也分析总结了慕课学习者中途退出的原因：没有足够的时间，课程论坛没有讨论重点，缺乏激励机制，不具备课程学习需要的前期知识，不理解课程内容又无处寻求帮助，课程作业与要求不明确等。④ 以edX平台的慕课"电路与电子学"为例，该课程的注册人数有15万余人，而最终获得课程证书的学习者人数为7000余人，完成率约为4.7%。有研究者在2014年的一项研究中对39门慕课的完成率进行了统计，发现这39门慕课的完成率为0.9%~36.1%不等，其中绝大多数多数慕课的完成率在5%左右。无独有偶，宾夕法尼亚大学的16门慕课的统计数据也表明，大多数课程的完成率为3%~4%。⑤ 这些数据显示了慕课的低完成率，低完成率虽并不意味着慕课这一教育技术的失败，

①　Burd, Elizabeth L. et al. Exploring business models for MOOCs in higher education. *Innov. High. Educ*, 2014, Vol. 40, No. 1, p. 3.

②　Fischer, Gerhard. Beyond hype and underestimation: identifying research challenges for the future of MOOCs. *Distance Education*, 2014, Vol. 35, p. 150.

③　Liu, Min. et al. Understanding MOOCs as an emerging online learning tool: perspectives from the students. *American Journal of Distance Education*, 2014, Vol. 28, No. 3, pp. 147-159.

④　Hew, KheFoon & W. S. Cheung. Students' and instructors' use of massive open online courses (MOOCs): motivations and challenges. *Educational Research Review*, 2014, Vol. 12, p. 49.

⑤　王宇：《慕课低完成率问题的归因与解法》，《现代教育技术》2018年第9期，第80页。

但也反映出当前慕课的确存在一些问题。

以上分析表明，参与慕课学习的绝大多数为已经拥有大学学位的成年人，这些成年人或为工作所需、或为提升个人能力、抑或为个人爱好，选择感兴趣的慕课进行自主学习，他们的目的当然不是取得学分与学位，当发现慕课不能满足自己要求或与原先的期望值不符时，他们自然会中途退出。那些不具有大学学位的慕课学习者，因为已有的知识储备有限，不能理解部分慕课内容，又无法向教授和同伴求教，再加上慕课没有严格的要求，学习者可以免费地随意注册学习，他们中途放弃学习也是理所当然的事情。因此，当前慕课并不能对传统的大学教育构成威胁，而是在很大程度上为成年人提供了一种终身学习的有效途径。

三、制作慕课的高校与教授方面

许多慕课以名校、名师作为其宣传口号，世界各地的一些名校已经开始制作慕课。由于慕课是免费获取的，这些名校与名师制作慕课的动机何在？哈佛大学负责慕课开发的副教务长包弼德（Peter K. Bol）认为，参与慕课制作不仅可以保持并提升学校的教学质量，促进学校的教学方法与教学内容方面的教学研究，而且可以提升教授的知名度，本校的学生也可以在慕课平台上获得更多学习机会。[①] 此外，有研究者指出，慕课教授们有些是出于对慕课这种新型授课方式的好奇，有些是抱着教育民主化、世界化的理想而参与慕课的开发。

名校与名师制作慕课，然后放到网络上供全世界的人免费注册学习，这似乎是一种教育"慈善"。只是这种"慈善"能持续多久？慕课的经济成本与时间成本较高，包弼德指出，哈佛大学和麻省理工学院初期各自为非营利的edX 公司投入 3000 万美元，而这只是初期平台建设与运营的费用，不包括课程制作成本。开发课程需要另外投入资金，一门课程需要 10 万~20 万美元，这仅仅是制作成本，不包括课程所需的助教岗位费用，教授们也不会得到相应的报酬。慕课制作完后，并非可以简单地循环使用，而是需要不断更新内

---

① 张麒等：《哈佛"慕课"深度谈——访哈佛大学副教务长包弼德教授》，《开放教育研究》2014 年第 5 期，第 4~5 页。

容，完善各个环节，第二轮以及第三轮使用还需继续投入人力和物力，比如第一次课程需要投入 15 万美元，第二次需要投入 7 万美元，第三次需要投入 2 万美元。①

制作慕课需要耗费教授们大量的时间与精力。美国佐治亚理工学院副教授凯伦·海德（Karen Head）主讲一门慕课，发现每周至少需要 20 个小时准备慕课资料，4 个小时录制内容，8 个小时审查做好的慕课，另外还需 5~10 天编辑录制的视频并得到 Coursera 公司的批准。杜克大学的罗杰·巴尔教授（Roger Barr）和他的团队在一门仅持续 8 周的慕课上，花费了 620 个小时准备资料，420 个小时制作教学视频，另外助教还花了至少 200 个小时来协助完成相应的教学工作。② 当然，制作慕课除主讲教授外，还需要一个专门的制作团队和助教团队。

包弼德曾声称，制作慕课可以提升校内的教学质量，促进教学研究，但他没有提供确凿的证据。一些研究者则指出，制作慕课将给高校和教授们带来消极影响。麻省理工学院的迈克尔·A. 库苏马诺（Michael A. Cusumano）一针见血地指出，大学应该将注意力放在教育在校生上，而非给全世界提供免费教育；教授们应该将时间和精力运用到课堂教学和科研上，而非制作慕课；如果慕课过多占用大学优质的学术智力资源，这将影响大学的科研进步，长远来看，弊大于利。③ 不仅如此，纽约州立大学哈瑞·E. 苯斯（Harry E. Pence）还认为，慕课将破坏大学自由竞争的学术氛围，将导致畸形的教育体系——极少数教授成为慕课明星，其他教师则沦为他们的助教，再无发展空间与升迁机会，一如英剧《唐顿庄园》中的少数贵族与他们人数众多的仆人。④

由于慕课潜在的负面影响，许多大学对慕课采取了抵制态度。2013 年 9

① 张麒等：《哈佛"慕课"深度谈——访哈佛大学副教务长包弼德教授》，《开放教育研究》2014 年第 5 期，第 6 页。

② Hew, KheFoon & W. S. Cheung. Students' and instructors' use of massive open online courses (MOOCs)：motivations and challenges. *Educational Research Review*, 2014, Vol. 12, p. 51.

③ Cusumano, Michael A. MOOCs revisited, with some policy suggestions. *Communications of the Acm*, 2014, Vol. 57, No. 4, pp. 24-27.

④ Pence, Harry E. Are MOOCs a solution or a symptom. *J. Educational Technology Systems*, 2014, Vol. 42, No. 2, p. 125.

月，哈佛大学网络实验中心主任罗伯特·鲁（Robert Lue）宣称，哈佛大学已经进入"后慕课"时代（"Post-MOOC"），哈佛将制作一批收费的、小规模的网络在线课程（Small Private Online Courses），简称SPOCs。SPOCs将学习者的人数限制在几百人以内，并且注册的学习者需要交纳不菲的学费，学习者在学习过程中，可以随时与助教们或主讲教授讨论学习问题。① 有研究者调查了美国的2800所高校，发现虽然9.4%的高校表示有制作慕课的计划，但目前仅有2.6%的高校制作过慕课，55.4%的高校对慕课持怀疑观望态度，32.7%的高校表示没有制作慕课的计划。②

四、慕课公司方面

目前，在国外慕课公司中，一部分是非营利性质的，另一部分是营利性质的。以美国为例，美国目前的三大慕课公司中，edX是非营利性质的，其平台建设等初期费用由哈佛大学和麻省理工学院提供；Udacity和Coursera公司是营利性质的公司，公司初期建设费用主要来自投资人。慕课公司开发制作慕课需要和大学合作，利用大学的教授、助教、图书馆等资源。由于慕课当前是免费的，那么慕课公司的利润从何而来？即使是非营利性质的慕课公司，在制作慕课的过程中也会产生诸如人工成本、资源消耗等费用，这些费用谁来负担？除慕课的质量外，盈利问题也已成为决定慕课能否持续发展的一个关键问题。

慕课公司或许计划复制美国硅谷众多公司的发展经营模式：先免费吸引众多客户，营造知名度，让客户渐渐熟悉并对产品形成一定的依赖性，然后再将免费项目变为收费项目。有研究者指出，慕课今后的发展方向很可能是：下载观看授课视频不收费，其他环节包括参加测试、参与讨论、寻求教授或助教的帮助、获取课程补充资料、参与课程实践、获取课程结业证书等需要交纳一定的费用。③ 但慕课的发展现状使得这种想法不大可能实现。如前文

---

① Baggaley, Jon. MOOC postscript. *Distance Education*, 2014, Vol. 35, No. 1, p. 127.

② De Freitas, Sara. *MOOCs*："*The Final Frontier for Higher Education*". Coventry: Coventry University, 2013.

③ Pence, Harry E. When will college truly leave the building: if MOOCs are the answer, what is the question. *J. Educational Technology Systems*, 2013, Vol. 41, No. 1, pp. 25-33.

所述，绝大部分慕课学习者是已经拥有大学学位的、全职工作的成年人或者退休人员，这部分人只是观看教学视频，对包括参加测试、获得课程结业证书等环节并不感兴趣；其次，国外大学与公司目前承认慕课学分的并不多，再加上慕课较高的退学率，也使得这种设想可行性不大。

有些慕课公司计划终止免费慕课，注册者需要交纳一定费用才能观看教学视频，参加学习。但美国《新共和》杂志的调查报告否定了这种可能性。该报告指出，在调查的 35000 位慕课学习者中，54% 的人表示他们不会为学习慕课支付费用，剩下 46% 的学习者表示愿意付费，但约半数的人希望慕课每门收费在 5 美元以下。① 这有可能无法弥补慕课的初期制作与后期维护的成本。

在可预见的将来，如果慕课公司和高校投入大量资金发展慕课，而慕课又不能带来稳定的经济收益，慕课就无法持续发展。慕课公司显然也意识到了这个问题，它们积极地寻找盈利途径。2013 年，Udacity 公司宣布与佐治亚理工学院合作，创建一种基于慕课的、计算机科学硕士学位课程体系，学生注册并学完所有学位课程后，可以获取硕士学位。在校大学生获得硕士学位通常需要花费 45000 美元，而获得慕课硕士学位，仅需 7000 美元，而且在整个学习期间，学生可以得到佐治亚理工学院教授、助教的在线支持等帮助。Udacity 公司和佐治亚理工学院希望这个项目可以带来数百万美元的经济收入。② 至今尚未见到该项目的具体结果，但该项目面临三大难题：如何解决学生的入学考试问题？大规模的在线学位教育，质量如何保证？社会是否认可这种在线学习获得的学位？

除向学习者收取费用和开设慕课学位课程外，有研究者指出，慕课的盈利还可以从以下几个方面着手：争取政府对慕课的投资；向公司或研究者出售慕课学习者的具体数据；在慕课课程上加载商业广告；向大学或学院出售已制作好的慕课供它们的学生使用。③ 这里的一些提议是否合适值得商榷：

---

①   Fischer, Gerhard. Beyond hype and underestimation: identifying research challenges for the guture of MOOCs. *Distance Education*, 2014, Vol. 35, p. 150.

②   Pence, Harry E. Are MOOCs a solution or a symptom. *J. Educational Technology Systems*, 2014, Vol. 42, No. 2, p. 125.

③   Kalman, Y. M. A race to the bottom: MOOCs and higher education business models. *Open Learning: The Journal of Open, Distance and e-Learning*, 2014, Vol. 29, No. 1, pp. 5-14.

学习者的课程参与、慕课成绩等数据属于个人隐私，慕课公司能否售卖这些信息？慕课是一种教育方式，在其课程上加载商业广告，势必会影响分散学习者的注意力，降低他们的学习效果；慕课教授们在制作慕课的过程中，已经付出大量的时间和精力，他们成名后可能会接到世界各地的邀请前去讲学，这些讲学收入理应归教授个人所有，慕课公司是否可以拿走部分？

　　谈及慕课公司的盈利，有一个前提问题不可忽略——公司制作的慕课必须有足够的吸引力。澳大利亚纽卡斯尔大学的博德教授等人指出，如果慕课公司打算盈利，开发慕课时必须从以下几个方面着手：选择一门具有较大前景的、尚未开发过慕课的课程，确保吸引充足的生源；根据潜在学习者的兴趣设计课程内容与评价环节，最大限度地满足学习者的需求；保证慕课课程具有较高的质量、完善的网络支持、及时的反馈等，以确保学习者能成功地学完整个课程；制作的慕课具有国际影响力。[①]

　　慕课公司究竟如何盈利，目前尚未有明确的解决办法。但有一点可以肯定，只有高质量的慕课才有可能带来经济收益。将慕课从一种免费的教育资源转变为可以带来经济收益的商业产品，慕课公司还有很长的路要走。

　　与任何新出现的事物一样，慕课也将经历一个出现、发展、成熟的过程。当前的大多数慕课缺乏明确的目标定位，这导致慕课在课程设计、学习者管理、制作方式等方面大同小异，结果便是慕课缺乏应有的教学效果，制作经营慕课的大学与公司无法收回成本，慕课难以健康、持续地发展。解决慕课当前问题的一个可能途径是加强慕课的针对性，大学与公司在开发制作慕课之前，首先应确定这门慕课的课程定位，包括慕课的目标人群、将取得的教学效果、将达到的社会与经济效益等。不同的课程定位将产生不同的课程设计，如果一门慕课的目标人群是计划取得学分与大学学位的中学毕业生，那么这门慕课应注重基础知识的传授与应用，注重知识的趣味性设计，加强师生之间的互动反馈与教学管理等。反之，如果慕课的目标人群是已有大学学位的成年人，则需将重点放在知识的难度与融会贯通、知识的跨学科交汇与运用等方面，而无须在课程监督管理与督促学习者方面着力。目标定位不同，

————————

　　① Burd, Elizabeth L. et al. Exploring business models for MOOCs in higher education. *Innov. High. Educ*, 2014, Vol. 40, No. 1, p. 28.

慕课的价格自然也不同：慕课学位课程的价格可以适当高些，针对成年人的慕课的价格则应低些，而那些面对社会大众的普及知识性慕课，则应该完全免费，这些免费的慕课将提高制作方的社会知名度与声誉。明确的目标定位，将给慕课带来巨大的社会效益与经济效益，也将使慕课健康、持续地发展。目前，国外一些大学与慕课公司已经开始和一些社会单位合作，为单位员工的培训、发展定向制作慕课，也有慕课公司与大学合作制作慕课学位课程，这些都是积极有益的尝试。

第二章

慕课与普通高等教育

2012 年以来，随着慕课由国外至国内的快速发展，特别是高等教育领域对慕课给予极大的关注和期待。于是，有专家认为在不久的将来，慕课将颠覆传统的大学教育，一些专家预言慕课将可能取代传统大学教育。美国《福布斯》杂志指出，慕课将给美国高等教育带来一场革命，将废除传统高等教育的商业经营模式，淘汰很多不知名的大学，提升一些新出现的网上大学。[①]美国学者托马斯·费德曼(Thomas Friedman)撰文指出，慕课是教育界前所未有的"革命性力量"，将给传统大学教育带来前所未有的冲击，其至将彻底改变传统高等教育的运营模式。[①] 但是，在看到慕课这种新兴教育形式具有光明前景的同时，也不能忽视慕课本身存在一些问题。就慕课的教育模式而言，在高等教育领域仍存在一定的短板，这些问题包括：慕课的课程设计受制于技术，慕课的评价环节过于简单，慕课的退学率较高，制作方没有稳定的经营

① Gillani, Nabeel & Rebecca Eynon. Communication patterns in massively open online courses. *Internet and Higher Education*, 2014, Vol. 23, p. 18.

收入等。此外，由于高等教育的目标不仅包括知识获取，而且还有知识运用、道德责任、科研创新等要求，而我国和美、英等西方国家在这些方面有不同的要求，因此慕课远不能达到这些教育目标，也无法颠覆传统的高等教育。慕课与传统高等教育的结合或许是未来大学教育发展与改革的方向。

第一节　慕课与高等教育的目标

慕课是个新生事物，它最先在高等教育领域广泛应用，慕课究竟是否有助于达到高等教育的目标，这需要从现阶段我国与西方国家的高等教育的目标谈起。

2010 年我国公布了《国家中长期教育改革和发展规划纲要（2010—2020年）》，确立了一系列教育发展方向与政策。关于高等教育的培养目标，该纲要规定，"牢固确立人才培养在高校工作中的中心地位，着力培养信念执著、品德优良、知识丰富、本领过硬的高素质专门人才和拔尖创新人才……深化教学改革。推进和完善学分制，实行弹性学制，促进文理交融。支持学生参与科学研究，强化实践教学环节。加强就业创业教育和就业指导服务。创立高校与科研院所、行业、企业联合培养人才的新机制……充分调动学生学习积极性和主动性，激励学生刻苦学习，增强诚信意识，养成良好学风"。

为贯彻落实《国家中长期教育改革和发展规划纲要（2010—2020 年）》文件精神，2012 年 3 月我国制定公布了《高等教育专题规划》，明确规定了当前高等教育的发展方向、任务与目标。根据此规划制定的高等教育战略目标，我国高等教育要在"人才培养、科学研究和社会服务整体水平全面提升"。随着我国高等教育不断向前发展，高等教育领域对高等学校的功能有了更明确的认识，即高等学校具有人才培养、科学研究、社会服务和文化传承创新四大功能。2017 年，教育部、财政部、国家发展改革委员会联合印发《统筹推进世界一流大学和一流学科建设实施办法（暂行）》，在高等教育领域全面推行"双一流"建设，把高等学校这四大功能作为最重要的遴选条件。因此，我国的高等教育和高等学校的目标，就是要在人才培养、科学研究、社会服务和文化传承创新四个方面不断提升，向更高水平发展。

　　在我国的高等教育目标中，人才培养不仅仅是传授知识，而且要通过校园文化、集体活动等多种方式，提高学生的思想修养与道德素质，培养他们的社会责任感。《高等教育专题规划》规定，"全面推进素质教育，把社会主义核心价值体系融入人才培养全过程，深入推动中国特色社会主义理论体系进教材、进课堂、进头脑，引导学生形成正确的世界观、人生观、价值观，着力培养学生服务国家服务人民的社会责任感、勇于探索的创新精神、善于解决问题的实践能力"。《统筹推进世界一流大学和一流学科建设实施办法（暂行）》强调高校人才培养应"坚持立德树人，培育和践行社会主义核心价值观"，"注重培养学生社会责任感、法治意识、创新精神和实践能力，人才培养质量得到社会高度认可"。这要求教师要通过各种教学、科研和实习实践活动，培养大学生的综合素质和能力。慕课运用多种媒体技术，全方位地展现新知识，在传授知识方面具有明显优势，但如前文所述，慕课在培养学习者的道德素质与社会责任感方面有些"力所不逮"，在提高学习者的创新能力与实践能力方面也有明显短板。

　　在科研创新、社会服务与文化传承方面，《高等教育专题规划》规定，"鼓励师生开展社会实践和志愿服务。充分发挥高等学校智囊团和思想库作用，积极参与决策咨询，主动开展前瞻性、战略性、对策性研究，为国家和地方经济建设、政治建设、文化建设、社会建设以及生态文明建设服务。积极加强国际问题研究，服务国家外交战略。积极推进文化传播，继承、弘扬优秀传统文化，发展先进文化"。《统筹推进世界一流大学和一流学科建设实施办法（暂行）》也阐明了同样道理，强调"原始创新能力"，"产学研深度融合，实现合作办学、合作育人、合作发展"，"增强文化自信"，建设"师生认同的优秀教风学风校风"，等等。在这方面，慕课的作用更是有限。由于慕课主讲教师面对的是数以万计的学习者，他们无法针对学习者个人的知识背景与思维特点进行有针对性的指导，无法激励有创新潜能的学习者进行课程之外的探究学习。另外，如上文所述，慕课教授们大多是名校的名师，他们是科研的中坚力量，制作慕课耗费了他们大量的时间与精力，这其实影响了他们自身的科研工作。上海交通大学校长张杰曾指出，"慕课不能给学习者提供真实完整的大学学习体验、校园生活经历、校园文化熏陶……同学、师生之间的社交体验就是慕课无法提供的。另外，一些需要动手操作、亲身体验的课程，例如实验课、中药材、紧急护理等，也是需要在实体课堂上去亲自操作和感受的"。①

美国高等教育的目标也非常明确。担任哈佛大学校长 20 余年的德里克·博克（Derek Bok）是美国高等教育方面举足轻重的理论家与实践家，在《回归大学之道》（2006 年）一书中，他系统提出美国本科教育的目标，即美国本科教育有八项重要目标：表达能力、批判性思维能力、道德推理能力、公民意识、适应多元文化的素养、全球化素养、广泛的兴趣、为就业做准备。②

表达能力包括口头与书面两个方面。博克指出，"长期以来，大学新生的表达能力十分欠缺……培养本科生准确、清晰、优美的口头与书面表达能力是大学义不容辞的责任"。③ 如前文所述，慕课的评价环节是机器自动批阅的简单选择题或问答题，慕课也没有足够的"教师-学习者"以及"学习者-学习者"的交流反馈，慕课很难培养学习者的口头与书面表达能力。同样，慕课也很难培养学习者的批判性思维能力，因为批判性思维要求学习者能深入分析问题，发现问题涉及的多方面利益关系，尽可能多地提出可行的解决方案，然后通过推断、类比等方法最终确定一个最佳方案。批判性思维能力的培养需要教师根据学生的思维特点，进行有针对性的指导，并布置一定的任务让学生完成，这一切远远超出了慕课的课程设计。

同样，在公民意识与道德培养方面，慕课也无能为力。慕课学习者来自世界各地，他们的道德标准与公民意识差异较大，慕课主讲教授无法找到合适的方法培养学习者这方面的素养。多元文化和全球化素养的培养，需要与来自其他文化与国家的学生在校园内朝夕相处，在长期相处的过程中，教师引导学生以宽容的心态对待不同文化，"相互理解、尊重，充满正义感，同时

---

① 张杰：《"慕课"（MOOCs）带给中国大学的挑战与机遇——访上海交通大学校长张杰》，《大学（学术版）》2014 年第 1 期，第 10 页。

② ［美］德里克·博克：《回归大学之道——对美国大学本科教育的反思与展望》，侯定凯等译，上海：华东师范大学出版社 2008 年版，第 5 页。

③ ［美］德里克·博克：《回归大学之道——对美国大学本科教育的反思与展望》，侯定凯等译，上海：华东师范大学出版社 2008 年版，第 5 页。

当矛盾出现时又能适当处理、灵活面对"。① 慕课的学习者都是通过网络单独进行学习，学习者之间的交流互动十分有限，因而慕课无法培养学习者的多元文化与全球化素养。由于缺少应有的实践环节，慕课无法培养学习者的实际操作能力，无法为就业做准备。博克提出的八个本科教育的目标中，慕课旨在培养广泛的兴趣方面能发挥一定的作用。所以，慕课远远不能达到美国的本科教育的目标。

英国的高等教育的目标体现在 2008 年修订的《英国高等教育资格框架》（*The Framework for Higher Education Qualifications in England*，*Wales and Northern Ireland*，FHEQ）中。② 该框架对各级学位及证书获得者的能力资格作了详细的描述，每个学位层次上的要求包括三个方面：第一，已经证明具有的能力；第二，通常来说能够掌握的能力；第三，通常来说将会拥有的能力。关于本科毕业生，该框架规定，他们毕业时已经具备的能力，包括"能够系统地理解所学专业领域的关键问题，掌握条理清楚的、详细的知识，而且其中至少有一部分知识居于特定学科领域的前沿；能够准确地应用所学学科中成熟的分析方法与调查方法；理解概念，能够提出并支持论点，解决问题，能够运用思想和技术，而且其中有些思想和技术居于学科的前沿，能够描述和评论所学学科中当前的一些研究或先进的学问；能够认识到知识的不确定性、模糊性和局限性；有能力管理自己的学习，使用学术期刊和原始的资料"。获得学士学位者将来具备的能力包括，"能够应用所学的方法和技术来评估、巩固、扩展和使用他们的知识和理解力，以及提出和完成项目；能够批判地评估论点、假设、抽象的概念和（有可能是不完全的）资料，作出判断，针对问题的解决提出恰当的问题或若干问题解决方案；能够与专业人士和非专业人士沟通信息、思想、问题和解决方案。此外，获得学士学位者将具有职业所必需的品质和可迁移性技能，如主动性，个人责任感，在复杂的、不可预知

---

① ［美］德里克·博克：《回归大学之道——对美国大学本科教育的反思与展望》，侯定凯等译，上海：华东师范大学出版社 2008 年版，第 5 页。

② 《英国高等教育资格框架》2001 年首次公布，2008 年修订。苏格兰单独制定自己的高等教育资格框架。两个教育框架基本一致，苏格兰教育框架有一些个别性差异，反映了苏格兰特殊的教育结构。

的情况下做决定，以及在专业上继续深造的学习能力"。①

通过分析英国高等教育的目标可以看出，慕课对知识方面和自主学习方面的目标有一定的促进作用，因为慕课可以给学生提供质量较高的教学视频资源，但在技能方面、人际交往方面和责任方面，慕课的作用甚为有限。因此，完全依靠慕课也不能达成英国的高等教育目标。

由于慕课自身的特点和存在的问题，完全以慕课方式进行大学教育教学活动无法完成高等教育的目标，因此慕课无法取代大学校园里的现场教学，也无法颠覆传统的高等教育。正如美国国家学者联合会（Nationtional Association of Scholars）的研究员彼得森（Rachelle Peterson）指出的那样，慕课既没有对传统高等教育构成挑战，也没有提供一种有意义的、以讨论为基础的交互式教育，慕课其实是一种向世界各地观众传播信息的视频电子书，它无法取代有着严格要求的、基于对话的、面对面的课堂教学。② 英国东安格利亚大学的多米尼克·卢克斯教授也指出，慕课将来不大可能成为高等教育的救星，也不大可能使大学解体，很可能会出现一些开放性的慕课平台，供人们了解学习更多内容。慕课可以与传统大学教育合作，让大学变得与以前不同。③ 卢克斯教授的看法十分中肯，慕课可以形成大学课堂教学的有效补充，学生可以通过生动形象的慕课学习一些简单的知识点，然后在实体课堂上与教师进行深度的知识探索，激发创新能力，并试着运用新知识解决实际问题。慕课与传统高等教育的结合或许是未来大学教育发展与改革的方向。

第二节　慕课在高等教育领域的短板

2012 年以来，慕课获得迅猛发展，在世界范围内引起广泛关注。慕课的特征有三个方面：所有网络使用者都可以在线学习这些课程；学习者学完课程后，可以获得结业证书；学习者凭借慕课结业证书可以获得一些大学的学

---

① 孙进、皮国萃：《新世纪高等教育人才培养的目标：基于英、德、加三国国家资格框架的分析》，《比较教育研究》2011 年第 1 期，第 37 页。

② Peterson, Rachelle. MOOC fizzles. *Academic Quest*, 2014, Vol. 27, No. 23, p. 316.

③ 吴万伟：《"慕课热"的冷思考》，《复旦教育论坛》2014 年第 1 期，第 16 页。

分和一些研究机构的认可。

国内外越来越多的大学与机构开始认可慕课学分，美国的哈佛大学、麻省理工学院等已经开始互认慕课学分。国内的上海交通大学、清华大学等高校于 2013 年开始联合打造国内慕课共享平台，并互认慕课学分。国外已经出现了慕课学位，2013 年美国三大慕课公司之一的 Udacity 宣布与佐治亚理工学院合作，创建一个计算机科学硕士的慕课学位，学习者注册并在线学完慕课学位课程后，可以从佐治亚理工学院获得学位。虽然该慕课学位不像其他慕课那样是免费的，但主办方信心十足，因为美国在校大学生获得硕士学位通常需要花费 45000 美元，而这个慕课硕士学位仅需 7000 美元。

慕课当前在世界范围内已形成发展热潮，吸引了数百万的在线学习者，但国内外当前的高等教育慕课存在一些不容忽略的短板。

一、课程设计受制于技术

不可否认，很多慕课开发者的一个重要初衷是谋利，受此影响，慕课开发者希望慕课能吸引众多学习者，学习者多多益善。因此，慕课的课程设计的第一要素是激发学习者的学习兴趣，吸引他们的注意。为达成这个目的，慕课要经过慕课公司商业化的包装。另外，慕课的内容设计并不是完全根据教学需要和学习者的学习需求做出的，在很大程度上，课程的内容设计决定于慕课技术，也即适合慕课技术呈现的内容可以出现在课程中，而那些不适合制作为电子信息通过慕课技术呈现的内容则被排除在外。

当前，慕课存在一种奇特的现象，慕课的课程内容最终决定于技术人员而非主讲教师。由于多数慕课教师面对高度专业化的技术系统显得无能为力，"他们往往会为了适应慕课系统而设计或调整教学，而非以技术服务于自己的教学，这就发生了手段与目的间的错位、倒置"。[1] 结果，慕课主讲教师并不能完全根据教学需要，决定慕课的课程内容，很多时候受制于慕课技术人员。在很多情况下，为符合慕课技术要求，主讲教师需要"削足适履"。

---

① 张继明：《高等教育现代化视域下慕课的批判性分析》，《电化教育研究》2016 年第 3 期，第 67 页。

二、慕课评价缺乏反馈

由于慕课学习者人数众多，教授与助教根本没有时间像传统大学课堂那样，布置一些难度较大的、具有挑战性的作业，并对交上来的作业逐一认真批改，提出修改建议。现有的慕课评价环节大多由机器自动批改的选择题、判断题和简单问答题组成，学习者在线完成答题并提交，机器自动阅卷后给出成绩。慕课的评价环节无法有效地帮助学习者巩固并运用新知识。

尽管大多数慕课提供留言板、论坛等在线交流平台，由于学习者人数众多，留言板、论坛上短时间内便会有数千条留言，教授与助教们根本无暇答复。同一门慕课的学习者来自世界不同的地区，他们知识背景、文化习惯各异，无法像传统大学课堂那样形成一个或若干个和谐的学习团队。慕课学习者之间各自为营，缺乏有效的互动反馈。英国格拉斯哥大学的马尔加良教授（Anoush Margaryan）等随机抽查了 76 门慕课课程，结果令人失望：没有一门慕课给学习者提供来自教授或助教的反馈；68 门慕课没有要求学习者之间相互交流学习；8 门慕课虽然要求学习者之间相互交流，却均未对的交流提出具体指导意见，也未准确记录相互交流的进展情况。①

此外，慕课也大多没有给学习者提供实践机会，没有培养学习者实际运用知识的能力。马尔加良教授等调查了慕课在提高学习者知识运用方面的情况，发现 76 门慕课中，仅有 7 门强调学习者应将新知识与实际工作生活相结合。①英国《泰晤士高等教育》2014 年 5 月也报道，研究者调查了 edX 平台上哈佛大学的慕课"临床实验基础"的学习者，结果发现，这些慕课学习者在学习上变得较为被动，不会将所学知识运用于实际工作之中，"慕课使得学习者的学习变成对内容的单一记忆，他们只希望取得课程的结业凭证而非知识和应用技能"。②

---

① Margaryan, Anoush. et al. Instructional quality of massive open online courses（MOOCs）. *Computers & Education*, 2014, Vol. 80, p. 78.

② 张玉娴：《美国调查发现慕课或导致被动学习》，《世界教育信息》2014 年第 11 期，第 77 页。

三、学习者退学率高

慕课的注册者虽然人数众多，但是中途的退学率较高，完成课程学习的学习者所占比例极小。美国科罗拉多大学教授杰哈德·费希尔根据宾夕法尼亚大学提供的慕课学习者数据，发现平均只有 50% 的注册者曾观看过教学视频，仅有约 4% 的注册者完成课程的学习。① 来自亚洲的香港大学与南洋理工大学的一份慕课调查报告指出，90% 以上的学习者中途自动退出慕课的学习，原因主要包括：没有足够的时间，课程难度过大又无法得到指导，课程没有奖惩等激励机制等。②

与专家们的预计不同，绝大多数的慕课学习者并非没有学位的未成年人，而是已经具有大学学位的成年人，甚至是退休人员。他们参加慕课的目的不在于挣得学分、获取学位，而是为了提升个人专业能力、谋求职场提升或满足个人爱好。

四、课程制作难度大

制作一门慕课需要耗费大量的人力和物力，除主讲人外，还需一个专门的教学团队来协助工作。慕课主讲教授讲授一门慕课所耗费的时间是普通课程的 10 倍以上。美国佐治亚理工学院副教授凯伦·海德(Karen Head)主讲一门慕课，她每周需要 20 多个小时准备慕课内容，4 个小时进行录制，8 个小时重审做好的慕课，另外还需 5~10 天编辑录制的视频并得到 Courera 公司的批准。虽然制作慕课可以给教授们带来一定的知名度，但却严重影响了他们正常的教学与科研工作，使得他们无暇进行学术与科研创新。

制作慕课还需要大量的资金投入，目前资金主要来自大学和慕课公司。哈佛大学负责慕课的副教务长包弼德指出，除助教费用和主讲教授报酬外，一门慕课的制作成本高达 10 万~20 万美元，而且慕课在第二、三轮等后续使

---

① 　Fischer, Gerhard. Beyond hype and underestimation: identifying research challenges for the future of MOOCs. *Distance Education*, 2014, Vol. 35, p. 149.

② 　Hew, K. F. & W S Cheung. Students' and instructors' use of massive open online courses (MOOCs): motivations and challenges. *Educational Research Review*, 2014, Vol. 12, p. 50.

用过程中，还需继续投入人力与物力更新内容、完善各个环节。① 然而，截至目前慕课制作方尚未找到稳定的收入来源。慕课制作方可以向需要课程结业证的学习者收取一定的费用，但如上文所述，绝大多数慕课学习者是已有学位的成年人，他们并不需要结业证。这部分靠颁发结业证的收入难以弥补慕课的制作成本。有些慕课制作方打算取消慕课的免费政策，向注册的学习者收费，但这一计划似乎也不具可行性。如果慕课制作方长期无经济收入，这将使慕课未来的发展不具有可持续性。

第三节 慕课与传统高等教育的融合

由于慕课本身存在课程设计受制于技术、教师与学生以及学生与学生之间的互动有限、课程评价环节简单、退学率高、缺乏可持续发展所需的盈利模式等问题，所以慕课不可能如一些专家所声称的那样颠覆或取代传统高等教育。比较可行的方式是慕课和传统高等教育的有机融合，将慕课和大学传统课堂教学相结合，全面提高高等教育的人才培养质量。这种慕课模式，同时也符合我国构建全民学习、建设网络在线教育体系的教育发展方向。

2017 年颁布的《国家教育事业发展"十三五"规划》指出，我国要积极发展"互联网+教育"，加快完善学校教育信息化基础设施，全力推动信息技术与教育教学深度融合，"鼓励教师利用信息技术提升教学水平、创新教学模式，利用翻转课堂、混合式教学等多种方式用好优质数字资源。深入推进'网络学习空间人人通'，形成线上线下有机结合的网络化泛在学习新模式"。在上述规划里面还指出，需要大力利用互联网推进优质教育资源的建设和共享，加强"名师课堂""名校网络课堂""专递课堂""在线开放课程"等信息化教育教学和教师教研新模式的探索与推广，要积极鼓励高等学校依托校本优势学科和专业开发在线开放课程，并制定在线开放课程教学质量评价标准和学分认定管理办法，将在线课程纳入培养方案和教学计划。此外，该规划提出"推动在线开放资源平台建设和移动教育应用软件研发。整合各类优质教育资源，

---

① 张麒、刘俊杰、任友群：《哈佛"慕课"深度谈——访哈佛大学副教务长包弼德教授》，《开放教育研究》2014 年第 5 期，第 7 页。

推进资源普遍开放共享，鼓励师生共建共享优质资源，加快推动教育服务模式和学习方式的变革"。这一点对于当前高等教育领域的慕课发展尤为重要，慕课发展至今，最大的瓶颈是社会力量参与不够，政府需要鼓励高等学校或地方通过与具备资质的企业合作，建设高质量的慕课平台。

在《中国教育现代化2035》中，也把"加快信息化时代教育变革，推动教育组织形式和管理模式的变革创新，以信息化推进教育现代化"列为教育现代化十大战略任务之一。

2019年10月，教育部发布《教育部关于一流本科课程建设的实施意见》，提出"经过三年左右时间，建成万门左右国家级和万门左右省级一流本科课程"，即通常说的一流本科课程"双万计划"。一流本科课程建设类型（推荐类型）分五种：线上一流课程、线下一流课程、线上线下混合式一流课程、虚拟仿真实验教学一流课程和社会实践一流课程。其中，把"线上、线下混合式一流课程"定义为"主要指基于慕课、专属在线课程（SPOC）或其他在线课程，运用适当的数字化教学工具，结合本校实际对校内课程进行改造，安排20%~50%的教学时间实施学生线上自主学习，与线下面授有机结合开展翻转课堂、混合式教学，打造在线课程与本校课堂教学相融合的混合式'金课'"，并且"线上线下混合式一流课程"是五种类型里面建设最多的一类，计划完成6000门左右。

可见，利用现代互联网技术推动高等教育快速发展，把信息化作为教育现代化的重要支撑，在高等教育领域推进慕课与传统课堂教学相融合，是高等教育发展的大势所趋。慕课将不仅仅带来新的教育技术，还将深刻影响今后高等学校的课程建设和教学模式革新。

推进慕课与传统高等教育的融合，需要从校园网络硬件和软件建设、制定慕课教学质量评价标准、将慕课纳入培养方案、结合慕课进行教学模式改革等方面入手。

一、加强校园网络硬件和软件建设

校园网络软硬件建设是慕课与高等教育融合的前提条件。由于慕课是一种在线教育，对互联网条件有一定要求，校园的网络硬件和软件建设需要满足慕课教学的需求。2020 年 2 月，由于新冠疫情的暴发，全国各大高校均推迟了学生到校时间，教育部印发《关于在疫情防控期间做好普通高等学校在线教学组织与管理工作的指导意见》，要求采取政府主导、高校主体、社会参与的方式，共同实施并保障高校在疫情防控期间的在线教学，实现"停课不停教、停课不停学"。该指导意见指出，各高校应充分利用上线的慕课和省、校两级优质在线课程教学资源，积极开展线上授课和线上学习等在线教学活动，保证疫情防控期间教学进度和教学质量。始料未及的是，随着 2 月各大高校的陆续开学，很多高校建设的校级在线课程平台瘫痪，一些慕课平台的网络速度也无法满足教学需求，致使很多教师不得不转向腾讯会议、腾讯课堂、QQ、钉钉、ZOOM 等平台开展教学活动。这表明，目前建设的在线课程平台，其软硬件条件是基于很少量课程在线使用的，当大量课程同时在线教学，平台的硬件设备和软件就无法满足许多学校同时开课的需求，很多慕课和在线课程无法发挥应有的作用。

校园网络建设需要满足教师的教学需求和学术研究需求，目前一些高校的校园网络建设存在一些问题，主要表现在三个方面：一是校园网络设计规模偏小，而实际需求较大。一些高校从 20 世纪 90 年代开始建设校园网络，当时的需求不大，但是随着互联网技术和在线课程的快速发展，校园网络的更新扩容速度跟不上师生的需求。有些高校校园网络建设处于停滞状态，本应分期实施建设，但却只完成了首期或二期工程，应该进行的后续建设却没有及时地投入。二是偏重硬件建设，对软件开发重视不足，软件与硬件建设的比例不当，投资比例一般为 1：15，而国际上多年以来通行的比例至少为 5：5。① 由于对软件开发重视不够，导致很多技术要求超出多数教师和学生的技术水平，教师和学生难以很快学会操作。三是不重视网络技术与教学的整合。一些高校在网络建设上投入以千万元计算，而在教育技术与教育教学过程的整合方面并没有实质性突破，造成硬件资源的极大浪费。有的学校盲目引进先进设备和软件，而需求却跟不上，使设备闲置，重硬件轻软件、重技术轻应用的现象大面积存在。

---

① 臧玉春、刘春宇：《高校校园网应用现状的分析与探讨》，《长春工业大学学报（高教研究版）》2004 年第 3 期，第 36 页。

校园网络建设需要坚持适用、好用、够用的原则，根据师生的信息需求和操作能力，选择通用的、实用的、更新升级便捷的技术，合理投入硬件设施和软件开发，要将网络媒体环境建设过程作为教师信息技术掌握与教育观念更新的途径，不断升级网络媒体硬环境，有计划地添置设备，实现可持续发展。软件建设是高校校园网信息化建设的重点，要提高网络应用水平，转变传统教学和办公模式。

有研究者分析了当前校园网络的建设与应用现状，发现当前高校校园网建设与管理模式主要包括三种：学校自主建设管理模式、运营商投资建设管理模式和学校管理与运维企业投资建设相结合模式。在第一种模式中，学校通过自筹资金方式建设校园学生公寓网络，并通过用户认证（802.1X 或 PPPOE 认证+IP 绑定）的方式实现对上网用户的管理。其缺点在于，学校投资比较大，运行和维护成本较高，高峰时期会出现网络不畅。在第二种模式中，学校的网络建设与管理完全外包，由单独一家运营商来投资建设，主导运营，为方便运行维护与管理，认证模式也由运营商决定。这种模式突出的问题在于，由于师生使用网络受一家运营商所限，运营商为追求利润，获得学校运行维护与管理垄断权后，可能会降低服务水准。在第三种模式中，学校与具有资深网络运行维护经验的企业合作，学校购买企业的服务，企业负责学校网络设备投入与改造，调整网络架构，简化管理模式，按照学校既定的要求达到网络服务标准。在学校管理与运行维护企业投资建设相结合模式中，企业通过优化网络设备和管理做好服务工作，学校做好网络安全监督，建立校园网络文化与信息化建设。因此，第三种模式成为学校网络建设的发展方向。[1]

西安交通大学在网络建设方面成绩突出，可以为其他高校校园网络建设提供借鉴。西安交通大学于 1994 年开始校园网建设，目前覆盖了所有的教学区域、学生宿舍、3 个附属医院以及家属区，并开通了无线局域网和网络视频会议。累计投资 1 亿多元，已建立起一个规模大、管理良好的校园计算机网络，接近发达国家大学的水平。同时，西安交通大学还是中国教育科研和

---

① 陈嵩、张龙：《基于多运营商出口的高校校园网运维模型设计与实现》，《福建师范大学学报（自然科学版）》2017 年第 4 期，第 18 页。

计算机网(CERNET)西北地区中心的依托单位,负责接入西北地区各高校校园网,负责建设和运行管理西安市的教育城域网(主干2.5Gb),在国家下一代互联网(CNGI)计划中,西安交通大学是CERNET2的主节点之一。

二、制定慕课教学质量评价标准

2012年以来,随着慕课的快速发展,研究者普遍意识到慕课的学习完成率偏低。虽然不能将学习完成率作为衡量慕课质量的主要标准,影响课程完成率的还有其他因素,比如学习者的期望、能力水平等。学习完成率低不能说明课程质量一定低,但质量确实是影响学习完成率的因素之一。

慕课的课程质量评价已经引起教育主管部门的关注。2015年4月,教育部颁布《关于加强高等学校在线开放课程建设应用与管理的意见》,鼓励高校制订在线开放课程教学质量认定标准,将通过本校认定的在线课程纳入培养方案和教学计划。2018年9月,教育部《关于加快建设高水平本科教育 全面提高人才培养能力的意见》再次强调,要制定慕课标准体系,规范慕课建设管理,规划建设一批高质量慕课。教育部吴岩司长强调,"要制定慕课国家标准,加大慕课建设对外开放,在慕课建设模式、推广应用等方面掌握国际话语权,为世界慕课标准制定提供中国方案"。① 慕课的课程质量评价涉及教师、学生、学校、慕课平台、课程制作方、教学辅助工具提供方等诸多角色,制订统一的慕课标准有利于消除各方对慕课的不一致认识,促进慕课的共建、共享、共用。同时,慕课标准有助于指导高校和广大教师选择慕课,并引导高校建设高质量慕课,为国家、省级教育行政机构、第三方机构,依法依规管理慕课及慕课平台,开展在线开放课程分级评价与认证工作提供参考。

目前,国外方面已有一些慕课质量评价标准。英国2016年发布了《慕课质量保障与评估指南》(*Guidelines for Quality Assurance and Accreditation of MOOCs*),按照慕课的不同类型制定了不同的质量评价标准。针对以普及知识为目标的普及性慕课,《慕课质量保障与评估指南》建议政府应该引导相关机构采用"预设性评价"(Presage Variables),具体质量评价标准主要包括"教学

---

① 《中国慕课,与世界一流比肩》,《人民日报》2018年1月16日。

过程的创新性和有效性""评价的全面性""语言的易接受性""是否建立了总结性的评价机制"4个方面。针对以提升专业实践和技能为目标的实践性慕课，《慕课质量保障与评估指南》建议政府应该引导相关机构采用"过程性评价"（Process Variables），具体质量评价标准主要包括"教师教学过程评价""教学互动评价""形成性评价机制""5年定期评估"4个方面。针对定位于扩大受教育机会的学术性慕课，《慕课质量保障与评估指南》建议政府应该引导相关机构和高校采用"终结性评价"（Product Variables），具体质量评价标准主要包括"对参与者的影响程度""对评价体系的影响""信息控制机制""学习者的改进状况"4个方面。欧洲远程教育大学联合会（EADTU）2013年推出"开放教育质量标签"（The Openup Edquality Label），制定了慕课课程质量评价标准，具体内容包含"机构"和"课程"两个方面，下设"战略管理""课程体系设计""课程设计""课程传递""教职人员支持""学生支持"6个二级指标和32个三级指标，评估者通过对每个指标项进行评价打分来鉴定所开设慕课的质量等级和水平。德国亚琛工业大学尤瑟夫（Yousef）等人于2014年创立的慕课设计质量保障标准体系"慕课设计质量评价标准"（Criteria to Assure Design Quality of MOOCs），具体内容包括"教学评价标准"和"技术评价标准"两个层面，下设"教学设计""考核""使用者界面""视频内容""学习和社交工具""学习分析"6个二级指标和74个三级指标。该评价标准适用于学习者、教师及教学机构对慕课的课程设计质量进行评价。[1]

　　国内方面，一些学者尝试从不同角度建构慕课的课程质量评价标准。邱均平等在现有国内外在线教育评价指标基础上，征集了慕课专家、教学团队带头人和主讲人建议后，设计了一套以教学队伍、教学内容、教学资源为一级指标和14个二级指标的慕课质量评价体系。[2] 李加军、张楚珊和陈春丽经过调研构建了一套慕课教学质量评价体系，体系分为教学评价、教学过程等4个一级指标和16个二级指标，通过专家打分和层次分析法获得相应指标的

　　① 冯宏义：《构建我国慕课质量评价标准体系的新启示》，《福建广播电视大学学报》2018年第3期，第7~8页。
　　② 邱均平、欧玉芳：《慕课质量评价指标体系构建及应用研究》，《高教发展与评估》2015年第5期，第74页。

权重，并运用模糊综合评价法对慕课教学质量进行评价。[①] 童小素等以我国教育部教育信息化标准委员会制定的《网络课程评价规范（CELTS-22）》为蓝本，从课程内容、教学设计、学习支持3个方面构建了一套由3个一级指标和26个二级指标构成的慕课质量评价指标体系，并在国内三大慕课平台上各选取一门课程，利用评价体系进行了评价实践。[②] 吴琼、方旭采用文献分析、访谈和问卷调查等方法，抽离出慕课评价体系的5个维度——课程/教学内容（3个二级指标和5个三级指标）、课程/教学设计与资源（4个二级指标和13个三级指标）、学习支持服务（4个二级指标和9个三级指标）、评价体系（1个二级指标和2个三级指标）和学习效果（2个二级指标和4个三级指标），并通过层次分析法，对每个维度及以下的二级和三级指标进行权重分析，制定了一套详细的评价标准。[③] 杨楠、王嘉颖、李童从开放度和时间两个维度入手，建构了慕课的质量模型，并对在线教育领域内有较大影响力的4个慕课质量模型进行了比较分析。[④]

根据以上国内外已有的慕课课程质量评价标准，结合当前慕课发展情况，建议从4个方面构建评价体系：课程教师队伍（占比10%）、课程内容（占比30%）、课程讲授（占比30%）、考评认证（占比15%）和媒体技术（15%）。这四个方面下设若干二级指标，如表2-1所示。

三、结合慕课进行教学模式改革

当前，许多高校根据自己的学科设置和师资情况，已经将慕课纳入课程体系和培养方案，解决了一些亟待开设而师资力量不足的难题，较好地实现了课程体系设置的合理性。从某种意义上讲，慕课是提高人才培养质量的重

[①] 李加军等：《基于模糊综合评价法的MOOC教学质量评价研究》，《当代继续教育》2016年第2期，第52页。

[②] 童小素、贾小军：《MOOC质量评价体系的构建探究》，《中国远程教育》2017年第5期，第65页。

[③] 吴琼、方旭：《MOOC课程质量标准框架模型构建研究》，《高等理科教育》2017年第6期，第78页。

[④] 杨楠等：《从"开放度—时间"视角分析慕课质量模型》，《现代教育技术》2019年第4期，第108页。

要抓手，是促进中国高等教育由大变强的关键一招。利用慕课，进行翻转课堂教学和混合式课堂教学是解决我国高校长期存在的课堂教学矛盾、促进教育供给侧改革的重要手段。慕课和高等教育的融合主要有三种方式：外挂式、翻转课堂和混合式教学模式。

表 2-1　国内慕课课程质量评价体系

一级指标	二级指标	具体内容
课程教学队伍（占比 10%）	慕课提供方的学科实力（占比 4%）	慕课提供方（例如：大学）的学科实力、教学水平、科研水平
	慕课教师团队（占比 6%）	慕课主讲教师和团队成员的职称、学历、科研成果、教学成果、教学水平
课程内容（占比 30%）	教学目标（占比 5%）	课程目标明确合理，并且明确说明在课程结束后，参与者将要知道或能够做到什么
	教学内容（占比 15%）	内容的设计与教学目的直接相关，知识结构合理；知识点覆盖面达到了课程定位的要求
	课程结构（占比 5%）	教学内容的组织和安排合理、得当
	内容拓展（占比 5%）	提供与课程内容有关的、有价值的外部资源或资源链接
课程讲授（占比 30%）	教学设计（占比 9%）	以学生为中心设计教学活动，每节课包括本课的概述、内容和活动、作业和评定，提供多种学习机会和多种学习路径
	讲授方式（占比 9%）	讲述深入浅出，详略得当，能激发学生的学习兴趣、吸引学生的注意力
	教学语言（占比 6%）	普通话标准，生动幽默，语言精练，有一定的感染力
	教学互动（占比 6%）	根据课程内容设计交流和讨论的问题，并引导学生参与讨论

续表

一级指标	二级指标	具体内容
考评认证 （占比15%）	平时作业评价 （占比3%）	提供难度适宜的平时作业，检测学生知识掌握情况
	期中期末评价 （占比2%）	提供科学合理的测试内容，全面评估学生的学习效果
	证书/学分 （占比5%）	给通过考核的学生计算学分或颁发学习证书
	学习者参与度 （占比5%）	学习者的认证率、退学率和完成率
媒体技术 （占比15%）	视频质量 （占比5%）	慕课视频的声音清晰度、时长、画面构图、色彩、字幕显示等
	用户界面 （占比5%）	慕课视频课程的检索、分类、控制特性、组帧、切换等性能
	兼容性 （占比2%）	资源可在任一终端正确访问、运行与显示（各类手机、电脑等）
	硬件环境 （占比3%）	网络硬件环境保障良好，支持大量用户同时在线并访问；为使用者提供一定限度的技术支持服务

　　外挂式主要指课程体系中一些课程直接使用现成慕课资源，本校教师担任助教，完成前期发布选课任务、指导、组织讨论、答疑、最终考评等协助工作，并及时和面授教师沟通协调学生学习过程中碰到的问题。这类课程适合本校师资力量不足又需要开设的课程。在这种教学方式中，课程选择是最重要的一个环节，因为同一门课程或相近课程在不同的慕课平台上会有若干种选择，院校教务部门需要根据本校学生学习情况，选择长度和难度适宜、结构设计合理的慕课。在选择慕课时，需要抽取部分学生进行调研和试学，确保选择的合理性。此外，学校需要给这些慕课配备一定数量的助教，相对而言，班主任或辅导员是比较合适的人选，他们对学生情况较为熟悉，而且责任心强。

　　翻转课堂是一种新型的教学模式，它把传统的教学过程翻转过来，要求把学生学习新知的过程放置于课前，而把课内时间用于讨论、分享和质疑。翻转课堂是"通过网络学习手段学生课下以视频等其他媒介形式进行自学，将课堂讲解时间由实验和课内讨论等活动代替，以达到充分利用课堂教学完成疑难解答或创新引导教学目标的方法"。① 在翻转课堂模式下，学生通过观看教学视频等方式提前学习相关知识，然后教师再在课堂上教，学生是带着问题进行学习的，呈现出"先学后教"的教学顺序。由于这种教学模式突出了学生学习的主动性，能让学生在一定程度上自主掌握学习主动权，因此受到许多教师的欢迎。当前，我国互联网和智能终端普及程度很高，大部分学校已经连接互联网，学生能够接触到电脑和智能手机，因此具备了翻转课堂模式所需要的教学条件。

翻转课堂是一种教学方式，更体现了一种新的教学思维，它落实到具体的教学中，还需要与一些具体的教学方式相结合，如项目教学法、探索教学法等。事实上，翻转课堂并无固定的模式，原因在于翻转课堂的核心任务是以学生自主学习为中心，教学应该是以此为目的的灵活创造，而不是固守某种教学模式。此外，翻转课堂的学生自主学习在先、课堂教学在后的方式，主要围绕学习中出现的问题而展开，需要根据学生不同的问题，采用灵活多样的教学模式。有研究者指出，当前我国翻转课堂教学存在一些误区，主要表现在：对视频过于推崇，将信息技术当作翻转课堂的本质特征；教学思想固化，将翻转课堂理解为课堂上不能讲授新知识；不是以知识为单位进行翻转，而是以课时为单位翻转。②

翻转课堂的根本目的在于促进学生的深度学习，"如果教学目的是产生理解，那么教育者就必须从知识和事实的死记硬背转变为'深度学习'，即通过'积极和建设性的过程'来发展理解"。③ 深度学习不仅是指学生成为学习活动

---

① Thai, N. T. T. et al. The impact of a flipped classroom design on learning performance in higher education. *Computers & Education*, 2017, Vol. 107, pp. 113-126.

② 毛齐明等：《高校翻转课堂的实践反思与超越路径》，《高等教育研究》2019 年第 12 期，第 76~77 页。

③ Roehl, Amy. et al. The flipped classroom: an opportunity to engage millennieal students through active learning strategies. *Journal of Family and Consumer Sciences*, 2013, Vol. 105, No. 2, pp. 44-49.

的主体，而且指学习对象不仅限于基础知识和基本原理，在更重要的意义上，学习对象包括知识建构、知识运用和知识拓展等。有研究表明，影响学生深度学习的主要因素包括知识加工水平、沟通交流及反思评价水平，知识加工水平与沟通交流对学习兴趣与态度有显著影响，反思评价水平对学习资源使用有显著影响。有效促进深度学习的主要策略包括：优化学习情境设计，提升学生的情境浸润的感知性；提高互动交流的频率，加强学生的深度学习知识理解力；加强课后反思，提高学生的元认知能力和水平，系统地提升学生的深度学习素养。①

翻转课堂主要调整课堂内外的时间，教师不再占用课堂的时间来讲授知识，这些知识需要学生在课前自主学习完成。在这种教学中，学生表面上是学习的主体，但实际上教师仍占据重要地位，学生的所有学习活动都是围绕教师设定的学习目标而展开。翻转课堂一旦操作不好，课堂将进入无序状态，或者将回到传统课堂。这表明，教师的尺度把握非常重要，具有一定的难度。所以教学实践中纯粹的翻转课堂不是特别多，更常见的是线上线下结合的混合式教学。

混合式教学是指将网络在线学习与传统的师生面对面教学有机结合的学习模式，以学习者为中心，基于一定的教学目标，把传统的面对面课堂教学与现代的网络学习有机地融合，实现学习目标最优化的教学模式。② 混合式学习并不是线上学习和传统课堂学习的简单叠加，而是兼顾个性化学习的、各学习要素的有机融合。通过线上线下的有机结合，可以把学生的学习循序渐进引向深度学习。这种教学模式通常教师会把理论知识整理出来按照逻辑关系发布到网络上，而学生通常通过网络进行线上理论部分的学习。在这个过程中，学生不管用什么方式花了多长时间，只要在指定的时间内完成学习内容即可。混合式教学体现了"以学生为主体，以教师为主导"的教学理念，即学生在教师的引导启发、监督服务下自由自主地开展学习，实现知识传授、

① 李志河等：《翻转课堂模式下的深度学习影响因素研究》，《现代教育技术》2018 年第 12 期，第 56 页。
② 孙曼丽：《国外大学混合学习教学模式述评》，《福建师范大学学报（哲学社会科学版）》2015 年第 3 期，第 156 页。

能力培养和价值塑造。

　　基于慕课的混合式教学具有三个方面的特征：这种教学模式采用线上和线下两种途径开展教学；线上教学不是教学活动的辅助，而是教学的有机组成部分；课堂教学不是传统课堂教学活动的照搬，而是基于前期线上学习成果开展的深度教学活动。混合式教学没有固定的模式，其根本目标在于充分发挥慕课和课堂教学各自的优势，改变课堂教学中过分依赖讲授而导致学生学习主动性不高、认知参与度不足等问题；混合式教学模式重构了传统课堂教学，拓展了传统教学的时间和空间。由于混合式教学模式是一种新生事物，目前在实践中存在一些问题。有研究发现，问题主要存在于三个方面：学生的自主学习效果不够理想，仅完成基本的视频观看任务；学生小组协作的参与度不高，只注重个人完成教师布置的任务；深度学习投入不够，很多学生只是浏览信息，并没有真正地对知识加以理解和应用。[①]

　　为确保基于慕课的混合式教学模式充分发挥线上和线下两种教学形式的优势，首先慕课的建设要做到对知识的讲解准确、透彻，慕课等线上资源是开展混合式教学的前提，要加强对已有慕课的使用。其次，线下课堂中，教师需要查缺补漏、重点突破，并通过任务型教学设计一些问题让学生运用所学知识完成，以达到巩固知识并运用知识的目的；同时也应重视教学过程中的师生互动与生生互动，积极构建与学生相互信任的互动反馈机制，提升学生的自主学习能力。最后，无论是线上还是线下都需要给予学生及时的学习反馈，通过这些反馈，让教学的活动更加具有针对性，进而对学生形成激励作用。

---

　　①　马婧：《联通主义视域下高校混合式教学研究》，《河南大学学报（社会科学版）》2019年第 6 期，第 125 页。

第三章

慕课与继续教育

2012 年以来，慕课在世界范围内取得迅猛发展。慕课具有教育民主化、学科贯通化、学生中心化和教师导师化的独特优势，不仅给我国全日制的高等教育带来了一系列变化，而且将深远影响终身教育的实施与发展，也将从教学理念、教学资源、教学管理，以及教师聘请与管理四个方面给国内的开放大学带来前所未有的机遇，有助于网络远程教育进行差异化目标定位，也有助于全面构建终身学习体系、建设学习型社会。

第一节　慕课与终身教育思想

慕课最初是为正处于接受教育年龄的青少年设计的一种新型教学模式，目的是让更多的人接受更高质量的教育；而这种大规模的网络在线教学模式，无疑与世界普遍兴起的终身教育思想"天然契合"。

一、终身教育思想的提出与我国的教育政策

终身教育思想在 20 世纪 50 年代起源于法国，旨在适应当时社会、科学技术快速而剧烈的变化，强调人要不断地接受教育，学习新知，提高技能。简而言之，就是人的一生都是学习的过程，终身教育就是一个人在各个阶段接受的各种教育总和。一般而言，青少年阶段接受的学校教育是正规的、有组织的，而成人教育不太正规、零散。因此到了 60 年代，联合国教科文组织大力提倡终身教育，担任成人教育局局长的法国人保罗·朗格朗（Paul Lengrand）指出，教育应当贯穿于人的一生，成为一生不可缺少的活动……建立一个新的一体化教育体系：应当使教育从纵的方面贯穿于人的一生，从横的方面连结个人和社会生活的各个侧面，使今后的教育在每一个人需要的时刻，随时都能以最好的方式提供必要的知识技能。① 联合国教科文组织的提倡使这一崭新的教育理念逐渐推广、普及，尤其在成人教育领域影响越来越大，以至于我们通常提到终身教育，就把它等同于成人教育。其实，终身教育思想的核心是教育的终身性，涵盖整个国民教育体系，也正是因为这层含义，终身教育成为非常重要的教育思想并受到各国政府重视，成为许多国家制定教育政策方针的理论依据。

我国在 20 世纪末已经对终身教育进行了规划。1995 年 3 月 18 日颁布的《中华人民共和国教育法》（2009 年、2015 年两次修正）第 11 条规定，"国家适应社会主义市场经济发展和社会进步的需要，推进教育改革，推动各级各类教育协调发展、衔接融通，完善现代国民教育体系，健全终身教育体系，提高教育现代化水平"，从而确立了终身教育在我国的法律地位。教育部在 1998 年制定的《面向 21 世纪教育振兴行动计划》中提出，到 2010 年，"基本建立起终身学习体系，为国家知识创新体系以及现代化建设提供充足的人才支持和知识贡献"，并且在第六项举措中专门论述，依托现代信息技术的发展而产生的现代远程教育是"构筑知识经济时代人们终身学习体系的主要手段"。2010 年发布的《国家中长期教育改革和发展规划纲要（2010—2020 年）》

---

① 张维：《世界成人教育概论》，北京：北京出版社 1990 年版，第 94 页。

对终身教育也多次强调，提出"构建灵活开放的终身教育体系"，到 2020 年，"现代国民教育体系更加完善，终身教育体系基本形成，促进全体人民学有所教、学有所成、学有所用"。2019 年 2 月，中共中央、国务院印发了《中国教育现代化 2035》，把终身教育、终身学习作为推进教育现代化的八大基本理念之一，在 2035 年主要发展目标中，第一位即是"建成服务全民终身学习的现代教育体系"。

可以看出，我国对终身教育的发展有一以贯之的规划，从 20 世纪末提出 2010 年"基本建立"，到 2020 年"基本形成"，再到 2035 年"建成"。伴随我国向教育现代化日益迈进，终身教育、终身学习体系也将逐渐成熟。

二、我国终身教育实践存在的问题

尽管我国对终身教育有着高层次的规划和要求，终身教育也成为一项重要的教育方针，但在实践中终身学习的具体实施仍存在一些问题，终身教育思想依然没有深入人心。

首先，具体施策定位不够高。按照终身教育思想的内涵，建立终身教育体系是一项涉及人一生都要接受学习这样一个庞大的社会系统工程，应该有专门机构进行统一规划实施。有人就建议国家应该设立专门机构负责终身教育，"成立国家构建终身教育体系委员会，由国家领导人出任主任"，各个政府部门担任委员。① 但目前对终身教育进行管理、协调的基本上是各级教育机构分管成人教育的部门。笔者认为，由成人教育部门负责终身教育有其合理性，一则提出终身教育概念的就是联合国教科文组织的成人教育局，可见把终身教育和成人教育对应并不一定弱化终身教育；二则终身教育比较薄弱的环节恰是学校教育之后的成人阶段，由主管成人教育的部门指导终身教育、终身学习可以对学校后阶段的教育进行加强。最主要的是，成人教育要克服原来的仅仅作为学校教育补充的定位，上升到终身教育的高度进行施策。

其次，受教育者范围不太广。在学校教育后继续接受教育的人，大多数的目的是提高学历。我国高等教育在"大众化"之前发展不够充分，有大量的

① 徐明祥、李兴洲：《构建我国终身教育体系的难点及对策》，《教育研究》2001 年第 3 期，第 59 页。

人员接受了中等、高等专科教育就进入工作岗位，而随着工作岗位对学历的要求越来越高，这部分人基本上"进修"拿到了高等级的学历：从中专到大专，再到本科。很长一段时间，我国的成人教育对象就是这些"学历"需求者。但从本义上讲，终身教育是一种人生哲学，即"活到老学到老"，学校教育后再接受教育，目的是更新知识，提升能力，甚至是完善人格等。终身教育的对象应该是所有人，而不仅仅是提高学历的"进修"者。

再次，教育教学手段不够新。从终身教育整个序列看，受学校教育的影响比较大，从17世纪夸美纽斯提出班级授课制开始，教育教学手段大体上遵循一定时间、一定人数、专门教师授课这样一种模式。即使成人教育开展远程的网络授课、电视授课，只不过没有了师生面对面，其实质仍然是班级授课模式。这种成人继续教育延续学校教育的方式，没有考虑处于校园外的社会各领域不同层次、不同年龄、不同知识需求的多样化，限制了教育的规模和教学效果。

三、慕课对终身教育的价值

世界各国都十分重视终身教育，是因为终身教育的目的是提高国民素质，促进人的全面发展，进而增强社会经济发展的驱动力和社会凝聚力。终身教育涵盖人的一生所接受的教育，根据我国2010年的《国家中长期教育改革和发展规划纲要（2010—2020年）》的分类，终身教育体系包括学前教育、义务教育、高中阶段教育、职业教育、高等教育和继续教育等。早在20世纪末、慕课出现之前，有学者已经非常有预见性地提出："远距离教育应是各国政府在21世纪为国民提供终身学习的第一选择。"①当时互联网以及移动网络虽然显现出在远程教育上的潜力，但技术远未成熟；而慕课则可以很好地完成远程教育的各项要求。吸纳了最新现代网络和信息技术的慕课，对终身教育有着重要的价值和意义。

（一）促使终身教育体系更加完善

建立健全终身教育体系是国家的教育大政方针，而建成终身教育体系有

---

① ［爱尔兰］德斯蒙德·基更：《远距离教育：国际终身教育的第一选择》，徐辉富译，《开放教育研究》1998年第2期，第12页。

两个关键问题必须解决。从横向讲，我国地区发展不平衡，教育资源不充足；从纵向讲，学校教育后的成人继续教育比较弱。这两点制约了终身教育体系的形成与完善。慕课借助网络技术，打破时间、空间的制约，让每个地方每个人时时可以接受教育、自主学习成为可能。因此，慕课让一些教育相对落后的地区也能接受优质的教学、课程资源，促进了教育公平，有利于终身教育体系平衡发展。慕课还能为成人教育提供与普通学校教育同等水平的教育资源，使成人教育高质量发展，从而补强终身教育体系这块短板。

（二）扩大终身教育获益者的规模

终身教育提倡人人学习，前提是要有充足的学习资源提供。慕课名字里面即含有"大量的"（massive）意思，这种网上授课的接受对象理论上没有人数的限制，可以成千上万人一起上课。这非常符合终身教育体系所提倡的人人学习的理念，并可以解决人们受课堂教育条件限制而无法学习的困难。并且，慕课的开放性（open）也保证了学习者不受年龄、区域、学历等的限制，只要有电脑设备、能够接入互联网就可以进入网上课堂学习。可以说，慕课的出现，为大量无法接受全日制学校教育的人们提供了一种线上课堂学习的机会，这无疑能极大地推动终身教育体系的建立，落实终身学习理念。比如，我国一些教育发展较好的地区，已经尝试利用慕课开展社区教育。上海市2014年就在当年的终身教育工作要点中明确表示，要"推进上海MOOCs建设，拓宽终身学习通道，让每一个上海市民都享有优质的教育资源"。①

（三）提升终身教育的质量和效益

终身教育最终目的是让人们终身学习并学有所获，真正提高知识和能力水平。学校教育能够保证教育质量，但终身教育有很大一部分是无法依托学校进行的，成人教育、社区培训、个人自主学习等，往往很难得到正规的、高质量的课程、教学资源，也就无法保证学习质量。慕课的出现有可能改变这种状况。当前的慕课，绝大多是学校的优秀教师加上专门的技术团队制作，能够体现学科知识前沿，并且可以打破国家间、学校间界限，集合大家成果，资源质量非常高。随着众多慕课平台不断建设成熟，优质的课程越来越多，

---

① 《市民有望观看沪版慕课 上海将重点推进终身教育内涵建设》，《成才与就业》2014年第7期，第10页。

人们可以结合自己的专业领域或兴趣自主选择学习。

第二节　慕课给开放大学带来机遇

《国家中长期教育改革和发展规划纲要（2010—2020 年）》明确提出，要"建设以卫星、电视和互联网等为载体的远程开放继续教育及公共服务平台，为学习者提供方便、灵活、个性化的学习条件"。2012 年 6 月，教育部批复了中央广播电视大学更名为国家开放大学的请示，在中央广播电视大学的基础上建立国家开放大学。之后，全国各地各级广播电视大学纷纷更名为开放大学。开放大学利用现代信息技术，整合、共享优质教育资源，强调学历继续教育与非学历继续教育并重，借鉴国际经验，为不同学习主体提供不同层次、不同形式、不同类型的教育服务，搭建终身学习"立交桥"。

慕课的迅速发展不仅给全日制的高等教育带来了一系列变化，而且也将给国内的开放大学带来前所未有的机遇。北京大学李晓明教授指出，慕课具有较大的隐性价值，能促进形成全民学习、终身学习的社会氛围，国家可以运用高校制作的高质量慕课，低成本地实现全民义务基本高等教育，提高全民族的包括"人文精神、社会知识、科学素养等"在内的文化素质。[1]加拿大远程教育专家托尼·贝茨（Tony Bates）也认为，慕课在整个教育生态系统中的位置十分独特，是一种重要的校园外的业余学习，并将提供"大规模的社会学习的资源"。[2] 慕课所具有的教育民主化、学科贯通化、学生中心化和教师导师化的独特优势，将给开放大学带来一系列新的发展机遇。

一、教学理念

以往的广播电视大学强调单方面的知识输入，强调给学生提供高质量的教学视频或录像，重视学生知识的获取。教师着重讲授新知识，学生通过做

---

[1]　李晓明：《四重视角看慕课——访北京大学校长助理、慕课工作组组长李晓明》，《中国教育报》，2014-09-29。

[2]　Bates, Tony. MOOCs: getting to know you better. *Distance Education*, 2014, Vol. 35, No. 2, p. 147.

大量的习题来巩固新知识，机械回答教师提供的有明确答案的问题，他们既没有兴趣也没有能力提出自己的问题，更不会想方设法去解决这些问题。传统的教学对"探究式"教学重视不够，忽略了对学生的创新性思维能力的培养，造成社会上一些用人单位不愿意录用广播电视大学和继续教育培养的毕业生。具有独特优势的慕课可以有效地改变这种传统的教育理念。大多数慕课的课程设计遵循学生的认知规律，符合学生的认知特点，从技术层面确保了"以学生为主，以学为主"的教学原则，打破了以往广播电视大学与继续教育的"教师讲、学生记、考试靠回忆"的做法。有学者指出，慕课"课程设计的精细化，一定程度上的'娱乐化'，消解了传统的教师督促式教学法，取而代之的是在兴趣驱动下的学生自我探究。教育界倡导多年的'探究式教学'在信息技术的支撑下，真正得到了实施"。①

二、教学资源

传统的广播电视大学强调广播、电视和远程学习，教学资源相对比较单一，课程主讲人大多来自广播电视大学的合作院校，教学录像或视频的质量并不是特别高。慕课的出现可以有效地改变这一现状。由于国内外绝大多数的慕课是由名校制作、名师主讲，课程计划、授课过程、教学所用资料等都经过精心设计，这不仅保证了慕课课程本身的高质量，而且可以有效地吸引学生的注意力，激发他们的学习热情，最大限度地发挥他们学习的积极主动性。此外，由于慕课具有学科贯通化的独特优势，学生可以根据自己的兴趣与工作需要，灵活地对课程加以选择，这对于弱化传统学科壁垒森严的界限、丰富学生的知识结构、培养复合型人才是十分有益的。开放大学可以直接引入国内高校制作的慕课，供学生挑选使用。但面对国外制作的慕课时，开放大学并不能直接拿来用之于教学。西方国家的一些高校与慕课公司制作的慕课数量众多、质量较高，提供很多慕课，但由于这些国家与我们在意识形态、价值观、宗教信仰、文化取向等方面存在一定的差异，这些差异或隐或现地出现在慕课的内容中。所以开放大学在为学生选择慕课之前，需要对这些慕

---

① 顾骏：《"慕课"虽好，难解国内教育难题》，《东方早报》，2013 年 7 月 19 日。

课加以仔细甄别。除此之外，为更好地满足所有学生的需求，开放大学需要对慕课的语言进行翻译，给慕课配上中文字幕。

三、教学管理

对开放大学的授课教师而言，由于学生来源渠道多，分布广泛，辅导、作业等均是耗时耗力的工作。慕课的出现则可以有效地提高教学的效率。慕课的一个重要特征是快捷性，利用有线网络、移动互联网等新技术手段，就可以在瞬间将课程信息与各种通知传递至几万甚至十几万学生。另一特征是，慕课通过网上快捷便利的交流平台，可以让教师与学生以及学生与学生之间的讨论、交流，在很短的时间内完成，这是传统的广播、电视和远程教学所无法实现的。以往教师需要花费数天才能完成的备课、授课，现在通过使用慕课，数分钟内即可完成，并且与原来的授课相比，教学效果更好，对学生学习更有利。对开放大学与继续教育的教务管理人员来讲，慕课的出现也极大提高了教学管理的效率。开放大学与继续教育的学生数量众多，每学期的人数动辄上千人，有时可能达到几万人，使得教务管理人员在学期初和学期末经常处于一种极度疲累的状态中。慕课的出现则可以有效地改善这种状况，数量众多的学生可以自动通过网络在数天内完成选课，选课结束后，教务管理人员可以很方便地、快速生成选课学生一览表、课程计划表等必要的数据资料。

四、教师聘请与管理

慕课给开放大学带来的机遇还体现在教师的聘请与管理方面。传统的广播电视大学的师资力量非常有限，往往通过与大学合作的方式来获取教师资源，通常是广播电视大学负责宣传、招生和学籍管理，合作的大学负责课程教学与考核等具体教学环节。通过这种方式获取的教师资源有时候并不理想，由于合作的大学首先考虑的是自己的在校生，很少将优质师资派到广播电视大学，这也是广播电视大学长期教学质量不高的原因之一。慕课的出现则可以打破这种局面。开放大学的学生可以通过高质量的、国内外的慕课学习新课程，在学习的过程中，学校可以聘请有经验的、专业方面有一定造诣的教师定期面对面地辅导学生，而不必再通过与大学合作的方式获取教师资源。

开放大学有着固定的办学场所，而且学生大部分来自同一地区，这为面授指导学生创造了很好的条件。慕课为开放大学的教师聘请与管理提供了新的机遇，开放大学可以根据学生学习需求，灵活地聘请合适的指导教师，并在此基础上，形成良好的、动态的教师聘请与管理机制，为学生学习提供更好的条件。

《国家中长期教育改革和发展规划纲要（2010—2020年）》规定，要加快发展开放大学与继续教育，"建设以卫星、电视和互联网等为载体的远程开放继续教育及公共服务平台，为学习者提供方便、灵活、个性化的学习条件"。慕课的迅速发展为开放大学与继续教育带来了前所未有的、新的发展机遇，这包括教学理念、教学资源、教学管理以及教师的聘请与管理四个方面。上海交通大学校长张杰教授曾指出，慕课将给希望接受继续教育的人群提供很好的机会，[①] 德美富布莱特项目执行董事罗尔夫·霍夫曼也认为，从长远看，慕课将更好地服务于成人继续教育领域。[②] 我国的开放大学与继续教育可以借助慕课取得更快、更好地发展，从而更好地服务于社会。

第三节 慕课与我国网络远程教育的差异性目标定位

与普通高等教育的目标不同，我国网络远程教育的目标主要集中于继续教育。关于网络远程教育的目标定位，教育部明确规定，网络远程教育[③]"旨在使全体社会成员都能够共享优质教育资源，满足老百姓多样化的学习需求，促进教育公平；强调适应国家经济社会发展和人的全面发展需要，促进终身教育体系建设，促进全民学习、终身学习的学习型社会形成，实现人人皆学、时时能学、处处可学的学习理想"。[④] 纲要明确指出，要大力发挥网络远程教

---

① 张杰：《"慕课"（MOOCs）带给中国大学的挑战与机遇——访上海交通大学校长张杰》，《大学（学术版）》2014年第1期，第7页。

② 邓莉：《欧洲高等教育政策研讨会：慕课对大学不构成威胁》，《世界教育信息》2013年第22期，第78页。

③ 原文中为"国家开放大学"，由于开放大学主要的教学模式为网络远程教育，为行文的前后连贯性，笔者使用了"网络远程教育"一词。

④ 教育部：《国家开放大学与中央广播电视大学有什么不同》，http://old.moe.gov.cn/publicfiles/business/htmlfiles/moe/s6073/201208/140343.html，2012-08-08。

育的作用，"加强城乡社区教育机构和网络建设，开发社区教育资源。大力发展现代远程教育，建设以卫星、电视和互联网等为载体的远程开放继续教育及公共服务平台，为学习者提供方便、灵活、个性化的学习条件"。①

关于网络远程教育与普通高等教育之间的关系问题，有学者指出，二者是两种不同的教育模式，均为构建终身教育体系、实现高等教育大众化的有效手段，"二者不但并行不悖，而且各有特长，可以实现各取所需、优势互补、合作共赢"。② 网络远程教育有着与普通高等教育不同的目标定位，这主要表现在教育对象与人才培养目标两个方面。

一、教育对象

普通高等教育的教育对象是适龄的应届高中毕业生，发展动力是社会大众的升学需求。网络远程教育则面向所有社会成员，没有年龄、地区、原有受教育水平方面的限制，发展动力是社会大众由于社会经济发展对终身学习的需求。

在职后人员的继续教育方面，网络远程教育具有普通高等教育所不具有的、得天独厚的优势。由于经济的快速发展，知识更新速度加快，工作中的新问题频繁出现，相当多的职后人员需要继续学习。这些人员通常没有脱产学习的机会，而只能利用工作、生活之余的零碎时间，通过电脑、手机等方式学习需要的课程与知识。网络远程教育能较好地满足这部分人继续学习的需求。宁波开放大学 2010 年对该校的学习者进行问卷调查，发现本科、专科阶段的学习者中 21～35 岁的学习者分别占 96% 和 88%，而且绝大多数学习者来自企业生产经营第一线，本科、专科学习者来自企业的比例分别为 88% 和 94%。③

网络远程教育也可以为生活在农村、少数民族地区、偏远山区的人们提

---

① 教育部：《国家中长期教育改革和发展规划纲要（2010—2020 年）》，http://www.moe.edu.cn/edoas/website18/30/info1280446539090830.html，2010-7-29。

② 徐海波：《高等教育大众化视野下现代远程教育的发展》，《中国成人教育》2014 年第 7 期，第 22 页。

③ 丁振华：《开放大学：战略转型与人才培养模式创新——"中国远程教育学术论坛"综述》，《中国远程教育》2012 年第 6 期，第 5～20 页。

供高质量的教育资源。由于历史、地域、经济等多方面的原因，这些地区的人们接受普通高等教育的机会十分有限。这限制了这些地区的经济发展，而且导致接受高等教育与经济发展两者之间的恶性循环：大多数人无法接受高等教育，导致经济无法发展，经济不发展将导致更多的人不能接受高等教育。网络远程教育则可以打破这种恶性循环，给这些地区的人们提供接受高等教育的机会。宁波开放大学 2010 年的问卷调查也发现，该校目前绝大部分的学习者来自县城及以下农村地区。① 网络远程教育在改善我国当前不合理的教育结构布局、不平衡的城乡区域教育发展、滞后的贫困地区、民族地区教育发展方面发挥着举足轻重的作用。

网络远程教育还可以为人数众多的退休人员提供享受优质教育资源的机会。随着我国老龄化进程的加快，60 岁及以上人口所占总人口的比例逐年递增。2013 年中国社会科学院发布《中国老龄事业发展报告（2013）》蓝皮书指出，中国将迎来第一个老年人口增长高峰，2013 年老年人口数量突破 2 亿大关。在 2025 年之前，老年人口将每年增长 100 万人。这些人中很多人希望根据自己的兴趣学习新的知识，掌握新的技能。作为网络远程教育的一种新模式，慕课已经吸引很多老年学习者。如前文所述，美国《新共和》杂志 2014 年发表一份关于慕课的调查报告指出，在受调查的 35000 个慕课学习者中，51 岁及以上的占 39%。

二、人才培养目标

我国普通高等教育属于学历教育，其人才培养目标中，一个十分重要的方面是培养科研创新人才。网络远程教育提供学历教育与非学历继续教育，目标是培养实践动手能力强的应用型人才，"更加强调应用性、职业性和适应性，强调社会实践、实验实训、过程保证和质量保证体系"。② 甘肃开放大学副校长纪平教授认为，网络远程教育注重一般性专业知识和职业岗位知识的

---

① 丁振华：《开放大学：战略转型与人才培养模式创新——"中国远程教育学术论坛"综述》，《中国远程教育》2012 年第 6 期，第 8 页。

② 教育部：《国家开放大学与中央广播电视大学有什么不同》，http://www.moe.edu.cn/publicfiles/business/htmlfiles/moe/s6073/201208/140343.html，2012-08-08。

传授，强调学习者的自主学习能力与职业实践能力的培养，目的是培养"知识与能力并重、专业教育与职业教育相结合的职业性应用型人才"。①

网络远程教育的人才培养目标需要具体落实到课程设置上，慕课给网络远程教育提供了许多新的优质课程资源。悉尼科技大学托马斯·克拉克教授认为，慕课实现了很多突破，其中最重要的是，慕课集中了全球范围内知名大学的最好的学术资源，开发了质量较高的学习资源。② 高质量的课程内容和以学习者为中心的课程设计理念使得慕课成为当前与未来网络远程教育的重要课程资源。

除丰富的课程资源外，网络远程教育打破了普通高等教育在学习的时空与内容方面的设定，学习者可以根据自己的兴趣或工作需求灵活地对学习时间和学习内容加以选择。在发挥学习者个性、培养学习者的自主学习能力方面，网络远程教育比普通高等教育更有优势。有学者指出，网络远程教育"体现了人们世世代代追求的因材施教的教育理念，虽然一度受到轻视，现在可望得到张扬，不仅是理论上的，而且是实践上的"。③

在培养学习者的动手能力与职业实践能力方面，网络远程教育可以打破时间与空间的限制，充分利用留言板、QQ、网上论坛等在线交流平台，为国内从事相同工作或对某领域感兴趣的学习者们，提供在线交流、相互切磋的机会；可以定期为某个行业的学习者举行专题研讨会，介绍新技术、新工艺，发布新的行业动态；可以为某一行业的企业与学习者之间建立网络联系，构建学习-实践平台，为学习者创建实习基地；可以利用已有的教学网络渠道，为全国的学习者提供便利、灵活的技术支持。这些都是普通高等教育难以做到的。

网络远程教育在教育对象和人才培养目标方面与普通高等教育不同，但在当前的慕课背景下，我国网络远程教育的教育质量完全可以赶上普通高校，甚至可以和名校相媲美。英国网络远程教育的主要代表英国开放大学已取得

---

① 杜作润、廖文武：《高等教育学》，上海：复旦大学出版社 2003 年版，第 219 页。

② Clarke, Thomas. The advance of the MOOCs. *Education Training*, 2013, Vol. 4, p. 404.

③ Bates, Tony. MOOCs: getting to know you better. *Distance Education*, 2014, Vol. 35, No. 2, p. 145.

令人瞩目的成绩，其教学综合排名多年位居全英国大学的前 10 名。在 2013 年全英学生民意调查（The National Student Survey，NSS）中，英国开放大学的综合满意度全国排名第 10 位。① 我国目前的网络远程教育还远未达到这个水平，与英国的网络远程教育相比，还有相当大的差距。美国远程教育研究专家迈克尔·穆尔（Michael G. Moore）在 2014 年的一次访谈中曾指出，2010 年以来世界范围内的远程教育面临着两大关键性的挑战，一是远程教育的价值需要得到政府与官方的认可，远程教育的发展需要政府的政策与资金支持；二是远程教育需要设计高质量的教育内容与高效的教育管理体系，并进行教学方法方面的改革。② 穆尔的观点为我国网络远程教育谋求进一步的发展指明了方向。慕课的出现给网络远程教育提供了前所未有的高质量的教学资源，但现阶段我国的网络远程教育的进一步发展仍然需要政府资金与政策的支持。

---

① 徐锦培：《英国评估机构对英国开放大学的评价及启示》，《中国远程教育》2014 年第 10 期，第 22 页。
② 钟志贤等：《远程教育的现状、挑战与发展——访远程教育专家 Michael G. Moore》，《中国电化教育》2014 年第 8 期，第 18 页。

第四章

慕课与基础教育

2012 年，教育部发布《教育信息化十年发展规划（2011—2020 年）》，明确指出，"教育信息化充分发挥现代信息技术优势，注重信息技术与教育的全面深度融合，在促进教育公平和实现优质教育资源广泛共享、提高教育质量和建设学习型社会、推动教育理念变革和培养具有国际竞争力的创新人才等方面具有独特的重要作用，是实现我国教育现代化宏伟目标不可或缺的动力与支撑"，并强调，要积极"探索现代信息技术与教育的全面深度融合，以信息化引领教育理念和教育模式的创新，充分发挥教育信息化在教育改革和发展中的支撑与引领作用"。

随着信息技术日新月异的发展以及时代要求，我国教育信息化也取得长足进步，2018 年，为"加快教育现代化和教育强国建设，推进新时代教育信息化发展"，"结合国家'互联网+'、大数据、新一代人工智能等重大战略的任务安排"，教育部推出《教育信息化 2.0 行动计划》。该计划提出的教育信息化基本目标是"到 2022 年基本实现'三全两高一大'的发展目标，即教学应用覆盖全体教师、学习应用覆盖全体适龄学生、数字校园建设覆盖全体学校，信息化应用水平和师生信息素养普遍提高，建成'互联网+教育'大平台"。而在《中国教育现代化 2035》中，也把信息化列为教育现代化的重要支撑。

2012 年以来慕课发展迅猛，慕课作为现代信息技术在教育领域的最新应用已经在高等教育领域取得了举世瞩目的成绩。在此基础上，国内外教育界尝试将慕课应用于基础教育。美国积极推进慕课与中小学教育的整合，其目标是"降低教学成本、改善教育公平、应对教师短缺、实现个别化教学和促进学习交流"，"将教师专业发展、教育机构之间的紧密合作、混合式教学的广泛开展以及大学预备课程建设作为整合的基本路径"。[①] 在国内方面，2013 年，华东师范大学考试与评价研究院中外名校研究中心和国内 20 余所著名高中正式成立 C20 慕课联盟(高中)。不久，又成立了 C20 慕课联盟(初中、小学)，计划在基础教育领域，借助慕课平台，实施"翻转课堂"，变革现行教学方式，改善人才培养模式。2014 年，北京市东城、西城、朝阳、海淀的 25 所中小学建立了数字学校研究基地，并成立了北京数字学校慕课联盟，以开展基于网络环境下的微课，开发面向学生和家长的开放式课程，以及面向区域的高中选修课，推动线下与线上学习的结合。

由于基础教育相比高等教育在学生年龄、教育目标、教学方法、教学设施等方面存在较大差异，慕课在高等教育中取得的成绩并不一定能在基础教育中实现。本章将分析慕课在基础教育中具有的优势和不足，并探讨慕课在基础教育中运用的具体途径。

第一节　慕课在基础教育中的优势与不足

慕课是一种新生事物，面对慕课给教育领域带来的机遇抑或挑战，基础教育既不能视而不见、任其自然发展，也不能急躁冒进、急于求成。比较理性的做法是深入分析慕课在基础教育中具有哪些优势和不足，以审慎的态度来面对慕课在基础教育中的应用。正如 C20 慕课联盟(初中、小学)秘书长吴

---

① 转引自钱小龙：《MOOC 与中小学教育整合的目标与路径：美国的经验》，《外国教育研究》2017 年第 6 期，第 45 页。

志宏指出的那样，对于慕课这种新生事物，要充分分析各种不同的观点，"不同观点的出现，也让我们更加关注对基础教育领域慕课实践的研究和反思。大胆设想，谨慎实践，本身就是对新生事物应有的态度"。①

一、慕课在基础教育中的优势

作为一种大规模在线开放课程，慕课有着传统基础教育所不可比拟的优势。华东师范大学慕课中心主任陈玉琨指出，"慕课带来的是超时空的变革，是教育史上继班级授课制以后最大的一次革命，它使教育超越了时空的界限，使优质教育资源全球共享、全民共享。慕课大规模在线网络课程将更适合于基础教育，在基础教育产生的效果也将远远超过在高等教育产生的效果"。②慕课为基础教育提供了大量优质课程资源，促进了教育资源的共享，为学生、教师和家长提供了新的机会，具体表现在以下四个方面：

（一）政府层面：促进教育公平和区域教育平衡

我国地域辽阔，经济发展水平差异很大，东部与西部、城市与乡村之间的基础教育的发展存在较大的不平衡。作为一种大规模在线教育教学模式，慕课有利于东西部之间和城乡之间基础教育的均衡发展。捷克著名教育家夸美纽斯提出的班级授课制使"一个先生同时教几百个学生成为可能"，慕课的出现则使一个教师同时传授几千个甚至几万个学生知识成为现实。慕课的最大特点在于超越时空限制，使城乡学校共享、全民共享优质教育资源。慕课可以实现把最优质的资源共享到国内最偏僻的角落，让城市的、乡村的以及边远地区的孩子享受到国内最好教师的免费课程。

中小学课堂教学内容主要由所授课的教师水平决定，教师水平的差异势必造就教学内容在丰富性、趣味性和思想性诸方面的差距。慕课一般由名校的名师制作，慕课平台上的课程主讲教师均为全国各地的优秀教师，确保了教学内容的优质性和丰富性。同时，就传统中小学教学内容制作来说，通常

---

① 转引自王晓波、牟艳娜：《慕课——多元在线教育形态的创新与发展》，《中小学信息技术教育》2014 年第 2 期，第 29 页。

② 转引自赵艳波：《慕课时代我国基础教育的应对策略》，《教学与管理》2014 年第 30 期，第 30 页。

需要花费很多人力、物力和财力，尤其是相同一门课程会存在重复制作，而慕课这种由国内一流名师联盟组成，通过网络实现共享不仅可以节约资本还可以保证教学内容的质量。

　　慕课利用互联网技术，把成百上千所学校、数以万计的学生联系起来，发挥互联网的沟通、共享、及时、快捷等优势特点，不同学校之间可以互联互通、共同分享优质慕课资源。有研究者指出，"慕课的发展在一定意义上可以说是对我国城乡义务教育利益重组与优化的过程，它将在一定意义上打破城乡义务教育生态环境，实现利益组合"。① 中国人民大学附属中学前校长刘彭芝认为，慕课可以集中优质教育资源，为广大贫困地区、教育资源落后的地区提供服务。信息技术是优质学校实现社会责任最大化的有效方式。中国人民大学附属中学以信息技术为推手，努力架起跨区域、跨校际的教育资源共建共享平台，促进教育均衡发展，追求优质学校社会责任的最大化。② 自2005 年以来，中国人民大学附中发起成立的"国家基础教育资源共建共享联盟"，联合全国的优质中学，建立优质教育资源数字化开发、集成与共享的平台和机制，无偿为加入联盟的中学及西部学校提供优质教育资源。迄今，该联盟已辐射全国 32 个省、市、自治区，加盟的中小学有 4200 多所，共建共享教育资源近 6 万条，60 多万名师生直接受益，有效促进了教育资源的共享，推进了教育公平。

　　随着我国信息化进程的加快和互联网在全国范围内的普及，慕课当前成为推动教育公平的重要载体。教育公平的本质是学习机会和学习过程的公平，这更多地涉及师资的公平。慕课的发展可以让全国的学生学习国内最优秀学校、最优秀教师的讲解以及提供的作业题目，显然有利于实现教育公平。

　　(二)学生层面：提供自主学习机会，提高学习主动性

　　我国基础教育课堂典型和常规的模式为班级授课制。这一教学形式的优势在于运用较少的资源使大量的学生受到统一教育，因而为世界各国所普遍采用。但是其缺点也很明显，由于教师教学面对的是全班的学生，使得部分

---

① 刘方林、乔莉莉：《慕课：我国基础教育均衡发展的出路》，《教育探索》2015 年第 7 期，第 34 页。

② 王晓波、牟艳娜：《慕课——多元在线教育形态的创新与发展》，《中小学信息技术教育》2014 年第 2 期，第 27 页。

兴趣较广、学习能力较强的学生可能在学习过程中出现课堂教学内容满足不了其学习需求的情况，即所谓优生"吃不饱"现象。此外，在一些师资不充裕的学校，一位教师兼任数门课程的现象较为常见。这样的工作压力使得教师的业余时间不多，精力不足，难以继续提升自己的专业水平，难以对学生的学科特长进行有针对性的优质辅导。在上述情形下，慕课可以较为有效地满足这部分学生的需要。

慕课的价值在于其课程资源非常丰富，学生可以通过慕课获得更多感兴趣的、符合个性成长特征的资源。传统的班级授课制由于受班级人数限制，无法完全满足学生的个性化需求，特别是伴随着课程改革的深入，学生的个性化需求会越来越凸显。慕课对基础教育的影响重大，有助于实现班级授课制背景下学生的个性化教育，为因材施教提供了可能。以奥数慕课为例，不少教师由于接触不多、研究不透，碰到奥数试题自身都觉得无从着手，更不要说辅导学生了。而通过慕课的形式，把优质的奥数课程以视频形式呈现于网络，学生就可以根据自己的特长和爱好，以兴趣为导向，能便利地得到学习资源，满足学习需求。

此外，由于大多数慕课由若干 5~15 分钟的片段组成，片段之间模仿游戏通关模式设置了一定的问题或小测试，学生只有回答正确才可以进入下一阶段的学习。这充分利用了学生的好胜心理，有效地激发了学生学习的积极性。这种片段化的教学设计有利于学生利用闲暇时间进行学习，提高学习效果。慕课还可以和课堂教学结合，学生通过课前的慕课视频进行预习，自主学习新的知识，基础好的学生可以学得更多、更快，基础不好的学生对于一个知识点可以反复学习。在其后的课堂上，教师在掌握学生前期学习情况的基础上，可以有针对性地辅导、答疑，拓展深化，让学生对知识的探究落实到课堂上，提升学生的学习的参与度以及学生的高级思维。有研究表明，慕课能够以个性化的方式吸引学生学习，通过数字化学习工具和基于数字化学习平台将教学延伸到课堂之外，学生的学习兴趣和动力得到了显著的加强。学生也反映，通过运用慕课不仅可以按照自己的节奏学习，掌握学习内容，而且还能够掌握很多高效的学习技巧，这有利于学生的终身学习。①

---

① Jordan, Katy. Initial trendsin enrolment and completion of Massive Open Online Courses. *The International Review of Researchin Open and Distance Learning*, 2014, Vol. 15, No. 1, pp. 133-160.

（三）教师层面：提供专业发展机会，提高课堂教学效率

慕课不仅可以促进学生的个性化学习，也可以给教师提供学习和借鉴的机会。教师对同行慕课的观看，可以从比较和借鉴的角度入手，观看名师对相同的教学内容是如何组织教学，如何设置问题，如何激发学生的学习兴趣，并反思自己上课时的得失，总结教学经验。从这个角度看，慕课就变成了另一种形式的教研活动，成为促进基础教育教师教学进步的优质资源。通过观摩优质的慕课，教师可以了解他人的教学风格、理念乃至思想。所有教育教学行为都是在一定的教学思想和教学理念指导下进行的，慕课其实也是教师思想理念的体现。通过慕课，教师可以了解并结合实际逐渐形成自己的思想、风格，而且这种慕课观摩方便灵活，不受时间和空间限制，教师可以随时随地自由、自主地进行。慕课因此成为教师专业化成长的良好途径。有研究者指出，慕课在美国中小学教师培训方面发挥着越来越重要的作用，Coursera慕课平台提供了44门关于教师发展的课程；密歇根网络大学和肯特州立大学合作，为9~12年级有志于从事教学的学生开设"21世纪的教与学"慕课课程，一些教师教育慕课平台也相继出现。[1]

另外，慕课提升了教师的职业自信心，有效地促进了教师提高教学能力。因为慕课是在线开放课程，受众广泛，主讲教师甚至像明星一样"一课走红"，很好地提升了所在学校和自己的知名度。这样一来，可以激发教师的教学热情，鼓励教师开发优质慕课资源。在制作慕课的过程中，教师之间可以相互交流、相互借鉴，集思广益，共同开发优质慕课。

教师应该积极主动去适应慕课发展趋势，利用慕课更新自己的教学理念，从课堂独白者的角色转化为合作对话的角色，从课堂教授者拓展深化为课堂教学的研究者和教育改革的反思者，使教师从以重视教法为主转向重视学生的学法，从传统的"传道、授业、解惑"的角色定位转化为建构学生知识体系的指导者与促进者，从偏重学生的认知发展转向重视知情意行协调综合发展。在慕课环境下，教师可以通过平台随时随地掌握学生的学习进度，了解学生在学习过程中碰到的各种问题，并有针对性地解决问题，对个别学生的薄弱

---

[1] 钱小龙：《MOOC与中小学教育整合的目标与路径：美国的经验》，《外国教育研究》2017年第6期，第45页。

点进行有针对性的定向辅导，并据此调整教学计划。

（四）家长层面：降低校外教育成本，提高家庭教育的针对性

在慕课教育中，不仅学生和教师的角色发生改变，家长的角色也有相应的变化。在传统的课堂教学模式中，家长的参与度并不高，主要体现在督促和检查学生完成家庭作业。在慕课课堂中，家长能真正参与到学生的学习活动中来，可以和孩子一起观看慕课视频，这不仅能促进父母和孩子之间的亲子关系，而且有利于学生的学习。

由于学生学习难度加大，很多家长无法对孩子进行学业辅导，甚至是小学高年级的数学题也超出了很多家长的能力范围，更别提奥数等这些高难度的竞赛性课程。慕课的教学内容丰富，时间与空间没有限制，学生可以越级听课、滞后听课，没听懂的可以重复听课，可以根据自己的兴趣和需要随时听课，帮助家长解决中小学生因各种原因学业暂时落后的困境。此外，暑假和寒假期间，学生除完成作业外，还要预习下一学期各门功课的内容。慕课可以有效地帮助学生在寒暑假预习功课，而且由于慕课平台上的课程大多为名校的名师主讲，质量精良，因此这可以很好地帮助学生预习下一学期的功课。学生还可以针对同一门课程，选择多门慕课进行学习，从不同角度学习掌握新知识。此外，慕课还可以给学生回放课程的重点和难点部分，以使其反复观看，加深理解。

当前，国家大力推行"双减"政策，基础教育中家庭教育、家长作用日益突显。中小学学生放学回家，家庭就成为延续学校教育的重要场所，家长需要提高教育胜任力，这不仅可以帮助孩子更好地完成学习任务，更能促进亲子关系良好发展。从这个角度讲，面向基础教育的慕课，是学生的网上课堂，也是家长的网上课堂。

二、慕课在基础教育中的不足与问题

由于慕课最初是为高等教育设计的，要求学生具有一定的自主学习能力和较好的学习自我管理能力。这意味着慕课在基础教育中的应用必然存在一些不足，除中小学生的自我管理能力相对比较低外，我国很多中小学校也不具备慕课教学和学习的基本硬件条件。

（一）慕课所需的硬件设备与网络环境不足

信息技术是慕课知识传播、技能训练以及能力培养的重要媒介，是慕课运行的先决条件，因此实施慕课教学的学校必须有通畅的互联网条件和电脑等基本设施，这是开展慕课教学与学习的必备条件。但是，由于受经济发展水平影响，我国中小学校的信息化水平极不均衡，有的学校虽然网络通畅但多媒体教室不多，有的学校甚至没有开通网络也没有多媒体教室，更不用说每个学生都有属于自己的电脑。很多偏远的农村中小学缺乏基本的教学设施，现代多媒体设备更是缺少。对于西部偏远农村的学生来说，他们大多无法体验借助现代信息技术的教学方式。

如果要完成慕课运行所需的硬件、软件等基础建设，需要投入大量经费，这无疑会增加基础教育中小学校教学和管理的成本。在基础教育经费投入有限的情况下，如果没有多元化的教育经费筹措机制、过硬的技术开发能力、充足的网络资源、高效的传输能力和低廉的网络使用价格，就无法实现慕课与基础教育课堂教学的有效融合。① 长期以来，我国一直致力于在基础教育阶段克服东西部之间、城乡之间、学校之间的局部或整体发展的不均衡，如果基础教育信息化基本条件的差距没有消除，慕课则有可能加剧这种不均衡现象。

慕课学习可以不受时间和空间的限制，为学习者提供了更为广阔的空间与平台向名家、名师学习。学生不仅仅局限于学校的课堂教学，更多的是可以根据个人需求及知识掌握程度，在合适的时间自主选择学习内容。这无疑要求学生的家里也要开通网络、购置电脑。城镇家庭大多有电脑和网络，但是农村的不少家庭并未开通网络、购置电脑。这致使很多农村学生在家里无法上网学习慕课，也使慕课成为一种无法实现的美好愿望。从这方面看，慕课不但没有促进教育公平，反而加剧了教育的不公平。有学者指出："慕课平台的出现，表面上确实增加了选择优质教育资源的机会，但却隐含学习者熟悉慕课平台、具有较好计算机应用能力和教育潜质的条件假设，在学生计算机应用能力不一、水平各异的前提下，慕课在短的时间内不但不能解决因地

---

① 胡艺龄、陈婧雅等：《MOOCs 在教育均衡中的挑战及应对策略》，《中国电化教育》2014 年第 7 期，第 40 页。

区贫富差距而引起的教育资源不均衡的问题，反而会进一步加剧教育资源分配的不公平。"①

(二)慕课对教师的信息技术素养和教育理念形成挑战

慕课应用于基础教育一个关键的问题，是中小学教师的信息技术能力能否满足慕课的需求。东部发达地区和大部分城市学校的教师已具备一定的计算机操作和故障排除能力，但很多偏远农村的教师这方面的能力堪忧。另外，慕课对教师的教学能力的要求非常高，它要求教师要具备较为扎实过硬的设计课程、组织课堂、驾驭课堂、调控课堂和创造性教学等方面的专业知识及专业能力。而我国目前中小学教师受教育程度和职后接受再教育、再培训的程度，与美国、加拿大等发达国家相比，还有较大的差距，教师开展慕课教学的能力还稍显不足。

对于慕课这样的新事物，广大中小学教师还在认识和接受的过程中。教师本身的理念不开放，对慕课的了解不足，就无法把慕课与传统教育结合起来，事半功倍地利用慕课的优势来提高教学效果。在 2013 年 12 月举行的第三届中国教育学会教育家沙龙上，与会者以"慕课能为我国基础教育带来什么"为题进行探讨并形成以下意见：一是慕课适合各类教育，但基础教育的慕课更需要来自教师的配合；二是慕课将使教师角色发生变化，并催生"教学导演"这种职业。② 慕课要求教师转变教学理念，将传统课堂教学的教师为主型教学模式转变为学生为主体的教学模式，从重视教师的教法转向重视学生的学法，从重视对教学结果的评价转向对教学过程的评价，从重视学生单一的知识获取转向重视学生认知、技能、情感、态度、自我管理等全面和谐地发展。相应地，教师的角色也发生了变化，从教学主导者变为教学引导者，从课堂独白者变为课堂对话者，从课程教学者变为课程研究者。

(三)慕课对中小学生的信息技术能力和自我管理能力提出较高要求

有研究者认为，慕课对基础教育发展具有重要作用，慕课将更好地满

---

① 肖辉：《MOOC 环境下中小学音乐课程面临的契机与挑战》，《湖南社会科学》2017 年第 1 期，第 200 页。

② 聂晶、张羽：《慕课"接轨"基础教育的现状与走向》，《中小学管理》2014 年第 7 期，第 25 页。

足各年级学生的学习需求，增强他们的学习效果，是基础教育的未来发展方向。① 但是，慕课并不是没有门槛的，它对中小学生的信息技术能力和自我管理能力提出了较高的要求。慕课要求中小学生具有一定的计算机使用和网络信息技术能力。作为大规模在线开放课程的慕课，对学习者的信息素养提出了较高的要求，慕课要求学生在学习时具有随时对信息进行检索、识别和评价的能力，这对于经济发达地区和城市里伴随着信息技术成长的学生来说，并不困难；但是对于西部和农村的学生而言，由于缺乏基本信息技术能力和电脑使用能力，学习慕课将是一件很困难的事情。因此，"以慕课为基础的教育将造成两极分化的结果：能有效使用计算机、网络等技术工具，具有较高知识储备和较强自制力的完成慕课学习课程的少数人享受其成果，其他慕课学习者则学无所获或收获较少"。②

由于慕课主要应用于普通高等教育和成人教育，慕课对学习者的自我管理能力和自主学习能力要求较高，要求学习者根据自己的知识掌握情况和时间，合理安排慕课学习时间，并和其他学习者以及主讲教师就相关问题进行讨论，以形成自己的观点。"慕课对于学习者的学习自觉性、自主性要求较高，慕课学习效果的好坏，关键在于学生求知欲和自律能力。"③在基础教育阶段，高中生相对而言具有较强的自我控制能力，能够监控并调节自己学习的时间、参与的方式、学习的强度和持续性等，可以在没有教师和家长的指导与监督下独自开展慕课学习。但是对于年龄小、学习能力不够强、意志力不坚定的初中生和小学生来说，面对海量的网络资源，他们还没有独立思考和选择的能力，而且如果没有教师和家长的监管和指导，他们很容易离开课程去寻找其他的网络信息，如电脑游戏、影视作品等。稍有不慎，还会接触到不良信息或者养成沉溺网络的习惯。除此之外，由于慕课学习一般是在家中，没有课堂场域的约束和限制，学习容易变得随意，中小学生观看视频时，

———————————

① 刘方林、乔莉莉：《慕课：我国基础教育均衡发展的出路》，《教育探索》2015年第7期，第32页。

② 郑新丽：《理性看待基础教育阶段的慕课热》，《教育科学研究》2015年第5期，第27页。

③ 孟庆宁：《"慕课"热潮重释：现实困境、行动逻辑与文化反思》，《江汉学术》2014年第4期，第66页。

容易被各种琐碎的事情打断，学习效率、学习效果会大打折扣。

还需指出的是，中小学阶段正是孩子们生长发育的重要时期，孩子们在慕课学习中需要看电脑、手机或 iPad 屏幕，如果时间过长，对孩子们的身体发育和视力不利，这也是慕课在基础教育中应用时，需要考虑的一个重要问题。

（四）慕课在全面实现基础教育教育目标方面有短板

2001 年，教育部印发了《基础教育课程改革纲要（试行）》，规定基础教育课程改革的目标应体现时代要求，"要使学生具有爱国主义、集体主义精神，热爱社会主义，继承和发扬中华民族的优秀传统和革命传统；具有社会主义民主法治意识，遵守国家法律和社会公德；逐步形成正确的世界观、人生观、价值观；具有社会责任感，努力为人民服务；具有初步的创新精神、实践能力、科学和人文素养以及环境意识；具有适应终身学习的基础知识、基本技能和方法；具有健壮的体魄和良好的心理素质，养成健康的审美情趣和生活方式，成为有理想、有道德、有文化、有纪律的一代新人"。这个教育目标包括德智体美劳五个层面，慕课其实在满足智育方面优势明显，也即十分便于达成学生知识获取、技能培养的目标。

作为教育信息化的最新产物，慕课符合中国基础教育课程改革的要求，将信息技术与课程教学结合起来，让信息技术更好地服务于教学。慕课仅仅在实现知识技能、过程与方法维度的教学目标方面或许能较好地发挥作用，但是对于学生的情感态度与价值观的目标维度则较难发挥积极作用，这也是在线课程普遍面临的问题。由于慕课缺乏学生与教师之间以及学生与学生之间的直接对话和教学体验、教学交流，这将不利于学生的精神成长。因此，慕课难以实现情感、态度和价值观层面的课程目标。处于基础教育阶段的学生正是价值观萌芽及初步形成的关键期，如何做人，如何与他人交往，如何看待社会和世界，这些问题的正确解答对于他们的成长至关重要，而慕课学习形式对此难以很好应对。

乔布斯曾经感叹，为什么 IT 产业改变了几乎所有领域，尤其是商业领域，却唯独对教育的影响十分有限。主要原因在于教育与其他任何产业都不同，教育是培养人的一种活动，教育的本质是促进人的发展。教育活动是教育者和受教育者的统一，是知识授受和情感教育的统一，教育的根本任务在于向学生传授知识的同时，促进学生的身心发展、人格完善和能力提升，塑造其对国家和民族的情感认同。有研究者指出，"教育过程一定是人际互动智慧碰撞，因为教育需要两个过程：一个是认知发展和概念建构的过程，另一个是集体形成集团思维的过程，不同的学生有不同的看法，产生认知矛盾，推动集团思维不断推进，没有思维碰撞，教育就无法完成"。① 教育需要当面交流，在课堂教学中，教师的教学语言、体态语言和情感因素综合在一起，给学生造成全面的影响，学生能够在这种教学氛围的潜移默化下学到知识，提高认知。慕课更多的是一种单一信息传递方式，它无法满足师生之间的情感交流，不利于学生的人格发展和情感教育，也不利于教师根据课堂上学生的实时表现，灵活地调整教学方案和教学活动。因此有研究者尖锐地批评，慕课中没有教学，只有知识传递。"教师还有作用吗？教育还需要考虑班级情况吗？教育需要面对面交流，课堂是不可复制的，这是教育常识。"②

第二节   慕课在基础教育中的应用

慕课在基础教育中既具有一定的优势，同时不可避免地具有一些不足，甚至会带来一些问题。但是，由于基础教育阶段跨越了 12 年，学生的年龄特点差异很大，而且我国幅员辽阔，地区之间、城乡之间的经济和社会发展存在较大差异。因此，基础教育慕课的运用不宜一刀切，需要根据学生具体的年龄、年级以及所处地区的信息技术发展水平，采用因地制宜的方法，考虑是否将慕课引入当前的教学活动，并多角度谋划具体运用方式。

在没有电脑和网络设施的地区、学校，不具备使用慕课进行教学的条件；在小学低年级，由于学生接受能力和学习管理能力受限，也不建议使用慕课。在具备条件的小学高年级、初中和高中阶段，可以根据教学实际需求，适当

---

① 郑新丽：《理性看待基础教育阶段的慕课热》，《教育科学研究》2015 年第 5 期，第 23 页。

② 王秋月：《"慕课""微课"与"翻转课堂"的实质及其应用》，《上海教育科研》2014 年第 8 期，第 15 页。

地使用慕课。需要强调的是，慕课只能作为传统课堂教学的辅助，不能完全
以慕课代替传统课堂教学。北京市特级教师李奕在谈及慕课在基础教育中的
作用时指出，慕课在基础教育中的优势是弥补现实课堂的不足，并不可能取
代传统课堂教学。① 我国基础教育课程与教学需要改革，改革的方向是"课堂
教学和慕课教育的相融相生而不是非此即彼。慕课教育对于达成知识传授的
教学功能，具有优势，但在学生价值观、道德品行、人际交往等育人功能方
面，则无法达到传统课堂教学的效果。因此，目前慕课冲击下的基础教育改
革首先面临的挑战就是认识维度上的，即基础教育改革如何朝着相融共生、
互相弥补的趋势发展"。②

在基础教育阶段应用慕课，主要是将慕课作为对传统课堂的补充和完善，
尤其是借助慕课为中小学生开设假期课堂，帮助他们对学期内容进行查漏补
缺、复习巩固。慕课在基础教育阶段的运用是一项复杂的系统工程，需要国
家层面统一规划，学校层面具体落实，教师层面加强业务提升，学生层面对
慕课持开放心态，家长层面配合协调，以营造良好的慕课学习氛围，充分发
挥慕课的积极作用，促进中小学教育教学质量不断提高。

一、国家层面

教育主管部门应该统筹规划，做好顶层设计。2012 年，教育部发布《教
育信息化十年发展规划（2011—2020 年）》，将信息化纳入教育规划，但长期
以来，我国基础教育的信息化发展与管理呈现职权不清、多头管理等较为无
序的状态，信息化教学目前的统筹管理责权并不十分清晰。另外，信息技术
发展在突飞猛进，中国也开启建设教育强国的新征程。为此，教育部提出"教
育信息化2.0行动计划"，进一步对教育信息化进行顶层设计，以国家意志明
确"教育信息化2.0行动计划是加快实现教育现代化的有效途径"，"是'教育
现代化2035'的重点内容和重要标志"。

---

① 王晓波、牟艳娜：《慕课——多元在线教育形态的创新与发展》，《中小学信息技术教
育》2014 年第 2 期，第 27 页。
② 林建：《"慕课"环境下基础教育教学改革的机遇与挑战》，《教学与管理》2017 年第
24 期，第 6 页。

　　慕课作为教育信息化的"集大成者"，其在基础教育阶段的应用，需要整体协调推进。政府要做好顶层设计，统筹协调，将慕课的发展纳入我国基础教育发展战略，为慕课与基础教育的融合创造健康良好的外部环境。在加强顶层设计与教育整体发展规划时，政府需充分发挥国家有关职能部门、企事业单位与各省市名校的优势，发挥学科与师资优势，解决现存的问题和阻碍，建立慕课联盟和慕课平台，健全联盟之间、平台之间的合作机制，实现优质课程资源共享，推进基础教育的课堂教学模式改革，促进基础教育的信息化发展。

　　国家层面有组织、有步骤、前瞻性地推进中小学慕课，首先需要进行专门的调查研究，对中小学慕课的建设、质量、布局等进行前期摸底调研，了解学校、教师、学生和家长的需求，调研中小学信息技术发展现状，调查教师的信息技术能力，总结学生和家长的期望，为慕课的设计与开发提供第一手资料。这些研究工作可以委托一些专门的研究机构去执行。比如设置于教育主管部门和师范类重点院校的研究院所，这两者具有政策和科研优势，能很好地完成相关的调研工作。其次应立足于基础教育课程目标和学生身心发展规律，结合相关理论，关注慕课在文化传承、国家安全、人才结构等方面的作用，制定慕课的质量评价标准。再次根据以上两方面的研究结果，梳理出慕课在中小学的切入学科、学段，建构一个基础教育的慕课体系，然后根据全国范围内的名校名师资源，统筹安排慕课开发建设任务，避免慕课的重复开发。最后在具备使用慕课条件的中小学，设置不同地区不同年级的班级做试点教学，利用慕课资源进行翻转课堂或混合式教学实践，并对教学结果进行数据收集和分析，充分利用试点总结经验，提炼出有规律性和可操作性的原则和方法，然后再考虑示范推广。

　　国家在统筹安排基础教育阶段的慕课时，需要建构一种多维度、多层次的慕课体系，并能最大限度地体现慕课的优势和用途。这种体系既包括针对高中生的大学先修课，也包括中小学的课程。高中是慕课最具发展潜力的阶段，即大学先修课是其中发展较快的一种慕课。2015 年 11 月 28 日，全国 40 余所大学与重点中学联合举行"高水平大学人才培养与基础教育的衔接"高峰论坛暨中国慕课大学先修课（MOOC of China Advanced Placement，以下简称

MOOCAP)启动仪式,拉开了信息时代探索中国特色大学先修课的教育改革序幕。MOOCAP 具有两个特征:一是基于高中生的认知特点和已有知识基础,专门为高中生设计开发以达到大学学术水平的大学先修课慕课。国内以 MOOCAP 组织提供的中国大学先修课慕课为代表;美国则以 edX、美国大学理事会、美国戴维森学院为代表,它们联合启动了 High School Initiative 项目,为高中生提供大学先修课慕课。二是可以将成绩转化为大学先修课学分的大学慕课。北京大学考试学院已经将其 5 门大学导论类慕课作为大学先修课推出。慕课大学先修课包括三类:"学术志趣类课程"帮助学生在大学和中学共有的基础学科,如数学、物理等学科上做好衔接,为中学生发展学术兴趣提供优质的教育资源;"素质拓展类课程"帮助学生提高综合素质,如人文艺术类别的通识课程;"专业导论类课程"帮助中学生快速了解大学的教育理念及专业设置,帮助他们明确未来的职业规划和专业选择,如心理学导论、机械工程导论、电子工程导论等。有研究者指出,慕课大学先修课借助互联网完美地解决了传统教育模式下先修课的师资问题,有助于中学生及早了解大学专业并作出生涯规划,有助于形成线上学习与线下学习无缝对接、大学与中学协同、人才选拔与培养融为一体的新教育体系。①

除慕课大学先修课外,中小学的慕课既可以用于课堂翻转教学或混合式教学,也可以用于周末或寒暑假的查漏补缺和预习新功课。对于一般水平的学生,知识重点难点类的慕课可以服务于他们的正常进度的学习,方便他们就不理解的内容反复观看和学习。对于学习能力较强,课堂所学内容"吃不饱"的学生,慕课可以拓展学习内容,激发他们进一步的思考与探究。

二、学校层面

我国地区与地区之间中小学在硬件设备、师资力量、生源情况和家长素养等方面千差万别,即便是同一所学校的不同年级、不同班级,以及同一个班级的不同学生,其需求也是有差别的。学校需要根据校本情况,将慕课运用到课堂教学或周末寒暑假布置的作业中,以适当的方式发挥慕课的作用,

①　刘永贵、孟夏:《大学先修课慕课(MOOCAP):我国大学与高中教育衔接的新方式》,《远程教育杂志》2016 年第 3 期,第 23 页。

提高教学质量。具体而言，目前中小学慕课通常的使用方式有两种：假期第二课堂、翻转课堂与混合式教学。

（一）慕课作为假期第二课堂

当前中小学生周末和寒暑假是宝贵的查漏补缺机会，复习和预习是学生必须的学习过程，在寒暑假，大多数学生会整体复习已经学过的内容，并适当地预习下一学期的功课。以前，社会上各种培训机构众多，多数学生会选择培训机构完成假期的复习与预习。这些培训机构问题较多，有的人满为患，一个班甚至接近百人；有的费用高昂，一个学生一个暑假的培训费用动辄几万元，给家长带来较重的经济负担。更为严重的是，社会培训机构大多不考虑教育规律，完全以盈利为目的，往往不顾及学生的学习能力和学习需求，一味拔高难度或超前上课，不利于学生的健康成长。因此，2021年国家下大力气推行义务教育"双减"，短短几个月，多项政策连续出台，对学科类培训机构实行严管，明确规定周末、寒暑假不允许进行学科类培训。在这种情况下，由政府主导的基础教育阶段慕课，应该"挺身而出"，提供正当的学习服务，毕竟，"双减"不是要减掉基础教育阶段学生正当的学习需求。因此，建设由政府主导的、规范科学、符合中小学生学习规律和学段需求的慕课体系，就显得尤为重要。

2020年，由于新冠疫情的暴发，正常的学校教学秩序被打断，为了满足"停课不停学"和学生自主学习需要，教育部紧急开发建设"国家中小学网络云平台"。在"双减"政策推出以后，教育部把"国家中小学网络云平台"升级为"国家中小学智慧教育平台"。该平台在原有基础上扩充了资源，上线资源达到近32000条，并外链了60个专业网站共享资源，后续学习资源还在不断遴选上线。

"国家中小学智慧教育平台"上线运行后，相较原来社会上良莠不齐的培训机构，优势十分明显。原来的培训机构师资水平不能保证，为了盈利，往往雇佣在校大学生做兼职教师，或聘请刚毕业的大学生做代课教师，这些老师缺乏教学经验，教学能力和教学水平无法和名校的师资相提并论。而像"国家中小学智慧教育平台"这样的由政府主导的慕课，大多由名校的名师制作，课程质量非常高，每节课包括授课视频、课程任务单和课后作业，学生按要求自主学习，相当于完整地进行了一节课堂教学。而且学生学习不受时间和地点限制，还可以根据自己的学习进度反复观看，有目的地掌握重点和难点部分。目前，"国家中小学智慧教育平台"尚没有学生与主讲教师以及指导教师的交流通道，这可能会影响学习效果，但总体上，"国家中小学智慧教育平台"对全体学习者免费开放，极大降低了中小学生家庭在学习上的资金投入，很好地满足了"双减"政策以后广大中小学生假期自主学习的需要。有数据统计，"国家中小学智慧教育平台"（"国家中小学网络云平台"）累计浏览次数达64亿次，而且"双减"以后日均浏览数量显著增加。①

（二）慕课与课堂教学的融合：翻转课堂与混合式教学

翻转课堂（Flipped Classroom），也称"颠倒课堂"，最初始于2000年，美国三位学者莫里·拉吉（Maureen J. Lage）、格兰·波兰特（Glenn Platt）和迈克尔·特格利亚（Michael Treglia）在论文《翻转课堂：创造一种多维的学习环境》（*Inverting the Classroom: A Gateway to Creating an Inclusive Learning Environment*）中介绍了他们在美国迈阿密大学教授"经济学入门"课程时所采用的"翻转教学"模式，以及取得的成绩。但是他们并没有正式提出"翻转课堂"这一名词。同年，卫斯理·贝克（Wesley J. Baker）在第11届大学教学国际会议上发表了论文《课堂翻转：使用网络课程管理工具作为教学辅助》（*The classroom flip: using webcourse management tools to become the guide by the side*），明确提出"翻转课堂"这一概念。2007年，美国科罗拉多州一所高中的两位化学教师乔恩·伯格曼（Jon Bergmann）和亚伦·萨姆斯（Aaron Sams）在日常教学中发现，由于生病、交通堵塞等原因，一些学生无法按时到校上课，于是他们将课程内容制作成视频，发给学生们在家观看，然后在课堂上进行针对性的答疑，并布置一定的作业让学生完成。他们所采用的这种翻转课堂模式取得了较好的教学效果，并引发了这个模式在美国中小学教育中的推行。2012年以来，慕课的出现又助推了翻转课堂在全球的实施。翻转课堂具体包括两个环节：课前的线上学习和课堂的面对面学习。

翻转课堂指学生在课前通过观看慕课完成基本知识的学习，课堂则变成

---

① 《"国家中小学智慧教育平台"发布，新增课后服务等4类资源》，https://www.thepaper.cn/newsDetail_forward_16901606，2022-03-01。

老师和学生之间，以及学生和学生之间互动的场所，包括答疑解惑、知识的运用等，从而达到更好的教育效果。翻转课堂通过重新调整课堂内外的时间，将学习的决定权从教师转移给学生。在这种教学模式下，学生可以充分利用宝贵的课堂时间，更加专注于探究性学习，共同研究一些问题，从而获得对所学知识更深层次的理解。教师不再占用课堂时间讲授基础知识，这些知识需要学生在课前观看慕课，通过自主学习达成目标。在课堂上，教师则采用讲授法和协作法来满足学生的需要和促成他们的个性化学习，其目标是为了让学生通过实践获得更真实的学习。翻转课堂模式是大教育运动的一部分，它与混合式学习、探究性学习以及其他教学方法和工具在含义上有所重叠，都是为了让学习更加灵活、主动，让学生的参与度更高。从一定程度上讲，翻转课堂对传统课堂教学结构与教学流程进行了颠覆，由此将引发了教师角色、课程模式、管理模式等一系列变革。

翻转课堂可以很好地发挥学生学习的积极主动性，更有利于自我管理能力较强的学生。对学习水平一般、自主学习能力不强的学生而言，慕课和课堂教学相结合的混合式教学模式更为适宜。混合教学模式以课堂教学为主、慕课为辅，教师根据学生学习需要，可以将慕课作为课前预习任务或课后作业布置给学生完成，或者在课堂上运用慕课的部分片段加深学生对相关知识点的理解和掌握。这种混合式教学模式没有统一的程式，目的在于充分发挥课堂和慕课两种教学方式的优势，改变传统课堂教学中过分依赖讲授而导致学生学习主动性不高、认知参与度不足、不同学生的学习结果差异过大等问题。这种教学模式既能发挥教师的主导作用，也能体现学生的主体性，从而达到更好的教学效果。混合式教学模式形式上是线上学习和线下教学方式的混合，这种模式融合了建构主义、行为主义和认知主义等不同的教学理论。它主要以建构主义和掌握学习理论为指导，综合利用现代教育技术和多种教学方法，对激发学生的情感体验、促进有效提问和主动学习，以及对学生知识的建构等方面有着非常重要的作用。

在中小学教育教学中，受学生年龄和认知的限制，翻转课堂总体而言具有一定的难度，混合式教学模式是目前比较容易实施，也比较受欢迎的教学模式。当前，已经有教师将这两种教学模式运用到英语、思想政治、语文和音乐等学科的教学中，并取得了一定的成绩。

三、教师层面

如果说国家教育主管部门和学校是慕课教学的宏观主体，那么教师、学生和家长则构成了微观主体。当前，教师需要重新定位自己在教学过程中的功能和角色，随着教育信息化、数字化不断深入，在职教师必然要利用业余时间进行培训，来提升自己掌握多媒体技术的能力。教育部《教育信息化2.0行动计划》提出教育信息化八大行动，其中"网络学习空间覆盖行动"强调，"开展校长领导力和教师应用力培训，普及推广网络学习空间应用，实现'人人用空间'引领推动网络学习空间建设与应用"，并且计划"培训1万名中小学校长、2万名中小学教师"。可见，中小学教师掌握信息技术已经是适应时代发展的现实迫切要求。

提高中小学教师的信息技术应用能力，首先，要及时拓展、更新教师的信息技术方面的知识。在信息时代，技术上的迭代时间越来越短，特别是中年以上的教师，尤其需要通过培训，了解最新的计算机操作基础知识、互联网基础知识等。其次，要培训教师运用计算机、网络检索等基本技能，在慕课背景下，教师还要学习一些视频剪辑、制作的技术。最后，更要注重培养教师运用信息技术的意识，教师自身也要正确认识信息技术，了解它的价值，对其产生兴趣，在生活、教学中积极应用，这样才能达到熟练掌握信息技术能力的程度，更好地在教学活动中将信息技术的作用充分地发挥出来。以慕课为代表的新一代教育信息技术，改变了人们对教育教学的传统观念，促进了教学方式模式的革新。教师作为教学活动的引导者，必须快速适应信息技术给教学活动带来的巨大变化，主动转变思维，学习技术，提升教学能力，由单纯的站在讲台上的"教书匠"，转变为信息时代教学过程的资源开发者、提供者，转变为学生学习活动的导航者、协作者。

慕课为中小学生带来了一种非常有冲击力的学习新模式，也对中小学教师角色定位提出了挑战。在慕课时代，教师必须彻底改变以"教"为主导的教学观念，树立以学生学为中心的教学理念，尊重学生个性化学习需要，实行合作学习、探究学习等新的教学模式。在新的技术条件下进行教学，教师需改变传统的备课、上课和批改作业的形式，改变课堂上将知识单向传输给学生的做法，在线上、线下都要及时掌握学生的学习情况。"教师的功能需从单纯传输知识转变为引导学生主动建构知识，从为学生提供答案转变为和学生一起寻找答案；教师的角色由知识的传递变为学生发展的引领者、参与者、合作者、启发者。"①

我国的新课程改革强调课程要着眼于学生的发展，培养学生的信息收集和整理的能力、发现问题和思考问题的能力、分析问题和解决问题的能力、终身学习和创新的能力以及生存和发展的能力。慕课所倡导的教育资源共享、师生角色转换、教学方法变革以及学生个性发展等先进的理念契合了我国新课程改革的目标。

当前，中小学教师需要准确把握慕课的发展内核，结合我国基础教育特定的国情和校情，准确定位教师的专业角色，鼓励、引领学生主动建构知识，实现从课堂的主导者变为组织者与引导者。

四、学生、家长层面

慕课在教学中的运用和落实离不开学生的全方位参与，也离不开学生家长的积极参与和配合。学生和家长可以拓宽视野，以积极的心态学习慕课。

对中小学生而言，慕课是新事物，初接触可能因好奇迅速产生兴趣，但真正融入学习恐怕不是容易的事情。学校和教师要鼓励学生转变传统固定思维，形成对慕课抱着开放态度的先进理念，积极投入教师布置的慕课学习。同时，要提高学生的信息素养与能力，摒弃传统的被动接受状态，真正参与到慕课的课堂教学，积极探索慕课的学习方式，培养自主学习与创新能力，主动参与知识的建构与创新。在课程评价方面，要坚持以多元化、开放性的形成性、过程性评价为主，以终结性评价为辅。

具体而言，学生更需要借助慕课主动学习，课上认真观看慕课相关视频，做好笔记；课下针对不懂的疑难问题或者兴趣点，寻求慕课的帮助，采取多种形式与教师、与同学沟通自身的学习情况。中小学生对于慕课课程有着不

---

① 徐建华、姜君：《我国基础教育慕课热的冷思考》，《中国教育学刊》2014 年第 8 期，第 34~35 页。

一样的学习需要和学习动力，如果他们对慕课课程本身缺乏内在学习动力，慕课平台又无法为低动机学习者提供很好的激励和监督措施，那些对慕课提不起兴趣的学生则很有可能在自由的时空里错过慕课的学习内容。

在基础教育阶段，由于中小学生身心尚未成熟，很难保证对课程本身有着持续的浓厚兴趣，如果教师没有相应的学习激励措施，又没有严格的学习监管，仅凭学生的自觉来完成慕课学习，这将很可能导致慕课资源的浪费以及学生学习时间的浪费，这是当前基础教育中慕课应用亟待解决的一大难题。仅凭学校和教师难以解决这个问题，需要家长的积极参与，家长需要与学校、教师协调配合，积极营造良好的慕课学习家庭环境。

基础教育阶段慕课应用于教学需要家长的参与和支持，这是基础教育阶段的特殊性所决定的。与大学生学习慕课依靠自己努力不同，中小学生慕课学习，家长发挥着极其重要的作用。在慕课学习中，尤其是假期，家长必须发挥指导、鼓励、监督的作用。家长首先要提供慕课学习所需的电脑、网络等基本条件，帮助孩子掌握慕课的学习方法与下载相关视频，同时要帮助孩子克服青春期好动、自控力低下的缺点，在孩子观看视频时做好监督工作，防止孩子以看视频为由，借机玩网络游戏。

中小学生的慕课学习也对家长提出了一定的要求，家长也需要加强相关的信息技术学习，提高自己的计算机和网络操作能力，为孩子的慕课学习提供及时、必要的帮助，因此基础教育阶段的慕课应用需要教育主管部门、学校、教师、学生和家长五个方面的共同努力，形成教育合力，充分发挥慕课的优势，全面提高教育质量。

第五章

慕课在教育教学实践中的应用（一）

　　慕课发展至今，已经在教育教学实践中被广泛运用。我国的理工院校人文课程长期存在一些问题，理工院校可以利用国内外现有的慕课资源，尝试从政治与哲学、文化与历史以及文学与音乐三个领域构建相对完善的人文课程体系，同时，结合现有文科教师资源，构建线上、线下结合的教学模式，加强教学硬件建设、课堂设计与组织、教学管理等，切实提高理工学院人文教学质量，培养德才兼备的优秀人才。国内的高职院校建设了很多慕课，不少高职慕课平台引入北京大学等名校慕课，借鉴名校慕课模式，汲取经验以发展高职慕课，慕课在高职院校的应用需要从培养目标、培养对象、师资力量、社会认可度四个方面，促进慕课与高职教育融会贯通，并在实践类慕课线上线下混合模式教学、增加慕课助教、升级软硬件设施以及优化慕课教学环境等方面加强建设。慕课还可以与特定学科专业相结合，培养复合型人才，比如审计人才的培养，可以基于慕课设置完整课程体系，构建慕课与课堂教学有机结合的教学模式。在区域教育规划中，结合生态学理论，运用慕课和

微课等新教育技术，有助于解决我国区域教育发展不够均衡、资源分布参差不齐等问题。

第一节　慕课在理工院校人文教育中的应用

作为一种新的教育模式，慕课蕴含着巨大的潜能，不仅可以为在校学生，也可以为社会大众提供数量巨大的、优质的教育资源，极大地促进教育的大众化和民主化。同时，慕课也为解决我国高等教育长期以来存在的一些问题提供了新的视角，比如，理工院校可以利用慕课资源，解决人文课程长期以来存在的一些问题。

一、理工院校人文课程存在问题

1999 年，国务院颁布了《关于深化教育改革 全面推进素质教育的决定》，文件明确规定高等教育要"要普遍提高大学生的人文素质和科学素质"。2010年，国家颁布《国家中长期教育改革和发展规划纲要（2010—2020 年）》，再次强调高等教育要培养全面发展的人才，高等教育除培养学生的专业素质外，还要"培养学生良好的审美情趣和人文素质"。十余年来，在教育主管部门的推动下，许多理工院校为培养、提高学生的人文素质，纷纷设置一些人文课程，并取得了一定的效果。但是理工院校人文课程的开设仍然存在一些普遍问题，主要表现在以下三个方面：

（一）文科师资数量较少，整体素质偏低

改革开放以来，由于产业经济的迅猛发展，国家对新产业、新技术的需求激增，建立了一大批包括科技大学、工业大学、化工大学等在内的理工院校。这些院校以市场为导向，根据市场需求培养人才、开发技术，能够直接为经济发展服务，取得了较好的社会效益，而这些都是文科院校所无法企及的，正因为这样，社会上流行"重理工、轻人文"的思想。在此背景下，很多理工院校认为，人文课程"对理工科人才的培养无足轻重，充其量只是个点缀或知识面的扩展，远非人才素质的必备要素"。[①] 这种思想的流行，导致理工

---

① 汪俊辉、朱国平：《试论理工科大学生的人文素质教育》，《教育与职业》2005 年第 35 期，第 52 页。

院校长期不重视文科师资的引进与培养,既不投入资金引进知名的人文学者与专家,也不积极给年轻的文科教师创造条件鼓励他们通过攻读博士学位、进入博士后流动站、国内外访学等途径提高自身素质。

理工院校的文科师资长期得不到学校重视,整体素质会逐渐滑坡,力量会越来越弱,并且会形成一种恶性循环:一方面,师资力量不强,导致文科方面的教育整体不佳,尤其科研形不成氛围,跟不上国内外相关学科的发展,无法与专业领域内的专家进行交流对话,当然也无法以科研促进教学。另一方面,这样的文科师资缺乏实力,无法吸引学生,更不会受到学生的广泛欢迎,没有教育产出,学校领导层面更加不愿意耗费人力、物力建设文科师资。文科教学有其特殊性,主讲教师除学科专业知识外,还需有深厚的人文修养与理论功底;否则教师无法深入浅出、幽默风趣地呈现教学内容,也无法潜移默化、润物细无声地影响学生的世界观、价值观和人生观。当前,理工院校文科师资力量总体薄弱,已经成为学校人文课程教学的关键因素之一。

(二)人文课程开设随意,缺乏完整的目标体系

目前,大多数理工院校只能根据现有的文科师资开设有限的人文课程,供全校数以千计的学生选修。有些理工院校甚至让教师自己申请开设人文课程,规定只要课程的选修学生达到 20 或 30 人,这门课程便可以开课。这些人文课程大多放在公共选修课这一大类下,课程名称五花八门。这些人文课程的开设犹如一盘散沙,课程与课程之间相互独立,各自为营,既没有统一的、明确的目标,又没有形成系统的课程体系,各个年级的学生可以随机选修。这对学校、教师和学生都产生了一定的负面影响。学校投入了一定的人力、物力开设人文课程,教学效果却并不理想;教师仅仅根据已有的知识与兴趣开设选修课,每个学期或学年重复一次,教师的知识与学科视野得不到扩展;学生花费时间学习这些课程,并没有形成一定的、有效的知识体系。

与学科门类齐全的综合性大学相比,理工院校相对缺乏人文教育氛围,在培养学生的人文精神与素养方面常常力不从心,因此人文课程的开设就显得至关重要。这些课程既需要有明确的目标,又需要形成结构完整的课程体系。有学者深入研究了美国麻省理工学院的人文课程体系,指出其人文课程体系包括哲学、社会学、音乐戏剧艺术、人类学、历史学 5 大类,共 75 门课

程。理工科学生在校期间必须修满 8 门人文课程，其中的 3 或 4 门应集中在某个人文领域，占总学时的 20%。① 麻省理工学院的这种做法不仅有利于培养提高学生的人文素质，而且给学生提供了一定的知识体系，有利于他们毕业后的持续发展，这给我们提供了有益的启示。

（三）人文课程教学质量不太理想，难以达到预期的教学效果

当前，很多理工院校开设的人文课程数量偏少，难以满足学生的个性化发展需求，所开设课程的教学质量与教学效果也不太理想，无法满足学生日益增长的知识与视野需求。除师资原因外，影响人文课程的教学质量与教学效果的另一重要因素是教学管理。很多理工院校将人文课程定性为公共选修课，分配的学时非常少，每门人文课程一般不超过 30 学时，而且授课时间大多安排在晚上或周末。这些时间段内教师与学生的精力、注意力无法保持最佳状态，教学效果较差。在课程考试方面，与要求严格的专业课不同，人文课程的要求非常宽松，学生递交一篇论文或者完成作业即可通过。另外，由于是公共选修课，很多学校对班级人数的上限设置较高，致使很多班级动辄一两百人，教师很难开展课堂讨论、师生互动等教学环节，教学仅仅限于教师讲之、学生听之，难以培养学生的创造性与批判性思维，难以有效地提高学生的人文素质。

理工院校的人文课程存在严重被边缘化，甚至只是教学的点缀和陪衬的问题。有研究者指出，虽然很多理工院校开设了"哲学、文学、艺术等人文课程，但课程内容空洞乏味、没有新意，且课时偏少、过于形式化，理工院校对人文素质教育的认识还只停留在表面"。②

理工院校人文课程的这些问题已经影响了学生的培养质量，并造成了一定的负面影响。理工院校的多数学生知识结构比较单一，视野相对狭窄，无法在学科之间实现有效的贯通融合；他们过于重视知识的实用性，其价值判断日趋功利化，缺乏一定的责任感、奉献精神与团队合作精神；一些学生甚至信仰迷茫、道德诚信缺失，无法抵御各种错误思想。从长远看，不重视人

---

①　陈晓雁等：《西方理工院校学生人文素质教育模式及其启示——以麻省理工学院为例》，《理论观察》2014 年第 11 期，第 139 页。

②　曹文波：《工科院校人文素质教育探析》，《教育评论》2015 年第 2 期，第 44 页。

文素质教育的理工院校培养出的学生大多只具备单一学科知识,很难成为学科贯通、富有责任感的、勇于担当的高级科技人才。

已故中国科学院院士杨叔子教授曾指出,所有的大学应该做三件事,"第一,教会学生如何做人;第二,教会学生如何思维;第三,教给学生必要的现代科学技术和文化知识,以及应用现代科学技术与文化知识的能力"。① 当前大多数理工院校显然对学生的世界观、价值观与人生观的培养重视不够,也对学生综合素质的培养缺乏应有的规划与安排。有研究表明,理工科学生选修系统的人文课程、提高自身的人文素质至关重要,一方面这可以解决科学技术发展的伦理归宿问题,另一方面这关系到未来的科学家能否"担负对社会乃至整个人类的责任的重大问题"。② 美国教育哲学家怀特海(A. N. Whitehead)也持相同看法,认为高等教育要培养的是"既有文化又掌握专门知识的人才,专业知识为他们奠定起步的基础,而文化则像哲学和艺术一样将他们引向深奥的高远之境"。③

二、利用慕课资源,合理设置人文课程体系

上述这些理工院校人文课程存在的问题,在很大程度上是长期的社会历史原因造成的,单靠一个学校的力量显然无法得到解决。2012 年以来在国内外发展迅速的慕课为这些问题的解决提供了很好的契机。慕课大多由名校的名师主讲,课程质量整体较高,教学内容循序渐进,教学设计合理,教学方法灵活多变,课程种类十分丰富。国外目前比较有影响的慕课公司包括美国的 edX、Couresa 和 Udacity,德国的 iversity 慕课平台,英国的 FutureLearn 慕课公司等,这些公司与名校合作,开发制作了许多慕课课程。国内一些名校也积极建设中文慕课平台,致力于开发多种慕课资源,比如清华大学的"学堂在线"、上海交通大学的"好大学在线"、北京大学的"华文慕课"等。国内外

---

① 杨叔子:《传统文化·人文底蕴·大学教育》,见《中国大学人文启思录》(第 1 卷),武汉:华中理工大学出版社 1996 年版,第 2 页。

② 殷企平:《两种文化和英国高等教育(下)》,《高等教育研究》1994 年第 3 期,第 98 页。

③ [美]怀特海:《教育的目的》,徐汝舟译,北京:生活·读书·新知三联书店 2002 年版,第 1 页。

的这些慕课公司与平台制作的慕课中，相当一部分是人文课程，比如哈佛大学迈克尔·桑德尔（Michael J. Sandel）主讲的课程"公正"（Justice）、哈佛大学泰勒·本-沙哈尔（Tal Ben-Shahar）的"幸福"（Positive Psychology）、清华大学王晓朝的"西方哲学精神探源"、武汉大学陈国恩的"文学欣赏与批评"、北京大学毕明辉的"20世纪西方音乐"等。理工院校可以充分利用这些高质量的慕课资源，尝试解决当前人文课程所存在的问题。

当代教育家张楚廷指出："大学归根结底是通过课程而呼应技术的发展和社会经济、政治、文化的变革与进步的。"①培养理工科学生人文素质的最有效的途径是设置系统的、高质量的人文课程体系，因为"课程是大学办学理念的基本载体，人文课程是人文观念教育的主要渠道，也是大学人文精神回归的物质依托"。② 澳大利亚的奥康纳教授进一步指出，当前的慕课是促进高校课程设置合理化的一个有效途径。③ 利用现有的国内外慕课资源，理工院校可以不受师资、资金、场所等的限制，从学生的实际需要出发，设置合理的人文课程体系。

理工院校利用慕课资源设置人文课程体系，一方面要有明确的课程目标，人文课程不仅要传授人文知识，而且要对学生进行情感、人格的熏陶，"进行审美教育，丰富其精神生活，引导他们提高精神境界与道德追求，培养他们的社会责任感与人文情怀"。④ 另一方面，还可以参考国内外名校通识课程的设置体系，比如哈佛大学为本科生开设的通识课程包括6大领域（Fields）：历史研究、文学艺术、科学、外国文化、道德思辨和社会分析，每一个领域下面开设10~20门课程，供学生选择。哈佛大学的理工科学生必须修完占总学分25%的人文课程，才可以达到毕业要求等。清华大学为本科生开设的通识选修课分为人文、社科、艺术、科学四大课组，均为限选课，并要求学生每

---

① 张楚廷：《高等教育哲学》，长沙：湖南教育出版社2004年版，第298页。

② 李辉、林亦平：《大学精神的人文解读与回归》，《高等工程教育研究》2004年第1期，第28页。

③ O'Connor, K. MOOCs, institutional policy and change dynamics in higher education. *High Education*, 2014, Vol. 68, No. 5, p. 626.

④ 谭伟平：《大学人文教育与人文课程》，华中科技大学2005年博士学位论文，第99~100页。

个课组至少选修 2 学分，总学分 11 分。

利用国内外现有的慕课资源，理工院校可以构建相对完善的人文课程体系。本章尝试从政治与哲学、文化与历史以及文学与音乐三个领域设置课程体系：

(1)政治、哲学和伦理道德思想。政治、哲学和伦理道德方面的课程对培养学生的道德责任感和理性批判能力至关重要，道德责任感和理性批判能力两者共同构成学生人文素质的核心。早在 19 世纪，英国教育家纽曼(J. H. Newman)就指出，大学教育是博雅教育，要对学生进行"心智的操练、理性的操练和思考的操练"，政治、哲学和伦理方面的课程是很好的训练途径。① 理工院校需要系统地设置这方面的课程，可以将当前已经开设的政治必修课整合在这个领域内，还可以将一些质量较高的、名校名师主讲的慕课课程纳入进来，比如：迈克尔·桑德尔的"公正"、泰勒·本-沙哈尔的"幸福"、王晓朝的"西方哲学精神探源"、刘燕妮的"儒家修身之道"、阎刚的"政治伦理学"、韦正翔的"追寻幸福：中国伦理史视角"等。

(2)文化、历史和社会学。文化、历史和社会学方面的课程对学生的自我身份的构建和民族认同感的产生举足轻重，也是培养学生爱国主义情感的有效途径。美国当代教育家艾伦·布鲁姆(Allan Bloom)在其影响深远的《美国精神的封闭》(*The Closing of the American Mind*，1987)一书中指出，文化其实相当于民族，比如法国文化、德国文化、伊朗文化等，"它是自我的家"，文化、历史和社会共同确立了个人的心理归属与尊严，将个人"联结为一个共同体"。② 整体而言，理工院校这方面的课程比较薄弱，构建这样的课程体系时，既要包括中国文化、历史与社会学的内容，也要包括西方的相关内容。这样可以很好地拓宽学生的视野，让学生在中西文化比较的宏观视野内全方位地思考问题。这方面较好的慕课有：张国刚的"《资治通鉴》导读"、吕世浩的"史记"、叶炜的"中国古代史"、赵林的"西方文化概论"和"基督教与西方

---

① ［英］约翰·亨利·纽曼：《大学的理念》，高师宁等译，贵阳：贵州教育出版社 2003 年版，第 110 页。

② ［美］艾伦·布鲁姆：《美国精神的封闭》，站旭英译，南京：译林出版社 2007 年版，第 143~144 页。

文化"、罗杰斯(G. M. Rogers)的"亚历山大大帝伟大吗?"、丹尼尔·伯尼维克(Daniel Bonevac)的"二十世纪启示录"、邱泽奇的"社会调查与研究方法"等。

（3）文学、音乐和绘画艺术。怀特海曾指出，学生的专业知识学习与美学陶冶之间并不冲突，而是相辅相成的，"几何与诗歌是和旋转的车床一样重要的"。① 德国哲学家雅斯贝尔斯(K. T. Jaspers)也持相似看法，认为美学陶冶在大学教育中至关重要，只有通过美学的陶冶，学生才能形成完整的个性，成为完整的人。② 在现有的慕课中，这方面的资源较多，比如：王步高的"大学国文"、丁夏的"中国古代小说鉴赏与研究"、胡可先与陶然的"唐诗经典"、安宁的"音乐聆听"、罗伯特·品斯基(Robert Pinsky)的"诗歌艺术"、艾丽莎·纽(Elisa New)的"美国诗歌：自然和民族"、宇金克(Yu Jin Ko)的"莎士比亚：文学和戏剧"、狄弗里斯(J. E. Devries)的"绘画艺术"、维加拉(Alejandro Vergara)与凯里斯(Jennifer Calles)共同主讲的"1400—1800 年间的欧洲绘画赏析"等，这些都是不可多得的优质慕课。理工院校可以考虑将这些慕课列入课程体系，与本校这方面原有的课程有机结合，为学生提供高质量的文学、音乐和绘画方面的课程体系。

三、基于现有师资，构建线上线下混合教学模式

设置合理的人文课程体系后，理工院校需要结合现有的教师资源，将线上的慕课与线下的课堂教学有机结合，全面提高人文课程的教学质量。慕课与课堂教学相结合的一种行之有效的教学模式是翻转课堂。

翻转课堂最初由美国两位中学化学教师乔恩·伯格曼(Jon Bergmann)和亚伦·萨姆斯(Aaron Sams)在 2007 年创建。伯格曼和萨姆斯在日常教学中发现，由于生病、交通堵塞等原因，一些学生无法按时到校上课，于是他们将课程内容制作成视频，发给学生们在家观看，然后在课堂上进行针对性的答

---

① [英]怀特海：《教育的目的》，徐汝舟译，北京：生活·读书·新知三联书店 2002 年版，第 79~80 页。

② [德]雅斯贝尔斯：《什么是教育》，邹进译，北京：生活·读书·新知三联书店 1991 年版，第 132 页。

疑，并布置一定的作业让学生完成。翻转课堂将原来的课堂讲授新知识、课后完成作业的教学流程翻转为课前让学生自主学习新内容、课堂做作业并答疑反馈。之后，由于教育信息技术的迅速发展和美国"可汗学院"免费提供的大量优质教学资源，翻转课堂在国际教育界广受欢迎。2012年以来，慕课的出现又助推了翻转课堂在全球的实施。翻转课堂具体包括两个环节：课前的线上学习和课堂的面对面学习。英特尔全球教育总监布瑞恩·冈萨雷斯（Brian Gonzalez）指出，翻转课堂的优势在于，课前让学生选择最适合自己的方式接受新知识，进行自主学习；而将知识的内化放在课堂上，学生在课堂上可以各抒己见，进行建构主义意义上的协作学习。①

理工院校的人文课程教师在课前不必亲自制作课程视频，只需要将所选慕课课程资源、课程计划、时间安排等发给学生，让学生在课堂教学之前注册并观看相关课程的慕课视频，并就视频内容提出若干疑问或自己的想法。这其实赋予学生以充分的自由，学生可以根据自己的情况选择合适的学习时间与地点。在课堂上，教师既可以提出问题，让学生独自思考，找到答案，进行探究式教学。也可以将全班同学分为3~5人的小组，进行讨论式教学，具体做法是让每个小组推选一位组长，组织小组成员就课前所观看的内容发表自己的看法，讨论结束时，让各个小组长总结汇报小组讨论结果。这种教学模式，每个学生都有陈述自己观点的机会，有利于发挥学生学习的能动性，也有助于提高他们的辩论和理性批判能力。

这种线上线下结合的翻转课堂教学模式，以优质的慕课资源为依托，不仅可以克服理工院校文科师资数量少、整体素质偏低的不足，而且也给这些教师提供了很好的学习提高机会。他们在备课时，可以借助相关慕课资源进行广泛的阅读与研究，还可以与名校的名师就相关问题进行线上的交流与切磋，这对于理工院校文科师资整体素质的提高十分有益。

理工院校人文课程的这种新的教学模式将师生关系由传统的"授受"式转变为"协作"式。教师不再只注重传授知识，而是发挥着组织课程资源、启发学生思考、协助学生完成学习任务的作用。这种教学模式还可以较好地激发

① 转引自何克抗：《从"翻转课堂"的本质，看"翻转课堂"在我国的未来发展》，《电化教育研究》2014年第7期，第7页。

学生的学习兴趣，发挥其积极主动性。一方面，线上的慕课大多由 5~15 分钟长短不等的"微视频"组成，"微视频"之间设置有一定的问题，学生答对问题后，才可以继续观看后面的内容。这种类似游戏闯关的内容呈现方式符合学生的心理特征，是以往"满堂灌"的课堂教学所无法比拟的。慕课还可以打破时间、地点的限制，学生可以根据自己的需要随时、随地学习，并且还可以回放难度较高的内容片段，这极大地提高了学习效率。另一方面，在线下的课堂教学中，学生可以与同学、老师就相关问题展开讨论，实现知识的内化，同时提高自身的批判性、创新性思维能力。

四、需注意的问题

理工院校结合慕课建构人文课程的线上线下教学模式是一项系统性的工程，涉及校园教学设备、教师、教学管理等诸多因素，应注意以下问题：

（一）校园内教学硬件设备的建设

由于学生需要在课前观看线上慕课视频，并完成一定的作业，所以学生宿舍、图书馆、自习室、教室均需有免费 Wi-Fi 覆盖，学生可以通过电脑、iPad、手机等便捷地观看慕课资源，完成课前学习任务。此外，当前慕课运用了 Flash、PPT、音频、视频等多种教学手段，每个教室的多媒体教学设备的硬件与软件需及时更新，否则教师在课堂上就无法展示慕课内容的重点与难点，这无疑会影响教学效果。完善的硬件设备是线上线下教学模式实施的技术前提。

（二）人文课程体系的及时调整与更新

慕课当前发展非常迅速，每年都有大量新的、高质量的慕课问世，所以理工院校设置的文科课程体系不能固定不变，而应处于动态调整之中，学校和教师可以根据慕课的最新发展和学生需求适时调整某些课程。此外，教师在选择国外的英文慕课时，需要考虑学生的实际英语水平。理工科学生的英语水平参差不齐，有些学生不能顺利地完成课前的慕课学习。教师需要将慕课的全部或部分内容翻译为中文字幕，或者事先给学生讲解慕课内容中的某些关键词，帮助学生克服语言障碍。动态的课程体系和适时的语言协助是线上线下教学模式实施的关键因素。

(三)课堂教学的设计与组织

学生从慕课视频中学习了新知识后,还需进行知识的内化。"要使人文知识、人文活动成为学生的人文素质,必须经过学生的'内化'。这个内化过程对大学生而言就是独立思考,在独立思考的基础上形成自己的思想和信念。"①在知识的内化方面,课堂教学发挥着举足轻重的作用。慕课与课堂教学相结合的关键在于"如何通过课堂活动设计完成知识内化的最大化"。② 因此,线下的课堂教学应与慕课进行有效的衔接,充分发挥学生的主动性,以学生为中心,避免教师主导课堂的传统做法,同时教师也不能完全放手,应根据课堂情形进行适时的指导。高效的课堂教学是线上线下教学模式实施的重要环节。

(四)教学管理的全面调整

设置相对完善的人文课程体系后,理工院校的教务部门可进一步对学生的学分要求进行修改,例如规定学生毕业时必须修满多少学分的人文课程。在时间安排上,教务部门应尽可能将人文课程的课堂教学安排在工作日的正常教学时间内,一门课程可以安排多次上课时间,学生可以根据自己的专业课程表选择适当的上课时间。另外,教务部门也需降低人文课程的班级规模的上限,由于这种线上慕课、线下课堂的教学模式加大了课堂上生生之间、师生之间的协作交流,所以班级规模不宜过大。而且,教务部门还需加大对人文课程的考试、结课等环节的监管,要求人文课程与其他专业课程一样闭卷考试,通不过的学生需重修等。完善的教学管理是线上线下教学模式实施的制度保障。

2015 年 7 月,国务院印发《关于积极推进"互联网+"行动的指导意见》,提出要将互联网和教育结合起来,鼓励学校"通过与互联网企业合作等方式,对接线上线下教育资源","利用数字教育资源及教育服务平台,逐步探索网络化教育新模式,扩大优质教育资源覆盖面,促进教育公平"。这种基于慕课的理工院校人文课程的线上线下教学模式是"互联网+教育"的具体体现。作

---

① 谭伟平:《大学人文教育与人文课程》,华中科技大学 2005 年博士学位论文,第 44 页。

② 张金磊等:《翻转课堂教学模式研究》,《远程教育杂志》2012 年第 4 期,第 49 页。

为互联网与教育信息技术发展的最新成果，慕课蕴含着巨大的潜力，"MOOC 带来的教育'革命'，绝对不能仅仅理解为给学生提供了更丰富的资源，而是应该有两个关键词，即'从以教师为中心，转变为以学生为中心'，还有就是'个性化学习'，强调学习过程的参与性和交互性，实现学习的目标、问题的理解和个性差异的收获"。① 慕课给传统高等教育改革提供了新的契机，理工院校可以不受本校文科师资条件所限，运用现有的网上慕课资源，设置合理的人文课程体系，借鉴翻转课堂的教学方法构建一种线上线下结合的教学模式，以解决人文课程长期以来存在的问题，全面提高理工科学生的人文素质和培养质量。

第二节 慕课在高职院校的应用

自 2012 年慕课元年以来，慕课在国内高校发展迅速，这一新型网络化教育教学模式给国内教育界带来了广泛影响。慕课的影响首先在于普通高校，继而，高等职业技术院校、继续教育机构、社区教育等领域也受到慕课的巨大冲击。2014 年，国内高职院校纷纷开始尝试慕课，有学者称这一年为"高职慕课元年"。②

当前，专门针对我国普通高等学校的慕课平台已经建设较多，但专门针对高职院校的慕课平台还比较少。不少慕课平台和高职院校已经意识到这个问题，开始合作创立高职慕课平台，弥补这一空缺。2014 年，超星高职慕课平台上线，同年，第一届中国职业教育微课程研讨会召开，会上成立了"中国职业教育微课程和慕课联盟"。2014 年 9 月，苏州工业职业技术学院、苏州科技学院等 10 所院校加盟苏州国际教育园课程共享联盟，该联盟课程内容丰富，涵盖公共基础类课程、通识类课程等。2015 年 7 月，宁波大学领衔 8 所高职院校，合作成立宁波市高校慕课联盟，约定在未来 5 年建设 200 门优质

---

① 姜强等：《MOOC 低完课率现象背景下的设计质量有效规范实证研究》，《电化教育研究》2016 年第 1 期，第 54 页。

② 康霞：《慕课在我国高职教育发展中的冷思考》，《教育与职业》2018 年第 6 期，第 99 页。

的本地化慕课课程，引进 500 门优秀慕课课程，建设 1000 门本校慕课课程，向国内外慕课联盟或平台输送 20 门以上的精品慕课课程。目前，宁波市高校慕课联盟共向学生开放第 6 批慕课 254 门，并引进通识课程、国家精品在线开放课程 111 门。2015 年 11 月，教育部、财政部推动发展的中国大学 MOOC 职教联盟成立，提供涉及多项领域的慕课，不仅有通识课程，也涵盖部分职业技能课程。

与此同时，不少高职慕课平台引入北京大学等名校慕课，并且借鉴名校慕课模式，汲取经验以发展高职慕课。在高职院校中，慕课已经逐渐被接纳，越来越多的高职院校加入慕课平台并在教育教学中使用慕课。2019 年 4 月，教育部牵头众多机构协办中国慕课大会，发表《中国慕课行动宣言》，进一步推动了慕课在高职院校的快速发展。虽然高职院校慕课发展水平比不上普通高校，但总体而言，高职慕课发展趋势迅猛，进入快速发展的阶段。2020 年年初，受新冠疫情影响，众多高职院校加入中国大学慕课平台开展教学，同时，高职院校也通过借鉴名校教学模式开发专属的教学课程。以武汉交通职业学院为例，疫情期间开发上传共计 26 门慕课以供学生学习，其中既包含大学英语、高等数学等基础课程，也涵盖数控机床原理及应用、汽车线路与电气系统检修等专业课程。

由于慕课最初运用于普通高等教育，当前慕课在高职院校中的应用中仍存在不少问题，没能与高职教育融会贯通。其他高校开发的慕课是否能直接运用于高职院校仍有待商榷。

一、慕课运用于国内高职院校的问题

要深入探究慕课在高职院校的应用问题以促进慕课与高职教育融会贯通，需要从培养目标、培养对象、师资力量、社会认可度四个方面分析高职院校慕课的特点。

（一）培养目标方面

高等职业技术教育与普通高等教育相比，其培养目标有所不同。2012 年，我国制定公布《高等教育专题规划》，明确普通高等院校培养目标是培养综合型的创新人才。而高职院校的培养目标，是要培养实践能力强的高素质技术技能型人才，服务区域乃至国家的经济发展。① 慕课因为教学内容多样、教学方式便捷的优势，对促进普通高等教育人才培养目标的实现非常有利。然而，当前慕课大多是基础课程或通识课程，实践性课程极度缺乏，不利于培养高职学生的实操技能与实践能力，难以达成高职院校的培养目标。根据高职院校的课程标准，每门开设的课程都应按照岗位需求，培养学生一定的技术技能，为了实现既定的培养目标，高职院校需要开办个性化课程以提升学生的实践能力。

英国格拉斯哥大学的马尔加良教授等人曾随机抽查 76 门慕课课程，其中，仅 8 门课程要求学生将所学新知用于实践。② 虽然部分高职院校正努力打造一些实践性强的高职教育慕课，但目前来看，慕课的实践类课程仍无法满足高职院校的教学需求。除了实践类课程数量不足，慕课在培养学生实操技能上也处于天然的劣势地位。学生在学习过程中，对着电脑学习，只能模仿视频中的操作来培养实操技能，并不能亲身体验实际操作。比如，在学习摄影技法时，学生只能学会摄影技法的理论知识，却没有机会进行实践，实操技能无法得到有效提高。慕课在培养学生实操技能与实践能力方面仍存在较大缺陷，无法满足高职教育的人才培养要求。

（二）培养对象方面

在进行慕课学习时，学习者根据需求自主选择学习资料，自主进行学习，学生的主观能动性得到充分体现。但这种完全以学生为主体的教学方式，对学生的自主学习能力、自我控制力要求较高。相较于普通高等院校而言，高职院校的生源质量并不十分理想，相对而言，学生的自我学习管理能力不够强，学习目标也不十分明确。慕课与传统课堂教学相比，缺乏有效的学习监督机制，教师也不能随时随地进行正确引导，因此，难以保证教学质量。由于慕课缺乏教师有效的监督机制，学习者将慕课课程挂在网页后台，然后浏览其他网页的情况时有发生，慕课"刷课"、代考等情况也屡见不鲜，

① 张庆堂、沈澄英：《慕课时代下高职院校教师面临的挑战与对策》，《职教论坛》2017年第 5 期，第 5 页。

② Margaryan, Anoush. et al. Instructional quality of Massive Open Online Courses (MOOCs). *Computers & Education*, 2015, Vol. 80, p. 77.

这对慕课教学效果造成极大的不利影响。同时，学生选择慕课时，可选范围广泛，知识杂糅，难以在琳琅满目的慕课中选择最符合自己发展目标、最适合自身能力水平的课程。学者文秋芳也曾提出，完全"以学生为中心"的理论会过分夸大学生的作用，缺少教师的引导和监督，学习效果会受到很大影响。①

　　慕课这一缺陷在普通高校教学中已经存在，在高职院校更是不容忽视。高职院校的发展虽然起步较晚但发展迅猛，其生源包含高考统招生、提前招生、高中注册生、对口单招生、中职注册生、中职"3+3"转段生等，极具多样性。目前，由于国家政策导向作用，高职院校的招生规模逐年扩大，比如，2019年的《政府工作报告》就强调，要"加快发展现代职业教育……高职院校今年大规模扩招100万人"。高职院校的扩招更是使得高职生源呈现多元化趋势。这些因素一定程度上导致高职院校的学生学习素养参差不齐，学习目标不够明确，比之普通高校学生而言自控能力相对不足。因此，高职院校学生往往难以正确确定自己的发展目标，在选择合适的慕课课程上也存在一定困难。有研究者指出，传统教学由教师根据培养目标以及学生能力选择合适材料进行教学，而慕课要求学生自主进行选择，教师的引导作用被极大削减，无法对学生进行正确引导。碎片化的网络学习方式本身容易导致学习者注意力失焦。② 高职院校学生在学习慕课时，很容易被弹出的广告或是其他事项吸引注意。慕课又缺乏行之有效的监督机制，学生的走神甚至"刷课"、代课行为都不会受到任何惩罚。短短15分钟的课程，没有足够的监督，学生难以保证能够全神贯注地听完。慕课本身知识点精简浓缩，学生一旦走神，很难悉数理解。而要通过慕课最后的课程考核，既可以上网查找资料，也可以询问同学好友，甚至能找人代考，学生是否真正掌握了知识内容难以准确评判。由于缺乏监督机制与正确引导，加之高职学生自身的特点，慕课在高职院校的教学质量难以保证。

———————————

① 文秋芳：《构建"产出导向法"理论体系》，《外语教学与研究》2015年第4期，第548页。

② 胡姣等：《大学生碎片化学习中注意力失焦归因研究——基于扎根理论的质性分析》，《电化教育研究》2019年第11期，第36页。

(三)师资力量方面

相较于普通高校而言,高职院校整体师资力量相对薄弱,而开发、维护、更新慕课需投入大量时间、精力,并且对教师教学技能与信息技术素质要求较高。受繁重教学任务所限,很多高职院校教师难以保证慕课的质量与更新速度。在传统教育教学中,教师任务繁多,扮演多种角色。按照美国学者克里斯顿·纳尔森和吉姆·贝利的观点,教师担任教室环境打造者、课堂教学管理者、授课进程设计者、教育成果评估者、读写文化倡导者、学生学习指导者、各种关系协调者、外界沟通实践者、终身学习进步者九种角色,在教育教学中作用非常重要。[①] 慕课教师不仅需要进行日常的备课、授课,还要拍摄慕课、管理慕课、更新慕课,任务更重。开发慕课需要投入大量的时间精力,有学者对慕课人力资源耗时进行调查,发现慕课首次运行时教师需要花费 300 小时的教学时间开发、教学,后续运行还需要花费 110 小时的教学时间答疑、维护。[②] 不仅如此,信息化时代,知识更新迭代迅速,慕课也必须根据知识进展进行更新。以思想政治类慕课为例,党的十九大召开后,许多关键词条发生变化,教师们需在第一时间更新上传体现新时代理念的慕课内容。这就要求教师具有很高的社会关注敏感度,以及投入更多的时间和精力。在普通高等院校中,名校自身师资力量很强,并且可以通过合作共同开发使用慕课,有效减轻教师负担,一定程度上将慕课这一缺陷进行了弥补。然而在高职院校,这种情况因师资受限而不容乐观。

目前高职院校师资结构不合理,教师主体依然是高校应届毕业生,缺乏行业与职业实践经验,高职称、高学历和双师型教师更是匮乏。[③] 高职扩招的趋势更导致高职院校师资力量严重不足,无论是质量还是数量,都难以达到要求。师资力量情况本就堪忧的高职院校难以投入大量时间、精力制作质量高、教学效果好的慕课。有学者指出,我国高职慕课教师周授课学时约为

---

① [美]克里斯顿·纳尔森、吉姆·贝利:《教师职业的 9 个角色》,刘坤译,北京:中国青年出版社 2008 年版,第 1~176 页。

② 钱小龙:《大学慕课商业模式的成本结构解析——以加州大学欧文分校为例》,《教育学术月刊》2019 年第 7 期,第 103~111 页。

③ 吴霓:《中国民办高职教育发展的现状、问题和对策——基于统计数据的分析和研究》,《中国职业技术教育》2017 年第 36 期,第 5~9 页。

普通高校教师的两倍，不仅要完成基本的授课、备课，还必须抽出额外时间进行答疑。① 再加之拍摄慕课、更新慕课等过程中消耗的精力，高职慕课教师承担的压力非常之大。如此重压下，很难保证高职院校慕课的质量与更新速度。

(四)社会认可度方面

高职慕课起步较晚，在许多方面仍不完善，无论是课程开发、软硬件设备支持还是慕课资金等方面都存在一定问题，社会、企业对高职慕课的认可度也不够。在普通高等教育中，名校光环很好地掩盖了慕课的社会认可度问题，家长们相信名校的教学方式，不会提出太多质疑。然而在软硬件设施相对较差、生源质量也参差不齐的高职院校，家长们很难接受孩子一直对着电脑屏幕学习。慕课的教学效果也未被用人单位、企业接受，许多高职慕课证书依然没有得到认可。如今，高职多采用"校企结合、产学融合"的模式，然而与高职院校合作的企业大多不认可慕课教学成果，在慕课开发中的投入少之又少。不少企业认为，传统的高职课程已经基本满足企业需要，新开发的慕课教学效果无法保证，不愿投入太多资金、精力与高职院校共同开发慕课。

慕课开发不仅需要师资力量投入，也需要大量资金支持。有学者对加州大学欧文分校的慕课开发成本进行研究，通过估算慕课生产成本发现一门慕课课程开发的总成本大约为 10 万美元。② 如果要开发高质量的实践性课程，投入成本会更加高昂。仅凭当前中国的高职慕课体系，很难建立独有的慕课商业模式牟利，难以实现慕课开发资金的可循环利用。目前校企结合并不到位，如果企业在高职慕课开发上无法获取利益，也得不到政府的补贴，便不会继续投入资金帮助高职院校共同开发慕课。由于社会认可度不足，高职慕课能否稳定推行、运营仍难下定论。

二、慕课运用于国内高职院校的对策

针对上述问题，要将慕课运用到国内高职院校并凸显慕课自身的优势，

① 康霞:《慕课在我国高职教育发展中的冷思考》,《教育与职业》2018 年第 6 期, 第 99~103 页。
② 钱小龙:《大学慕课商业模式的成本结构解析——以加州大学欧文分校为例》,《教育学术月刊》2019 年第 7 期, 第 100 页。

需要根据国内高职院校的实际情况，做出以下几点改进：

（一）开发实践类慕课，采取线上线下混合式教学模式

《教育部关于全面提高高等职业教育教学质量的若干意见》指出，高职教育人才培养模式改革的重点是教学过程的实践性、开放性和职业性，实验、实训、实习是三个关键环节。要提高学生的实践能力，培养技术技能型人才，实践课程的重要性可见一斑。除去一般的通识课程、基础课程外，高职慕课还要致力于打造实践性强的慕课，以培养学生的实践能力，适应高职培养目标。如果慕课仅仅停留在通过网络学习理论课程，那么，对学生实践实操能力的培养就没有太大帮助。

要克服慕课教学的这一问题，高职院校应该结合理论和具体实践进行教学，采取混合式教学模式，打造实践类慕课。混合式教学融合传统课堂教学与互联网线上教学，[①] 既能通过线上慕课教授学生理论知识，也可以通过线下课堂培养学生的实践能力。高职教师可以将关于职业技能的具体理论知识拍摄成教学视频上传到慕课平台，要求学生观看学习。学生具有一定的理论知识基础后，再回归课堂进行实践实操训练。教师根据学生所学的理论知识，安排相应难度的任务，并在学生实际操作的过程中，观察、发现问题，给学生提供帮助。最后由教师统一汇总实际操作过程中的重点难点，拍摄成教学视频上传至慕课平台，要求学生进行二次学习，反思自己操作上的不当之处。混合式教学模式既能充分发挥慕课的长处，方便学生知识的掌握，也能实现高职教育的培养目标，切实培养学生的实践能力。要使慕课适应高职培养目标，高职院校必须量体裁衣，采取线上线下结合的混合式教学模式，打造独具特色的实践类慕课。

（二）增加慕课助教，提升慕课教学师资力量

当下高职院校"双师型"教师匮乏。因此，采用慕课教学，就需要缓解教师压力，增加一些助教，专门负责监督学习、上传学习内容、检查学习效果等辅助性教学，以保证慕课教学质量。增加慕课助教能极大方便慕课教学，一方面，慕课助教能够帮助高职教师共同录制、上传、更新慕课，减轻主讲

---

① 郭丽萍：《"线上线下"混合式教学模式在高中英语教学中的应用》，《教育理论与实践》2018 年第 35 期，第 55 页。

教师工作压力;另一方面,慕课助教能够对学生学习起到良好的引导、监督作用,最大限度地弥补慕课的不足,充分发挥慕课教学的作用。有学者以中国大学 MOOC 平台中的课程为研究对象,从外围途径着手,指出助教的参与能够提升学生活跃度,① 从而提高学习质量。此外,慕课助教可以通过慕课后台查看每名学生的学习情况,向他们推荐符合自身水平的课程,也能及时提醒未在规定时间内完成学习的同学,起到监督作用。

在慕课教学中,教师需要转换工作方式与工作角色,合作开发、协同教学。慕课助教与主讲教师不同,并不用承担教学任务,而是作为主讲教师与高职学生之间沟通的桥梁,弥补慕课教学的缺陷。同时,增加慕课助教能够有效缓解高职院校主讲教师的教学压力,从而保障这些教师有时间、有精力打造高质量慕课。

(三)顺应发展趋势,加强软硬件设施建设

随着互联网信息技术的不断发展,教育信息化、教学网络化已经成为不可逆转的数字化浪潮。在教育信息化的战略方向上,各国政府纷纷制定新的教育政策以顺应发展趋势。美国发布"变革美国教育:以技术增强学习"国家教育技术规划,日本制定"教育信息化指南",韩国提出"智慧教育战略",其他各国也纷纷实行新政策。② 我国于 2010 颁布《国家中长期教育改革与发展规划纲要》,明确指出:信息技术对教育发展具有革命性的影响,必须予以高度重视。《中国教育现代化 2035》也把信息化作为教育现代化的重要支撑之一。不难看出,按照当前教育发展趋势,借助互联网技术的线上教育会成为教育整体中不可忽视的力量。

然而,网络化教学手段如果没有设备支持,就如同无源之水、无本之木。要使高职院校顺应发展趋势,最大限度地发挥慕课教学效果,就必须加强高职院校的软硬件设施建设。在硬件方面,高职院校要尽量保证校园内网络全面覆盖,加强网络终端建设,解决慕课学习过程中视频卡顿、网速过慢等基

---

① 左雪琰:《慕课助教的回答对社区讨论过程的影响》,武汉:华中师范大学出版社 2018 年版,第 22 页。

② 赵晓冬等:《教育信息化的国际行动框架研究》,《中国远程教育》2017 年第 10 期,第 22 页。

础技术问题。同时，给予经济困难的同学流量补贴，确保所有同学能够进行线上学习。在软件方面，高职院校要想方设法提升教师信息化意识，鼓励高职教师积极参与慕课建设和慕课教学。正如学者焦建利所言，推广使用在线课程最主要的问题是"软技术"问题，是学习的内驱力和学习动机的问题。① 高职院校可以开办讲座、发放调查问卷，在教师、学生中间普及慕课等网络化教学手段并调查其对待慕课学习的态度。根据调查结果采取行动，鼓励学生使用慕课学习，对整体风向起到良好的引导作用，打造适合慕课教学的文化环境。对于高职院校而言，要使慕课教学发挥最大效用，硬件设施和软件环境都不可或缺。

（四）加大支持力度，创造慕课教学良好条件

《教育部关于加强高等学校在线开放课程建设应用与管理的意见》于2015年4月出台，指出要积极推动教育教学与信息技术手段融合，协同作用，适应学习者需要，加强网络课程建设，积极发挥慕课作用。国家一直在鼓励高职院校使用信息技术手段进行教学，推动教学信息化、教学网络化。然而，截至目前，我国几乎所有大型高职慕课平台是由高职院校或慕课平台自发创建，政府的支持力度较小，并未创造慕课教学的良好条件。有学者曾就国内慕课建设现状展开研究，指出政府应该"为慕课平台引入优质慕课，倒逼校本慕课共建共享"。② 政府不仅要发布政策，引导舆论风向，也要带头引入慕课课程，激励高职院校共建共享慕课。

同时，高职慕课面临资金不足、教学成果不被认可等一系列问题，在开发、使用慕课上困难重重。2019年，高职院校扩招后，本就吃紧的教育经费更加紧张，鲜有余力投入资金开发慕课。政府应该加大对高职院校的支持力度，发挥政府作用，促进校企结合、产学融合。同时，给予慕课专用资金帮助高职院校开发慕课，缓解其资金短缺的压力。此外，政府还应该通过网络、媒体等手段推广网络化教学方式，提高高职慕课的社会认可度，鼓励企业接纳高职慕课并提供支持。只有政府加大对高职慕课的支持力度，才能切实解

---

① 张德禄、王正：《多模态互动分析框架探索》，《中国外语》2016年第2期，第56页。
② 林玲等：《我国高校慕课建设的政策对比分析与建议》，《卫生职业教育》2018年第17期，第17页。

决高职慕课面临的一系列问题。

　　总之，慕课在当前国内高职院校的应用中存在一定问题，但我们绝不能因此放弃甚至抵制慕课这一新型网络教育教学模式。相反，我们要看到慕课教学的独特优势，即它不仅能帮助高职院校应对疫情等突发状况，也能在一定程度上激发学生学习积极性、缓解教师压力。我们要从慕课独特的优势和教学特色中汲取长处，结合高职院校的培养目标和实际情况，量体裁衣，打造适合高职院校的慕课体系，在教育教学过程中不断发展高职慕课，促进慕课与高职院校融会贯通。

第三节　慕课在区域教育规划中的应用

　　我国区域教育规划，目的在于实现教育的可持续发展，区域教育规划需要遵循全面原则、联系原则和开放原则。当前，我国区域教育发展不够均衡，资源分布参差不齐，一些地区发展较快较强，也有一些地方教育资源严重不足，教育还较为落后。本节将结合教育生态学理论分析我国区域教育发展中存在的问题，并尝试探讨如何结合慕课和微课等信息教育技术解决这些问题。

一、教育生态学的理论内涵

　　教育生态学是教育研究的新视角，它借鉴生态学理论，探索在教育系统中教育行为与人的发展之间的规律，尝试建立科学的教育生态环境，提高教育效果。"教育生态学"这一术语最早由美国学者劳伦斯·克雷明提出，他强调在教育生态学的研究当中，要运用生态学的理论来考察教育问题，用生态学的思维方式来思考教育问题。[1] 作为 20 世纪 70 年代兴起的一门边缘学科，教育生态学主要依据生态学原理，特别是生态系统、生态平衡等原理和机制，研究各种教育现象及其成因，研究教育与其周围生态环境之间相互作用的规律和原理，进而掌握教育发展的规律，揭示教育的发展趋势和方向。基于教

---

[1]　Cremin, L. A. *Public Education*. NewYork：Basic Books, 1976, p. 31.

育生态学这一理论，人们将教育理解为一个有机的、有别于其他层次生态系统的、相对独立的社会子系统，它与其周围的生态环境紧密联系。教育生态学的基本观点是：教育过程具有多渠道和多样化的特性；教学内容、教学目标和教学媒体等相互作用，不断发展、不断延展；具有多类型和多层次的教育结构。① 通过探究不同层次的教育主体和客体与相关生态环境因子之间的关系，教育生态学旨在为教育生态主体的发展建立科学合理的生态环境。

国外对教育生态学的研究始于 20 世纪 40 年代，由堪萨斯大学的 Bakrer R. 和 Wrihgt H. 开始对人类的行为进行生态学的研究。20 世纪 70 年代，康奈尔大学的 Bornefrbernner U 根据前人的研究成果，在研究学校情境中个体行为与环境的关系的基础上建立了"人类发展生态学"。实际上，早在 1966 年，美国教育学者 E. Shby 就提出了高等教育生态学的概念，但大多学者认为教育生态学的概念首先是由美国哥伦比亚师范学院院长 Cremin Lawrence 于 1976 年在《公共教育》(Public Education)一书中提出的。目前国外学者对教育生态的研究都强调生态学的基本规律，研究的内容主要侧重于三个方面：微观教育生态学、教育生态因子生态学、宏观教育生态学。英国学者埃格尔斯顿 (Eggleston J.)认为生态学研究不仅要关注个体与环境的关系，也要关注环境中资源、人以及物质资料的生产、维持与分布情况。而教育生态学则要研究个体对学校的反应，同时也要研究个体、社会对学校教育供应的需求。埃格尔斯顿在其著作《学校生态学》中为教育生态学的研究提供了一种新的思路，即研究教育的资源分布，并把结论集中到教育资源的生态分布以及对这些资源反应的生态分布这两大意识形态的问题上。②

我国的教育生态学研究起步较晚。国内学者对于教育生态学研究对象的认识，主要分为两种观点：一种是关系论，另一种是系统论。以吴鼎福、范国睿等为代表，认为教育生态学的研究对象是教育与生态环境的关系。吴鼎福认为教育生态学是教育学与生态学相互渗透的学科，是研究教育与其所在生态环境之间的关系的科学，后来他进一步把研究对象认定为"教育与生态环

---

① 吴鼎福、诸文蔚：《教育生态学》，南京：江苏教育出版社 2000 年版，第 18 页。
② ［英］埃格尔斯顿：《教育生态学研究的对象》，《现代外国哲学社会科学文摘》1995 年第 11 期，第 25 页。

境之间相互联系、相互作用的规则和原理"。① 范国睿认为教育生态学的研究对象主要是不同范围内、不同层次上的教育生态主体与周围环境发生的关系。② 任凯、白燕提出教育生态学的研究对象是教育生态系统的构成要素、功能及其运行演化规律。而教育生态系统是一个构成要素复杂、功能繁多的具有特殊客观规律的生态系统,这就意味着教育生态学有相当广泛的研究对象。③

但从总体上看,我国的教育生态学研究刚刚起步,还处于借鉴、引用阶段,重理论而轻实践,重借鉴而轻整合。在如何将生态学原理运用于教育现象与教育问题的分析与研究上,还要进一步加强。从教育生态的层次看,已有研究主要集中于学校生态和班级生态,而对教育外部生态,如教育生态在社会生态中居于什么地位以及发挥什么作用等,教育内部生态,如区域生态以及制度生态等的研究则相对缺乏。教育生态系统既然作为生态系统中的一个子系统,它必然有其独特性,即教育生态系统是为社会培养人才服务。那么,教育生态学研究就要为建立一个促进个人发展、促进教育事业发展的教育生态系统服务。因此,需要从教育外部生态入手,结合我国教育生态失衡现状,运用教育生态学理论来考察区域教育规划,并立足于当前信息化背景下教育发展前景探究区域教育的协调问题,以期实现区域教育的可持续发展。

二、区域教育规划的生态学原则

区域教育规划是指"在一定地域范围内对整个地域的教育进行总体的战略部署,以实现区域教育的可持续发展的规划"。④ 根据生态学的观点来考察教育应坚持三个观点,即"全面的观点、联系的观点和开放的观点"。⑤ 生态区域发展理论是一种新的区域发展理论,与传统的区域发展理论以单纯的经济增长为发展目标的模式相比,它更强调具有特殊空间结构特征的区域本身的

---

① 吴鼎福:《教育生态学刍议》,《南京师范大学学报(社会科学版)》1988 年第 3 期,第 33 页。
② 范国睿:《教育生态学》,北京:人民教育出版社 2000 年版,第 45 页。
③ 任凯、白燕:《教育生态学》,沈阳:辽宁教育出版社 1992 年版,第 56 页。
④ 彭世华:《发展区域教育学》,北京:教育科学出版社 2003 年版,第 47 页。
⑤ 范国睿:《教育生态学》,北京:人民教育出版社 2000 年版,第 26 页。

政治、经济、文化等各子系统的整体协调发展。它将区域本身看成一个复杂的多维的生态系统，强调社会生态、自然生态和价值生态三个方面的关系协调以及社会经济与生态目标之间的均衡。在这种理论指导下的区域教育规划，就不仅仅关注区域的经济增长价值，还必须考虑区域的政治、社会、文化等多方面的价值，从而更好地发挥区域教育规划的功能。为此，区域教育规划在生态区域发展理论的指导下，不仅要考虑教育自身内在发展的规律，协调好教育内部的各种关系；还要处理好教育系统与区域之间的关系，通过实现区域教育发展来推动区域有机体的整体和谐发展。

目前，我国教育资源的投入和产出受区域的社会、经济、文化等外部环境影响较大，教育现代化发展水平显现出明显的东强西弱的趋势，东部地区发展较快，中部地区发展缓慢，西部地区发展滞后。区域教育生态环境中的资源分布状况显示出教育生态具有明显的水平结构特征，而这一不平衡的教育分布格局将会阻碍教育生态系统向平衡与协调方向发展。杨东平在《中国教育公平的理想与现实》中认为，在影响我国教育不平衡的主要因素中，按重要程度依次为城乡差距、阶层差距、地区差距、民族差距、性别差距，这些差距在高等教育阶段最为严重。[①] 王善迈的研究也表明，影响省份教育机会水平的首要因素是经济发展水平。他通过对我国各省份(除台湾地区之外)教育发展水平的比较研究后发现，教育机会很大程度上受制于经济发展水平，教育机会水平位列前10名的省份中有9个属于东部经济发达地区，而位列后10名的省份中有7个属于西部经济欠发达地区。[②] 因此，区域生态环境的更新与改善是教育现代化发展和变革不可或缺的支持力量，需要有针对性地扶持西部地区、中小城市和地方院校的发展。另外，考虑到区域教育生态具有有机性、互动性、综合性与独特性的特征，区域生态环境的更新应坚持本土立场、整体思维和多维互动的战略。[③] 教育生态学用整体的观点、联系的观点和开放的观点来考察教育，遵循生态关联原则、生态平衡原则和生态代价原

---

① 杨东平：《教育公平的理想与现实》，北京：北京大学出版社2006年版，第175页。

② 王善迈、袁连生等：《我国各省份教育发展水平比较研究》，《教育研究》2013年第6期，第35页。

③ 范国睿：《共生与和谐：生态学视角下的学校发展》，北京：教育科学出版社2011年版，第51页。

则对区域教育的环境、结构、需求与供给进行科学分析和规划，有利于缓解当前我国教育区域发展不平衡的现状。

三、信息化背景下应对策略

信息技术对人们的教育和学习理念产生了深远的影响，信息化教育已经成为现代教育的典型范式。21世纪被视为信息化时代，针对后现代信息化社会中诸多不平衡问题，专家和学者们开始用生态学中的联系观、平衡观、动态观考察现实问题，探求解决方案。① 信息化教育资源是在信息技术不断发展下应运而生的一种新事物，它与传统教育资源在处理、存储、传输以及资源组织形式等方面有着极大的差异。由于自身的复杂性和多样性，使得人们对它的理解各不相同。实际上，信息化教育资源的范围是非常广泛的，如网络教学资源、网络学习资源、多媒体教学资源、信息化课程资源、现代远程教育资源以及各种光盘资源等都可以理解为信息化教育资源。目前对信息化教育资源的定义比较多，代表性的如：以计算机技术为基础设计、形成、存储的支持教育教学活动的数字化资源。② 慕课、微课、移动学习等教学模式正是在这一信息化发展的背景下应运而生。从理论上讲，现代信息技术与课程教学整合是用整体的、联系的、动态的、持续的生态理念来审视教学系统中各种要素的关系，是对课程设置、教学目标、教学模式、教学评价等诸要素做系统的分析和整体的协调；从实践上讲，这种整合是在教学过程中把信息技术、信息资源、信息方法和课程内容有机结合，共同完成课程教学任务。③ 整合需要科学的教育思想、理论框架与学习理念的指导，还需要科学的研究方法、评价体系与调控机制做保障。现代信息技术与课程的整合适应了信息化社会发展的需求和复合型人才发展的需要，是我国信息化教育改革必走之路。同时，针对我国教育区域发展失衡问题，信息技术的发展也提供了一定的解决方案。

---

① 范国睿：《教育生态学》，北京：人民教育出版社2000年版，第71页。
② 杨改学：《解读信息化教育资源》，《电化教育研究》2009年第3期，第14页。
③ 陈坚林：《计算机网络与外语课程整合——一项基于大学英语教学改革的研究》，上海：上海外语教育出版社2010年版，第2页。

(一)慕课与区域教育发展

作为现代信息技术与课程教学高度结合的产物，慕课基于平台依靠互联网运行，与传统课程在"授课人数、课堂时空、学习动机、学习主体、交互方式、课程设计及评价等环节都有本质的区别"，实现了"平台、教师、学习者和学习资源的深度互动"。① 近几年来，慕课逐渐在中国高校普遍推广开来，中国传统高等教育改革的需求，也为慕课的发展提供了契机；而且，慕课以其独特的优势为中国的教育改革提供了很多启示，同时在信息化背景下为实现区域教育平衡发展提供了平台。

慕课不设门槛，学生能够平等、免费地获得最优质的课程资源。这些课程资源大多由国内外名校的优秀教师、学者、专家主讲，课程内容处于世界学科前沿，并且课程内容结构清晰，知识体系完整。名师背后还有一个强大的课程制作团队，可以提供各种技术支持，充分利用图表、幻灯片、音频、视频等多种知识传播媒介，通过丰富的课堂教学形式，有效、合理地呈现课程内容。学生只需注册慕课，便能按照自己的意愿选择合适的课程，并根据自己的学习习惯和作息合理安排每次的学习量、学习时间和学习地点。同时，慕课的教务系统以互联网为依托，拥有强大的信息处理能力，能够有效地跟踪管理每位学生的学习进程，学生也可以随时掌握自己的学习状况，并据此做出合理的调整，实现教学方案的个性化，充分满足不同学生的需求。

因此，以慕课为代表的互联网教学的快速发展为我国教育带来了更多可能，改变了知识的传播途径，为建设区域教育生态协调发展创造了条件。

(二)微课与区域教育发展

微课(Micro Lecture)的概念最早由美国的戴维·彭罗斯(David Penrose)提出。在国内关于微课的最早论述见于2011年，胡铁生将微课定义为："按照新课程标准及教学实践要求以教学视频为主要载体，反映教师在课堂教学过程中针对某个知识点或教学环节而开展教与学活动的各种教学资源有机组合。"②微课包括微视频和微资源两部分，即重点知识的精练讲解和与之对应的课件、

---

① 　陈冰冰：《MOOCs课程模式：贡献和困境》，《外语电化教学》2014年第3期，第39~40页。

② 　胡铁生：《微课：区域教育信息资源发展的新趋势》，《电化教育研究》2011年第10期，第62页。

教案、练习、测试等教学资源。与慕课相比，微课具有主题突出、指向明确、资源多样、情景真实、短小精悍、使用方便、半结构化、方便使用等特点。基于微课的信息化教育资源能有效地弥补现行教学的种种弊端：微视频的录制使知识点更加突出，学生反复观看、思考、交流，避免了学生被动输入、机械记忆，学生利用课下时间自主学习，延展了课堂学习时间和空间，避免缺乏教师指导而收获甚微，最终使得教育资源能更好地深入中西部等师资力量薄弱、教学资金投入较少的地区，促进区域教育协调发展。

(三)移动学习与区域教育发展

移动学习(Mobile Learning)是一种在移动设备帮助下，能够随时随地学习的学习模式。当前，微信作为一种个人客户端和公众平台能够帮助实现资料传送、资源共享、互动交流等功能，成为主要的移动学习平台。据研究表明拥有智能设备的学生中有89%使用微信，并且学生普遍比较愿意接受通过微信的方式接受学习资料。① 微信学习平台以其移动性和随时性能打破以教师为中心的单向知识传授模式，实现教学的多元互动，也有利于学习者充分利用时间实现语言碎片式学习。作为一种资源共享平台，微信学习平台具有投入小、易操作使用的特点。学校只需在校园范围内覆盖无线互联网，省去大量购买设备、维护设备更新的资金和人力。教师和学生也无须购买新的设备或者学习新的技术，只须运用现有的智能设备下载软件即可操作。普及以微信平台为主的移动教学模式有助于缓解教育资源分配不公现状，为实现区域教育协调发展提供支撑。

生态系统通常在时间上表现出一定的变化特征，这种变化是生态系统从生长、发育、繁荣到衰亡的演变过程，也是生态系统从简单到复杂以及从低级到高级的演变过程。② 科学的区域教育规划通过合理规划区域教育系统的生态环境，用整体的观点、联系的观点和开放的观点来考察教育，遵循生态关联原则、生态平衡原则和生态代价原则对区域教育的环境、结构、需求与

---

① 柴阳丽：《基于微信的非英语专业大学生英语听说学习诉求的调查研究》，《外语电化教学》2014年第9期，第37页。

② 范国睿：《共生与和谐：生态学视角下的学校发展》，北京：教育科学出版社2011年版，第39页。

供给进行科学分析和规划，并结合信息化的发展为区域教育协调发展提供条件。运用教育生态学的理论和研究方法来审视我国信息化教育的发展和变化，有利于研究并探索以计算机网络为核心的现代信息技术与课程整合中出现的复杂问题，探索和发现解决失调现象的机制，从宏观上调控教育策略的制定和教学改革的实践与评估，进而优化整个系统，促进教育重新达到生态平衡，以及教育教学改革的良性循环与可持续性发展。

第四节　慕课与高校复合型人才培养——以审计人才为例

国家审计机关在 20 余年的工作中，得到了社会、企业和大众的广泛认可，影响力不断增强。但是在当前"一带一路"和"互联网+"的新形势下，国家审计工作面临新的挑战，各级审计机关急需大量既掌握会计与审计知识，又熟悉专业英语、行政管理、信息技术以及工程、法律、环境保护等多学科知识的复合型审计人才。2016 年，审计署在《"十三五"国家审计工作发展计划》中提出，为服务"走出去"战略，推进"一带一路"建设，一方面要进行涉外审计，"加强对外援助资金、驻外非经营性机构、利用外资审计"；另一方面要加强国际合作与交流，积极参与审计国际事务，"积极扩大中国审计的国际话语权和影响力"。该计划还提出，要加快以大数据为中心的审计信息化进程，积极应用"云计算"、智能分析等新技术，加大数据分析力度，大幅提高运用信息化技术发现问题、评价判断、宏观分析的能力，形成"国家审计云"。这给当前及今后高校审计人才的培养带来挑战，传统审计人才培养模式急需改革。

一、当前高校审计人才培养存在的问题

21 世纪随着我国高等教育的快速发展，审计专业本科在校生的规模不断扩大。从专业分布来看，审计学科专业点主要设在财经类、综合类和理工类院校，其中财经类院校占有绝对优势，拥有近 70% 的专业点。高校为我国审计机关培养输送了大批人才，促进了我国审计事业的快速发展，但是当前高校审计人才的培养也存在一些不足：

(一)人才培养目标不够具体化

根据美国会计学会1972年出版的《基本审计概念说明》,审计是"客观地收集和评价关于对经济活动和经济事项认定的证据,以确定这些认定与既定标准之间的符合程度,并将其结果传达给利害关系人的一个系统过程"。① 这意味着审计工作既要收集对经济活动认定的证据,又要判定它是否符合既定标准,也即审计工作不仅需要审计财务知识,还需要掌握与项目相关的其他知识,如"土木工程知识""环境工程知识""水利工程知识"等。但当前审计专业培养目标基本雷同,追求大而全,缺乏个性化和多元化。大多数学校侧重于注册会计师审计方向,很多院校甚至直接将注册会计师的考试用书作为课本,教学与作业完全围绕注册会计师开始展开。包括"双一流"高校、普通本科、高职院校等在内的各种层次高校,审计人才的培养目标基本一致,高校并未根据自己的办学定位和学科优势制定有特色的培养目标。有调查显示,"43.2%的专任教师和46.81%的学生认为,当前审计学本科专业培养目标定位不准确,56.98%的用人单位持相同意见"。②

针对这种状况,有研究者指出,主管部门需根据国家审计、内部审计和社会审计的发展现状,在审计人才需求层次、结构、分布和数量等方面给出指导性意见,供院校制定人才培养目标时参考。③ 审计人才培养目标的具体化对当前我们审计人才的培养至关重要,这不仅影响着我国审计事业的健康快速发展,而且也对我国的经济发展乃至国际合作产生了一定的影响。

(二)专业课程设置不具多元化

当前高校审计专业的课程设置大体一致,由四个部分组成:(1)公共基础课。包括思想道德修养与法律基础、中国近现代史纲要、马克思主义基本原理、毛泽东思想和中国特色社会主义理论体系概论、形势与政策、大学计算机基础、大学英语、线性代数等。(2)学科基础课。包括政治经济学、管

---

① 刘杰:《高等院校审计专业人才培养路径选择》,《财会通讯》2018年第4期,第38页。

② 颉茂华、刘冬梅:《审计专业本科人才培养现状与对策——基于教师、学生与用人单位的三维调查问卷分析》,《财会通讯》2013年第1期,第48页。

③ 梁延秋:《现代审计教育的方法选择与创新路径》,《广西师范学院学报(哲社版)》2018年第4期,第145页。

理学、会计学基础、财务会计、统计学、财务管理、经济法、微观经济学和宏观经济学等。(3)专业课。这部分课程主要是财务类和审计类课程，包括财务管理、财务会计学、中级财务会计、高级财务会计、审计学、财务审计、计算机审计、内部审计等。(4)实践课程。包括会计与审计模拟实验、实习、毕业论文等。

这种课程体系有助于夯实学生的专业基础，但也存在一些问题：审计类课程无法满足当前审计行业多元化发展需求，如现有课程中传统强项基础审计无法解决现代风险导向审计中出现的问题。此外，单一的财会与审计类课程设置无法给学生传授审计工作所需要的税法、土木工程、环境保护、经济管理等审计工作中所需要的知识。当前全球经济一体化和互联网经济的快速发展对审计工作实践提出新的较高要求，"但这一要求进入校园却产生了时滞效应，甚至在部分审计专业教学实践中出现了教育教学质量滑坡的情况，而究其原因便是审计教学内容单一，一般都对学生传授财务、会计类知识"。[1]

(三)师资知识结构单一，且数量不足

受经济大环境影响，财经类专业吸引众多考生报考，再加上高校扩招，财经类专业的招生人数迅速增长，但财经类师资的增长相对比较缓慢。大部分新入职的青年教师学历高、理论基础扎实、科研能力较强，但是他们大多缺乏行业实践经验，审计从业经验严重缺乏。入职后，由于教学和科研任务繁重，再加上职称晋升的压力，他们无暇也不愿在工作之余到企事业单位挂职实践，这导致他们上课多为"照本宣科，引用的案例陈旧且偏向习题化，抽象的理论知识难以与实际审计工作过程相结合导致学生的学习兴趣不足，课堂教学枯燥，教学效果欠佳"。[2]

当前的审计工作呈现出复杂化和多元化特征，出现许多新兴业务，如"环境审计""环境工程审计""重大政策落实审计"等，这对审计师资的知识结构提出了新的要求。这要求审计师资不仅具有财务审计方面的知识，还需掌握

---

[1]　张亚强：《新时期高校创新型审计人才的培养瓶颈与对策》，《广西师范学院学报(哲社版)》2018年第5期，第160页。

[2]　杨琪：《基于应用性人才培养的高职审计教学改革探索》，《中国成人教育》2014年第8期，第137页。

一定的环境、工程(土木、水利、机械等)、形势与政策等方面的知识。能满足这样要求的师资不多,这严重影响了高校审计人才的培养质量,导致目前的审计人才培养无法完全满足现实需求。有调查发现,59.53%的专任教师和61.70%的学生认为当前审计专业师资数量不足,知识结构单一,缺乏审计行业实践经验;50.44%的用人单位持相同看法。①

(四)理论与实践脱节

审计专业具有较强的实践性,除理论外,审计技术与方法和审计实务也极为重要。但是,当前受师资力量所限,财务与审计理论方面的课程较多,案例教学比重较小且案例较为陈旧,对培养学生的审计实务技能重视不够。这样不但影响学生培养质量,也致使学校人才培养与市场需求不符。有研究者指出,"79.12%的专任教师、76.60%的学生和82.54%的用人单位认为,当前审计本科专业人才培养过程中缺乏案例教学"。② 虽然高校本科审计专业均设置了案例教学,但是受课堂教学时间所限,案例课无法让学生进行深入讨论,常常是教师提出问题,学生被动回答,缺乏全方位的思考。而且,目前的案例大多采用国际"四大"的一些典型案例,这些国际案例与国内的审计环境不符,不利于案例教学。已有的国内案例,大多为对案例过程与结果的描述,缺乏系统性,可模仿性不强。上述问题致使案例课堂教学效果不理想,学生兴趣不高。

二、基于慕课设置完整课程体系

我国著名教育家张楚廷认为,高等教育的培养目标必须落实到课程设置上,"大学归根结底是通过课程而呼应技术的发展和社会经济、政治、文化的变革与进步的"。③ 根据上述传统审计人才培养中存在的问题,结合新时代复合型审计专业人才需要具备的知识体系和慕课发展现状,设置完整的审计人才课程体系至关重要。

---

① 颉茂华、刘冬梅:《审计专业本科人才培养现状与对策——基于教师、学生与用人单位的三维调查问卷分析》,《财会通讯》2013年第1期,第48页。
② 颉茂华、刘冬梅:《审计专业本科人才培养现状与对策——基于教师、学生与用人单位的三维调查问卷分析》,《财会通讯》2013年第1期,第48页。
③ 张楚廷:《高等教育哲学》,长沙:湖南教育出版社2004年版,第298页。

有学者指出，复合型审计人才需具备三个方面的特征：一是审计能力的综合性，一般需具备会计、审计专业理论知识和金融、法律、计算机、工程技术等多学科知识，知识的交融可以有效提高综合审计能力；二是审计思维的创新性，多学科知识开阔了视野，有利于用全新思维模式发现和解决审计中碰到的问题；三是审计实务的多维性，既能发现深层次的体制问题，又能发现微观层面上的管理漏洞和内部缺陷。[①] 复合型审计人才的多学科知识结构对课程体系提出了新的要求，以往受师资所限，绝大多数高校无法实现多元化的课程体系，而当前发展迅速的慕课对此则提供了很好的机会。

慕课既提供讲解视频、练习题和阅读资料，还提供线上平台供学习者与教师、学习者与学习者之间互动交流。慕课打破了传统校园教育的时空限制，提供了一种新的知识获取方式，有利于促进教育的民主化。有研究者指出，慕课的发展始终围绕两个基本原则：技术的进步和以学习者为中心。[②] 技术的持续进步确保了慕课的质量和互动平台的不断提升，以学习者为中心注重满足学习者的个性化需求，开发学习者的学习潜能。当前，慕课根据需求已经衍生出许多不同类型，如针对特定人群开发的小规模私播在线课程（Small Private Online Course，SPOC）、移动慕课（Mobi Mooc）、深度学习慕课（Deep Learning Mooc）、大众开放在线研究慕课（Massive Open Online Research Mooc）等。这些不同的慕课类型可以很好地满足学习者的多样化学习需求。

根据复合型审计人才的培养目标和慕课发展现状，高校可以不受师资所限设置多元化的课程体系。课程体系可以从公共政治课程、基本知识与技能课程、审计基础与专业课程、审计实务课程、相关专业知识与技能课程五个方面设置。具体如下：

(1)公共政治课程。包括：思想道德修养与法律基础、马克思主义基本原理、中国近现代史纲要、毛泽东思想和中国特色社会主义理论体系概论、形势与政策。

[①] 徐鹤田：《复合型审计人才培养策略的思考》，《中国内部审计》2014年第6期，第78页。

[②] 王文礼：《从慕课1.0到慕课4.0：创新和颠覆》，《现代教育技术》2018年第7期，第97页。

(2)基础知识与技能课程。包括：英语阅读与写作、审计专业英语、计算机操作、数据分析、经济应用文写作、统计学、其他基本知识与技能课程。

(3)审计基础与专业课程。包括：政治经济学、会计学基础、财务会计学、财务管理、经济法、宏观经济学、微观经济学、中级财务会计、高级财务会计审计学、财务审计、内部审计等。

(4)审计实务课程。包括：审计目标与程序设定、审计抽样方法、审计证据搜集与分析、审计报告出具、其他审计实务课程。

(5)相关专业知识与技能课程。包括水利工程理论与实务、土木工程理论与实务、环境工程理论与实务、农业项目理论与实务、信息系统理论与实务、其他相关领域的理论与实务课程。

在以上课程体系中，多数高校公共政治课程师资比较充裕，对慕课的需求不是特别急迫。其他四个方面的课程，设置审计专业点的高校可以从本校具体培养目标出发，不受师资限制，结合慕课设置合理的课程体系。设有审计专业点的财经类、综合类和理工类院校的具体人才培养目标存在一定差异，培养目标的差异最终要落实到课程设置上，慕课为课程设置提供了很好的机会。

当前，"中国大学 MOOC"中关于审计方面的课程高达 100 余门，包括南京审计大学开发的"审计学基础"、中央财经大学制作的"审计实务与案例"、江西财经大学制作的"计算机辅助审计"等。计算机方面的课程 1000 多门，水利、土木、环境等工程方面的课程近 800 门。相比而言，"学堂在线"审计方面的课程只有 10 门，包括"财务分析与决策""财务报表分析逻辑与技巧"等，工程方面课程则较多，有近 800 门，包括"土木工程概论""环境工程概论""水利水电工程概论"等。"好大学在线"上没有审计类课程，有会计类课程 26 门、工程类课程 80 多门。这些慕课为复合型审计人才培养的课程设置奠定了坚实基础。

三、构建慕课与课堂教学有机结合的教学模式

与任何事物一样，慕课既有传统课堂不可比拟的优势，可以为学生提供高质量的课程资源，满足学生多样化的学习需求，同时也存在一些不足，主

要表现在：慕课的评价环节绝大部分"由选择题、判断题与简单的问答论述题组成，而且几乎所有的评价环节由机器自动完成"；[①] 慕课的师生互动不够充分，不利于培养学生运用知识解决问题的能力。因此，慕课与课堂教学的充分结合才能确保教学质量。

复合型审计人才的课程体系设置完成后，高校需要根据本校师资情况和课程设置构建合理的教学模式。慕课与课堂教学的结合一般有两种模式："外挂模式"和"镶嵌模式"。"外挂模式"指课程体系中一些课程直接使用现成慕课资源，本校教师担任助教，完成前期发布选课任务、指导、组织讨论、答疑、最终考评等协助工作，并及时和面授教师沟通协调学生学习过程中碰到的问题。"镶嵌模式"指以传统的课堂教学为主，教师在课堂上根据教学需要引用某些慕课片段，或者将慕课作为课前预习任务或课后课程作业布置给学生，将慕课作为课程的补充资源。

"外挂模式"适合本校师资力量不足的课程。当前，审计类学科专业点主要分布于财经类、综合类和理工类院校，其中财经类院校的专业点最多。财经类院校拥有较强的经济类、审计类、会计类和统计类课程师资，目前"中国大学 MOOC""学堂在线"等慕课平台上的审计类和会计类慕课大多由中央财经大学、南京审计大学、江西财经大学等财经类院校制作。但是，这类院校工程方面的师资力量相对较弱，经常无法给学生开设水利、土木、环境等工程类课程，这些课程是复合型审计人才所需要的。理工类院校在工程方面的师资相对较强，但是这些师资集中在某些特定工程学科，这些院校通常不可能设有全部的工程类学科，而且理工类院校法学、农学方面的师资力量通常比较弱。相对而言，综合类院校的师资力量较为充分，但是由于学科布局不同，综合类院校也往往会缺乏某些工程学科、农学等方面的师资。

"外挂模式"可以有效地解决由于校本师资不足、一些课程无法开设的现实问题。在具体教学实践中，"外挂模式"需要注意几个方面的问题：第一，课程选择。慕课平台上同一门课程或相近课程会有若干种慕课供选择，高校教务部门需要根据本校学生学习情况，选择长度和难度适宜、结构设计合理

_____

① 王海波：《国外当前慕课发展中存在的问题探析》，《复旦教育论坛》2015 年第 4 期，第 26 页。

的慕课。第二,助教配备。学校或学院需要配备一定数量的助教,应选择责任心和学习能力较强并具备良好沟通能力的助教。第三,考评机制。高校教务部门要制定相应的慕课考评和学分机制,慕课结课时,助教可以据此对学生进行考评,并记学分。慕课的考评机制需重视过程性评价,因为慕课学习一般会持续半学期到一学期,持续时间较长,终结性评价不利于助教全面掌握学生的学习情况。课程作业、阶段小测试、平台互动等中间环节至关重要,这不仅可以有效提高课程学习质量,而且可以对学生起到督促和激励作用。

"镶嵌模式"将慕课作为课堂教学的补充,因此师资力量充足的院校教师也可以根据教学需求,选择一些高质量的慕课,全面提高教学质量。目前"中国大学 MOOC""学堂在线"中有许多制作精良的审计类、会计类、法律类等慕课资源,这些慕课为"镶嵌模式"奠定了很好基础。目前一些审计专业课教师已将"镶嵌模式"运用到教学中,并取得了一定成效。例如,有教师在"审计学"课程的教学中结合慕课进行教学改革,提出课堂教学集中讲解系统化的审计理论和审计学原理,慕课则以碎片化方式辅助教学,呈现包括专业术语、审计框架与思路、审计案例、审计实务等在内的知识。[1] 此外,为解决审计案例教学目前存在的教学占用时间短、课堂讨论效果差、案例内容陈旧等问题,有教师结合慕课改革了审计案例的教学模式,提出更新教师教学理念、突出学生的主体性、补充丰富的审计案例等具体措施,较好地提高了审计案例的教学质量。[2] 还有教师结合慕课,进行"审计学"的研究性教学,将慕课有机融入课堂教学,通过组建课题小组、创设问题情境、选择研究课题、组内合作研究以及课堂面授与讨论五个环节,提高学生运用审计原理和方法解决实际问题的能力,进一步提升了学生的科研、创新与实践能力。[3]

此外,"镶嵌模式"有助于学生的个性化培养。一个班级动辄几十人不等,学生原有知识水平和接受能力通常参差不齐,传统课堂教学无法满足所

---

[1] 冯晓双:《慕课背景下审计学教学模式的改革与实施》,《商业会计》2019 年第 9 期,第 117 页。

[2] 孙冀萍:《融入"慕课"模式破解审计案例教学困境》,《太原师范学院学报》2016 年第 5 期,第 128 页。

[3] 吴秋生等:《慕课下"审计学"研究性教学改革:结构、模式与条件》,《财会月刊》2017 年第 12 期,第 71 页。

有学生的需求，也无法做到真正意义上的因材施教。嵌入的慕课则提供了很好的契机，学生可以根据自身需求，不受时间和地点的限制，反复观看教师布置的慕课学习材料，完成相关学习任务。

与"外挂模式"以慕课为主不同，"镶嵌模式"以课堂教学为主，慕课作为课堂教学的延伸和补充。"镶嵌模式"需要注意以下问题：第一，如何选择慕课资源。这种模式对慕课的要求较高，教师需要根据课堂教学需求，选择难易适中、设计合理、能激发学生兴趣的慕课资源。第二，怎样促进理论与实践结合。在课堂教学中，往往原理与理论讲解较为充分，但是缺乏真实场景和实践机会，一些案例类和实践类的慕课可以弥补这个不足。比如，将审计案例慕课作为课堂教学的辅助，既可以拓宽学生的专业视域，又可以给学生充分的思考和反馈时间。再比如，结合相关慕课进行审计实验课教学，对学生进行审计实务指导，这样学生可以不受时间限制合理安排学习进度。第三，如何把理论教学与延伸研究相结合。受时间和课程大纲所限，课堂教学注重课程基础理论的教学，对理论的延伸研究常常无暇顾及，这不利于培养学生的创造性。教师可以结合相关慕课，将学生分为若干小组，然后布置研究任务，提高学生的创新能力和科研能力。

复合型审计人才的培养是一项长期的系统工程，没有统一的课程体系和教学模式可循，高等院校需要根据自己的学科特点和市场需求，制定有院校特色的人才培养目标，并结合慕课设置合理的课程体系，探索适合本校学生的教学模式。对于本校师资缺乏而慕课平台没有提供的课程，院校可以委托其他专业实力较强的院校定向开发慕课，也即 SPOC。对于一些审计实务和审计案例方面的慕课，院校可以邀请审计实务方面的专家和行业资深人员联合开发慕课，满足教学需求。从长远来看，复合型审计人才培养是大势所趋，不仅可以满足当前社会经济发展的需求，提高学生在就业市场上的竞争力，而且实现了人才培养的校本特色，全面提高了人才培养质量。

第六章

慕课在教育教学实践中的应用（二）

　　慕课在中小学思政教学中能起到积极的作用，中小学思政慕课的开发需要总体规划与阶段建设相结合，慕课的设计需要充分考虑学生的年龄与心理特征，慕课的应用需要加强中小学的信息化建设，慕课的应用要遵循循序渐进的原则。慕课在高校翻译硕士培养中可以发挥重要作用，尤其对翻译硕士培养国际化益处多多。慕课在外语教学中的运用具有十分明显的优势，主要体现在：慕课的微课堂设计符合语言习得规律，可以满足学习者的个性化需求，能有效降低学习者的情感过滤，提高学习效率。在课程思政的大背景下，慕课尚有不足，主要表现在重知识传授轻思政教育、"教""学"时空割裂、考核机制不完善三个方面。这要求慕课需要进一步优化教学形式、改进考核机制，在讲解知识技能的同时，深入挖掘历史文化、爱国精神、思想道德素质等思政要素，进而帮助学习者树立正确的自我认知与社会认知。

第一节　慕课在中小学思政课教学中的应用

　　2019 年 3 月 18 日，习近平总书记在主持召开学校思想政治理论课教师座谈会时强调，"青少年是祖国的未来、民族的希望……在大中小学循序渐进、螺旋上升地开设思想政治理论课非常必要，是培养一代又一代社会主义建设者和接班人的重要保障"。① 2019 年 8 月 14 日，中共中央办公厅、国务院办公厅印发《关于深化新时代学校思想政治理论课改革创新的若干意见》，具体规定了新时代大中小学思想政治理论课的总体要求，提出要完善课程体系，加强师资队伍建设，增强思政课的"思想性、理论性和亲和力、针对性"，加强党对思政课建设的领导。为深入贯彻上述意见精神，2020 年 12 月 18 日，中央宣传部、教育部制定了《新时代学校思想政治理论课改革创新实施方案》，进一步明确了大中小学思政课的具体目标、课程设置、课程内容、教材编写等，并规定从 2021 年秋季入学的新生开始，在全国大中小学普遍实施。

大中小学思政课一体化建设不仅是培养社会主义建设者和接班人的重要举措，也直接关系着我国的意识形态安全和民族的未来。一体化建设是一项系统性工程，小学、中学和大学思政课均为该工程中不可或缺的一环。但相对而言，高校的思政课建设更具优势：高校有稳定的、专业的师资队伍，有相对完善的课程体系及和评价标准，并设立了校级、省部级和国家级等各级各类思政专项课题以及思政名师、人才项目等。当前中小学的思政课建设仍然存在一定问题，可以尝试通过慕课的开发与应用来解决这些问题，以提高思政课一体化建设的质量。

一、中小学思政课现存的问题

长期以来受应试教育影响，中小学思政课在师资、教学效果、本地资源利用等方面存在一些现实问题。

（一）师资数量不足，专业水平有限

习近平总书记在学校思想政治理论课教师座谈会上强调指出，"办好思想政治理论课关键在教师"。② 思政课教师直接关系着课程的教学质量和教学效

① 习近平：《习近平谈治国理政》（第三卷），北京：外文出版社 2020 年版，第 328~329 页。
② 习近平：《思政课是落实立德树人根本任务的关键课程》，北京：人民出版社 2020 年版，第 10 页。

果，但是在中小学，尤其是农村的中小学普遍存在着思政课教师数量不足、专业水平有限的困境。由于过去的思维定势，很多人把思政课归属于"副课"，在升学考试中分量较轻或没有分量，大家普遍认为考前学生"临时抱佛脚"背诵一下相关知识点即可，甚至一些地方的思政课是开卷考试，这导致很多中小学不愿意招聘专职的思政课教师，而是让班主任或者其他专业课教师兼任思政课教学，造成"人人可教思政课，思政课大家教"的局面。有研究表明，"小学的思政课教师缺少专业背景，不能进行专职教学"，中学的思政课教师相对缺乏"学科自信"和"职业认同感"。[1]

《关于深化新时代学校思想政治理论课改革创新的若干意见》严格规定，"高校要严格按照师生比不低于 1∶350 的比例核定专职思政课教师岗位，在编制内配足，且不得挪作他用，并尽快配备到位"。但是对中小学思政课的师生比并没有做明确规定，这意味着中小学思政课师资短缺问题难以在短期内得到解决。相较于语文、数学、英语等其他学科教师，中小学思政课教师外出培训、进修、学习、参加学术会议等的机会偏少，影响了他们专业素养和职业技能的可持续发展，导致他们缺乏学科归属感，一定程度上降低了他们进行教学改革和创新的热情。

(二)课堂教学普遍照本宣科，教学效果不够理想

《新时代学校思想政治理论课改革创新实施方案》确立了大中小学思政课的课程目标，其中小学阶段重在"培养学生的道德情感"，初中阶段重在"打牢学生的思想基础"，高中阶段重在"提升学生的政治素养"。与单纯的知识性课程不一样，思政课除了传授一定知识外，重点在于培养学生的道德情感、家国情怀和责任担当，引导学生树立正确的世界观、人生观和价值观。这给思政课教学提出了很高要求，要求思政课教学要入脑入心，不仅要晓之以理、动之以情，而且要持之以恒、导之以行。

当前，部分中小学的思政课难以达到这个要求。一些思政课教师的课堂讲解仅限于教材内容，很少考虑学生的心理特征和现实需求，也很少结合当前国内外局势深入浅出地阐释相关内容，而是满足于照本宣科，甚至只划出

---

[1]　郭亚红、张洪霞：《大中小学思政课教师一体化建设路径》，《思想政治课教学》2021年第 2 期，第 83 页。

重点考试内容要求学生死记硬背。一方面，这与教师的专业能力不足有关，另一方面，也反映出学校和学生对"副课"不够重视的现象普遍存在。这导致长期以来一些中小学的思政课难以实现应有的育人功能。

（三）对本地资源的利用不够充分，没有实现因地制宜

根据习近平总书记在学校思想政治理论课教师座谈会的讲话精神，思政课要坚持"统一性和多样性相统一，落实教学目标、课程设置、教材使用、教学管理等方面的统一要求，又因地制宜、因时制宜、因材施教"。结合中小学生的心理特征和认知规律，思政课要因地制宜地将当地的自然、历史、文化等融入教学，引导学生从爱家乡到爱国、从爱家乡戏到爱传统文化、从了解和敬仰当地英雄人物到向中华仁人志士学习，有针对性地、循序渐进地培养学生的爱国主义情怀和对中华优秀传统文化的热爱，进而因势利导，让学生把"爱国情、强国志、报国行"贯彻到日常行动中。

《关于深化新时代学校思想政治理论课改革创新的若干意见》对思政课课程目标做了整体规划，包括"树立正确世界观、人生观、价值观"，增强"四个自信"，"厚植爱国主义情怀"等。这些是宏观意义上的目标，具有一定的抽象性，思政课教师需要将这些目标进行细化和具体化，结合当地情况，将学生熟悉的、具有导向作用的人和物纳入思政课的教学内容，有的放矢地开展思政课教学，使教学取得事半功倍的效果。但目前，能因地制宜地开展思政课教学的中小学并不多，多数学校根据统一的教材内容和教学安排，按部就班地完成教学。这在一定程度上影响了教学效果，也不利于实现思政课的培养目标。

二、中小学思政慕课的开发

通过上述分析可以看到，目前中小学思政课涉及的师资、课堂教学效果和本地化元素应用等问题，很难在短期内得到解决。针对这些问题，结合当前互联网和教育信息技术发展现状，一个可行的解决方法是开发和应用中小学思政慕课。多数慕课开发与上线在一学期内即可完成，专家或名师主讲的慕课质量较高，可以有效缓解师资不足、课堂教学效果不理想以及本地资源利用不充分的问题。

　　慕课在高等教育领域的应用已经取得举世瞩目的成绩。美国已积极推进慕课在中小学的运用，目的在于"降低教学成本、改善教育公平、应对教师短缺、实现个别化教学和促进学习交流"。① 我国也开始尝试将慕课运用于中小学。2018 年，教育部推出《教育信息化 2.0 行动计划》，目标是到 2022 年基本实现"三全两高一大"的发展目标，即"信息化教学应用覆盖全体教师、学习应用覆盖全体适龄学生、数字校园建设覆盖全体学校，信息化应用水平和师生信息素养普遍提高，建成'互联网+教育'大平台"。2020 年 2 月 17 日，教育部开通"国家中小学网络云平台"，上线了小学、初中、高中主要学科的慕课，实现了中小学所有年级和各主要学科全覆盖。2022 年 3 月，"国家中小学网络云平台"升级改版为"国家中小学智慧教育平台"并试运行，上线课程资源大大扩容。

　　慕课的优势在于质量较高，学习便利，有利于优质教育资源的共享。有研究者指出，"慕课的发展在一定意义上可以说是对我国城乡义务教育利益重组与优化的过程，它将在一定意义上打破城乡义务教育生态环境，实现利益组合"。② 慕课可以集中优质教育资源，为广大贫困地区、教育资源落后地区的中小学提供服务。

　　中小学思政慕课的开发需要教育部和各省级教育主管部门的统筹规划。教育部组织开发的针对全体中小学生的思政慕课可以很好地体现习近平总书记在学校思想政治理论课教师座谈会上提出的思政课的"统一性"要求，可以确保思政课统一的教学目标，强化党对思政课建设的领导。国家大中小德育一体化专家委员会主任、教材研究院院长韩震教授曾指出，在经济全球化时代，我们要培养认同祖国，认同中华文化的合格接班人，"教育具有塑造未来的功能，教材是规范教育的最主要遵循，因此教材必须体现国家意志"。③ 教育部基于统一教材开发的思政慕课也要体现国家意志，确保社会主义办学方

　　① 钱小龙：《MOOC 与中小学教育整合的目标与路径：美国的经验》，《外国教育研究》2017 年第 6 期，第 45 页。

　　② 刘方林、乔莉莉：《慕课：我国基础教育均衡发展的出路》，《教育探索》2015 年第 7 期，第 34 页。

　　③ 韩震：《推进德育一体化的时代背景、内涵要求与实践进路》，《思想政治课教学》2021 年第 3 期，第 6 页。

向。目前，教育部主导建设的"国家中小学智慧教育平台"已上线小学、初中、高中学段的思政慕课，这些慕课全部由名师或专业师资主讲，内容与教材同步，课程设计精良，包含案例、视频、讨论、即兴问答等多种形式，符合学生的年龄和心理特征，质量较高，这为中小学思政课提供了很好的网络资源。

另外，各省教育主管部门也需统筹规划，组织专家和名师团队以及信息技术人员，选取当地具有特色的自然风景、文化艺术、历史名人、当今有突出贡献的人物等制作系列思政慕课，形成对教育部思政慕课的有效补充，实现习近平总书记提出的思政课的"多样性"要求，做到思政课的因地制宜、因材施教。在自然风景方面，各省大多有各具特色的国家级和省级风景区。在文化艺术方面，各省有自己的民间戏剧和艺术，有些还被列入联合国世界文化遗产名录。在历史名人方面，每个地方都有大量的革命先烈、仁人志士和文化名人；当今每个省市都有作出突出贡献的人，比如道德模范、抗击新冠疫情先进个人、奥运冠军等。这些都是学生身边可以利用的宝贵资源，将这些材料制作成慕课，可以很好地发挥其思政教育功能。

以湖北省为例，风景名胜有神秘的神农架、险峻的武当山、迤逦的恩施大峡谷、秀美的东湖等，文化艺术包括流传数千年的编钟音乐、高亢激越的汉剧等，历史名人有屈原、李时珍、孟浩然、米芾、毕昇等，当前有勇于拼搏的网球冠军李娜、身患重疾却坚持抗疫的先进个人张定宇等。这些独具特色的地方资源不仅可以很好地培养学生对家乡、对祖国的热爱，培养他们对传统文化的自豪感和自信心，而且可以为他们树立榜样，引导他们向这些为祖国作出突出贡献的人学习，鼓励他们将"爱国心"和"强国志"转变为"报国行"。

思政课有其特殊性，强调潜移默化地影响学生对外界和自己的认知，引导他们形成对中华民族的文化和身份认同，强化他们的家国情怀，培养他们的责任担当。这些既需要国家层面统一的课程部署，也需要充分利用学生身边的资源，"统一性"和"多样性"的结合才能确保思政课的育人功效。

三、中小学思政慕课的应用

我国不同地区之间中小学在硬件设备、师资力量、生源情况和家长素养等方面差异较大,即便是同一所学校,不同年级的需求也有差别。学校需根据校本情况,将教育部统一制作的"国家中小学智慧教育平台"上的慕课和本省教育主管部门制作的本地化慕课,运用到课堂教学和第二课堂中;将课堂教学与课外活动、课程学习与实践活动有机结合,充分发挥慕课的作用,有效克服师资不足、教学效果不理想以及本地资源利用不充分的现状,全面提高思政课的教学效果。具体而言,课堂教学可以采用线上线下混合式或翻转课堂模式,第二课堂可以结合慕课内容组织相关主题活动,对课堂教学进行适当的延伸。

(一)慕课在课堂教学中的运用

由于慕课对学生的自主性要求较高,所以中小学一般不会像高校那样直接用慕课替代课堂教学,而是采用线上线下混合式课堂教学或翻转课堂模式。

1. 线上线下混合式课堂教学

专业师资相对缺乏的中小学可以采用这种模式,由班主任、少先队辅导员或其他学科教师借助慕课完成课堂教学。教师在课堂上通过慕课完成相关内容的讲解,然后根据学生的接受情况有针对性地组织答疑、小组讨论等,加深学生对所学内容的理解和掌握,并鼓励学生将所学内容贯彻到自己的日常行为中。在"国家中小学智慧教育平台"上,小学阶段的"道德与法治"每单元时长为 15 分钟左右,初中阶段的"道德与法治"每单元为 25 分钟左右,高中的思想政治必修课长度为 15~25 分钟,这非常适合在课堂中运用。

这种混合式教学的目的在于充分发挥课堂和慕课两种教学方式的优势,既能发挥教师的主导作用,同时也能激发学生学习的主动性,提高他们的认知参与度,从而达成更好的教学效果。此外,这种模式也有助于教师提升自己的专业能力。因为慕课均由名师或专业师资主讲,教师课前备课和课堂上反复观看,可以很好地提升自己的专业知识,实现从班主任、少先队辅导员和其他学科教师到合格思政课教师的转变。

2. 翻转课堂模式

思政课专业师资较为充分的学校可以适当采用翻转课堂模式。翻转课堂指学生在课前通过观看慕课完成基本知识的学习,课堂则变成老师与学生之间以及学生与学生之间互动的场所,包括答疑解惑、知识运用等,从而促成知识的内化。这种模式有助于学生进行探究性学习,学生在课堂上可以围绕特定问题展开研讨,并在教师的指导下形成自己的观点,对所学知识达成深层次理解。比如,初中阶段"道德与法治课"中关于公民权利与义务、宪法等,高中阶段思想政治必修课中关于市场经济、中国特色社会主义等,这些内容相对较难,又与学生的现实生活和"三观"联系密切,这些内容适合用翻转课堂模式进行教学。

翻转课堂可以很好地发挥学生学习的积极主动性,更适用于自我管理能力较强的学生。一般而言,这种模式适合家里网络和电脑设施较好的初高中学生,网络硬件条件不具备的偏远地区学校和小学生则不适合这种模式。此外,这种模式对教师提出了较高要求,他们需要根据学生的讨论适时地加以引导,并根据每个学生的情况进行针对性的点拨,帮助学生深入理解所学知识的内在逻辑。

(二)慕课运用于思政教育第二课堂

中小学有班会、团队活动等,这些可以作为思政课的第二课堂。第二课堂是课堂教学的延伸,可以帮助学生将课堂所学内容内化,并将之贯彻到自己日常的言行中。第二课堂的思政教育,可以利用"国家中小学智慧教育平台"开设的专题教育等资源,当前的专题包括党史学习、爱国主义、宪法法治、品德教育、优秀传统文化、生态文明等。这些可以供学校、教师有选择使用,作为思政教育很好的第二课堂素材。此外,也可以利用各地教育主管部门制作的本地化慕课,有的放矢地开展各种主题活动,如"美丽的家乡""我和家乡传统文化""家乡的历史名人""向身边的英雄学习"等。这些都能极大丰富中小学思政第二课堂的内容,让中小学思政教育更加"入脑入心"。

在第二课堂中,可以先让学生观看慕课,了解慕课所讲授的知识内容,然后设计相关活动。比如让学生认识自己家乡的人文地理、传统文化和杰出人物等,或者让学生学习有关慕课,然后组织学生实地游览,欣赏家乡的自然风光;或者带领学生观看传统文化现场演出或者演出音像,培养学生的艺术修养和对传统文化的热爱;或者举办历史名人知识竞赛,增进学生对他们的认知和认同;或者举办演讲比赛,让学生抒发对当代英雄的仰慕之情进而激励他们向英雄人物学习等。围绕慕课开展的第二课堂可以很好地对学生进行爱国主义和集体主义教育,培养他们的文化自信,强化他们的文化和身份认同,帮助他们树立正确的世界观、人生观和价值观。

四、中小学思政慕课开发与应用需注意的问题

中小学思政慕课的开发和应用是一项系统性工程,需要注意这些问题:慕课的开发需要总体规划与阶段建设相结合,慕课的设计需要充分考虑学生的年龄与心理特征,慕课的应用需要加强中小学的信息化建设,慕课的应用要遵循循序渐进的原则。

(一)慕课的开发需要总体规划与阶段建设相结合

各级教育主管部门应根据 2020 年颁布的《新时代学校思想政治理论课改革创新实施方案》,科学规划和开发中小学思政慕课。目前,"国家中小学智慧教育平台"上针对中小学各个年级推出的思政慕课是一种很好的尝试,但课程资源相对有限,后面需要继续完善。各省教育主管部门需结合本省实际情况,在专家论证的基础上科学规划思政慕课的体系和内容,并将各个系列的慕课按照特定顺序排列,然后依次开发,做到总体规划和阶段性开发相结合,逐步建立相对完整并可持续发展的思政慕课数据库。例如,自然风景方面的,可以按照国家级、省级、地市级风景名胜区先后排列,文化艺术方面的则可以按照联合国、国家级、省级等文化遗产名录排列,重要人物方面的,可以分为革命先烈、科学家、艺术家、道德模范等系列。每个系列的慕课需要对内容和问题设置进行适当的调整,形成该慕课的小学版、初中版和高中版,以提高慕课的针对性。

(二)慕课的设计需要充分考虑中小学生的年龄与心理特征

中小学生注意力集中的长度多为 10~30 分钟,因此慕课的长度应控制在这个范围之内,可行的做法是将一节完整的慕课根据内容分为若干 5~20 分钟的片段,这样可以确保学生注意力的集中。此外,考虑到中小学生争强好胜、喜欢闯关游戏的心理特征,可以在这些慕课片段之间设置一定的问题和小测试,学生只有回答正确才可以进入下一阶段的学习,以利于激发学生学习的积极性。此外,慕课的画面配色宜清新鲜亮,版式设计要生动活泼,主讲人应和蔼可亲,讲解词要深入浅出,问题与测试需难易结合,这样才能更

好地激发学生的学习兴趣和主动性。

（三）慕课的应用需要加快中小学的信息化建设

如果信息化建设跟不上，慕课势必会加剧教育的不公平。"慕课平台的出现，表面上确实增加了选择优质教育资源的机会……在学生计算机应用能力不一、水平各异的前提下，慕课在短的时间内不但不能解决因地区贫富差距而引起的教育资源不均衡的问题，反而会进一步加剧教育资源分配的不公平。"①信息技术是慕课运行的先决条件，学校应有通畅的互联网和电脑等基本设施。但是，受经济发展水平影响，我国东部与西部、城市与农村之间的中小学信息化水平极不均衡，一些偏远的农村中小学缺乏基本的互联网教学设施。教育部2018年推出的《教育信息化2.0行动计划》可以有效解决这个难题。该计划规定，到2022年全国要实现信息化教与学覆盖全体教师和全体适龄学生，数字校园建设覆盖各级各类学校。这为思政慕课的应用提供了硬件支持。

（四）慕课的应用需要遵循循序渐进的原则

中小学阶段长达12年，每个阶段的思政课均有特定的目标。这些目标的设定遵循了循序渐进、螺旋上升的原则。同样，在运用思政慕课时，也需循序渐进。例如，在应用各省自主开发的自然风光方面的慕课时，小学低年级的要求是认知这些自然风景，高年级是欣赏这些美景，初中阶段可以引导学生运用地理学知识分析这些风景地貌形成的原因，高中阶段可以启发学生思考如何保护这些自然风景、如何开发景区文创产品等。当然，如果条件允许，可以带领学生实地参观考察，各个学段的学生会有不同的体会。又如，关于了解地方艺术的慕课时，可以要求小学生学会认知和识别这种艺术形式，要求初中生了解这种艺术形式的发展历程和代表作品，引导高中生分析这种艺术的历史地位，并尝试让他们亲身实践这种艺术等。

当前国际局势变幻多端，意识形态领域的斗争日趋复杂，大中小学思政课一体化建设是确保社会主义办学方向的重要举措。有专家指出，思政课是

---

①　肖辉：《MOOC环境下中小学音乐课程面临的契机与挑战》，《湖南社会科学》2017年第1期，第200页。

"塑造国民共性的关键课程,也是难度更大的课程"。① 长期以来,中小学思政课在师资、课堂教学和本地化等方面均存在一些问题,现代化教育信息技术的发展为解决这些问题提供了契机,教育部和各省教育主管部门开发的慕课可以被运用到中小学的思政课教学中,实现思政课教学的"统一性"和"多样性",促进小学、初中和高中学段的思政课有机衔接、循序渐进,为大学的思政课奠定基础,从而共同实现立德树人、培养德智体美劳全面发展的社会主义建设者和接班人的根本任务。

第二节 慕课在翻译硕士培养中的应用

2007 年,为培养能够适应国家经济、文化、社会需要的高层次口笔译人才,国务院学位委员会批准设置翻译硕士(Master of Translation and Interpreting,简称 MTI)专业学位,截至 2021 年 11 月,全国共计 316 所高校获准设立翻译硕士学位点。各大高校翻译硕士的学制大多数为三年,包括课程学习和校外实习。在翻译课程方面,大多数高校通过设立翻译理论和翻译史等理论课程来提升翻译硕士学生的理论基础,同时辅以非文学翻译、文学翻译、计算机辅助翻译等实践课程来提高学生的专业素质。在翻译实践方面,各大高校以职业能力为导向,以培养高层次翻译专业人才为目标,通过开展"翻译工作坊"、设立翻译硕士实训基地、建立"校企合作"、采取"双导师"制等方式,来增强翻译硕士学生的实践能力。

一、翻译硕士培养中面临的问题

(一)硬件设置与师资结构还有欠缺

随着翻译硕士学位点逐年增多,各大高校之间的竞争也愈加激烈。为提升翻译硕士学生的专业素养,加强翻译硕士培养的规范性,各大高校也在不断完善校内硬件设施,提升教师的专业水平,加强与校外实习基地的联系。

然而,在这个过程中,由于经费不足、硬件招标程序繁琐等问题,许多

---

① 韩震:《推进德育一体化的时代背景、内涵要求与实践进路》,《思想政治课教学》2021 年第 3 期,第 5 页。

高校翻译硕士授课所必备的硬件设施尚未配备到位，包括同声传译室、语言实验室、翻译工作坊、翻译语料平台及计算机辅助翻译工具等技术培训平台。例如，随着科学技术的发展，纯人工翻译逐渐被"计算机辅助翻译（CAT）+人工翻译"模式所取代，对于翻译硕士英语笔译专业学生而言，除了要学习翻译专业知识外，还需学习 CAT 的知识，并能熟练操作相关软件和工具。目前比较知名的 CAT 软件如 SDL Trados Studio 为付费软件，同时，翻译专业的教师大多偏重理论教学，对于计算机辅助翻译了解甚少，[①] 然而部分高校既缺乏资金购买此类软件和平台，也无力培养教师对软件进行日常维护和更新升级，不能保证学生学习到基本的职业技能。而对于翻译硕士口译专业学生而言，同声传译室是必不可少的，但是据了解，同声传译室所需设备价格昂贵，一些高校没有足够的经费购买，难以保证翻译硕士口译课程的正常进行。

同时，在师资方面，多数教师习惯了传统的授课方式，在教授翻译硕士一些实践性较强的课程时，仍沿用常规的外语教学模式，即理论教学多过实践训练较少。另外，由于许多高校的研究生老师为语言学或文学专业出身，不是专门的翻译专业出身，让他们教授翻译硕士的课程多是"临危受命"，尽管这些教师具有丰富的教学经验以及较高的外语水平，但是缺乏翻译理论知识和翻译经验，只能通过自己"边学边教"完成翻译教学任务。而"师资队伍质量是高校教育教学质量的根本保证，师资队伍建设是决定学生培养质量的决定性因素"，[②] 若教师自身缺乏翻译实践和翻译素养，就无法保证翻译硕士的教学质量。此外，"国家尚未对翻译硕士专业教师资格建立相应的专业认证机制"，[③] 许多高校的翻译硕士教师仍在"摸着石头过河"，高校还需努力迎合时代发展趋势，改进传统的教学模式，加强教师的翻译专业水平。因此在这种情况下，翻译硕士学生职业素养和职业技能的培养受到一定限制，难以达到既定的培养目标，在翻译实践方面由于老师无法提供较好的资源，学生很

---

① 许程竣：《CAT 计算机辅助翻译技术教学实践》，见孙丁：《外语教育与翻译发展创新研究（第八卷）》，成都：四川师范大学电子出版社 2019 年版，第 265~267 页。

② 杨慧、葛春丰：《关于翻译硕士培养的探索与思考》，《语文学刊》2016 年第 5 期，第 144 页。

③ 李雅丽等：《翻译硕士教育研究（2007—2018）：回顾与展望》，《国际公关》2019 年第 11 期，第 237 页。

难接触到真正的翻译项目,在毕业步入翻译市场时,容易成为廉价的翻译劳动力。

(二)实习基地与校企合作机制还不健全

校企之间的联系不够稳定也是一大问题。①《翻译硕士专业学位设置方案》(2007年1月国务院学位委员会第二十三次会议审议通过)中指出,教学内容应突出口笔译技能训练,重点培养学生的翻译实际操作能力,因此让学生到真正的翻译公司进行实操锻炼是翻译硕士培养过程中必不可少的环节。

翻译硕士实习基地主要为校外基地,即高校合作企业或机构。在实习基地,学生可以感受到职场氛围,也可以通过翻译实践提升自己的翻译技能和职业素养。"校企合作一方面可以提高学生的实践能力,帮助学生实现理论和实践的有机结合,另一方面也可以实现高校和企业之间合作共赢,高校可以帮助企业解决技术难题,企业可以为学生提供实践机会。"②但是,由于学校与企业之间就管理制度、薪酬、学生安全等问题缺少沟通,有时候意见未能达成一致,校企合作难免出现一些问题,导致难以建立比较稳定的合作关系。首先,学校认为不完善的企业管理制度会给学生带来一定的安全隐患,学生无法保证切身利益,且许多企业并未制定有关实习生的管理规定,学生实习期间的劳务报酬得不到保障。其次,学生在一些实习基地所从事的工作与本专业相关性不大,甚至在实习期间没有对翻译行业有初步的了解,导致学生的实践内容效果很差,既浪费了时间又不能保证实践质量。③最后,企业会因校方的担忧而产生抵触情绪,同时认为学生缺乏足够的专业素养和能力,且翻译质量不达标,从而拒绝接受学生实习。在这种情况下,学生的校外实习效果很难得到保证。

目前,我国许多高校的翻译硕士培养方式采用的是双导师制,即由一位校内本专业导师,以及一位长期从事翻译实践工作的资深技术人员作合作导

---

① 刘其、李金云:《翻译硕士翻译实训基地当前存在的问题及对策》,《英语广场》2020年第1期,第28页。

② 周元玲、李金云:《基于"科教融合、校企合作"的研究生跨学科课程体系初探》,《牡丹江大学学报》2019年第2期,第135页。

③ 李稳敏、席丽红:《基于课程设置的翻译硕士人才培养路径研究》,《赤峰学院学报(哲社版)》2019年第4期,第150页。

师，共同培养翻译人才。一般而言，合作导师为高校合作企业的具有导师资格的技术人员，负责学生校外实践的教学内容，指导学生的校外实习。但是，我国高校在校外企业聘请技术人员参与翻译硕士培养的机制还不够成熟。①国内对于双导师制的理论研究才刚刚起步，且校企之间对于合作导师的工作职责和工作效益并未做出明晰的界定，没有完善的评估和奖惩机制。同时，合作导师一方面要完成本职工作，另一方面还要指导学生的校外实践，如何保证校外实践的教学质量对于合作导师而言是一项挑战。因此，校企合作的重点在于校外实践以及校外教学，保证校外实践和教学的质量才能保证学生的实习质量。

（三）生源结构与专业知识结构不统一

《翻译硕士专业学位设置方案》鼓励非外语专业毕业生及有口笔译实践经验者报考翻译硕士专业。与其他语言类专业不同，翻译硕士专业在招生过程中不受考生本科专业限制，不受工作经历限制，本科为非语言类专业的学生纷纷选择翻译硕士专业，从而导致翻译硕士专业的学生学科能力差异较大，实践经历不同，语言功底良莠不齐，教师难以统一把控学生的学习进度，为教学工作带来一定难度。②

对于本科为非语言类专业的学生而言，他们或许对语言类学科有着浓厚的兴趣，但是没有系统地接受过语言训练，对语言类学科知识掌握不足，没有翻译理论基础，缺乏翻译经验，因此在研究生阶段需要重新学习相关知识和技能，一定程度上会影响学校整体培养目标的落实；并且，这类学生在学习翻译的过程中继续深入学习原有的专业知识，并与翻译专业相结合，双重学习任务可能会让学生产生心理压力，对语言的学习逐渐失去信心。

另外，翻译工作要求译者既要具备良好的语言功底，也应有宽广的知识面，掌握多学科的基础知识。本科为外语类专业的学生虽然多语种语言运用技能扎实，但是缺乏应有的其他学科知识，比如经济、科技、外事等，在进

---

① 丁素萍：《建立翻译硕士专业学位（翻译硕士）双导师制可持续发展的合作机制》，《教育与职业》2012 年第 32 期，第 181 页。
② 裴念赟、邓东元：《慕课（MOOC）在我国高校翻译硕士教学中的应用研究》，《英语教师》2019 年第 12 期，第 6 页。

行实际的翻译实践时,面对专业性较强的任务,也会遇到困难。因此,对外语类专业的学生进行翻译硕士培养,需要补齐一些必备的其他学科基础知识。生源结构以及学生专业知识结构不统一,必然给翻译硕士培养提出更高要求和更大挑战。

(四)翻译硕士的培养现状与市场需求不吻合

在全球化大背景下,各国及地区间政治、经济、文化等方面的交流越来越频繁,译员作为语言沟通的桥梁,肩负着传播前沿信息的使命。然而,翻译市场需要的不仅仅是语言人才,更需要具备多领域学科知识的语言人才。根据目前翻译市场涉及的领域,文学作品翻译所占比例不大,翻译文件和资料主要涉及的是非文学翻译,行业领域包括经贸、科技、汽车、能源、建筑、医学、法律等。随着社会的高速发展,各行各业对外交流日趋频繁,翻译市场对译员的要求也在提高,多领域翻译逐步趋向专业化和职业化。因此,要培养专业、优秀的译员,必须要求翻译硕士专业学生熟练运用翻译技能,同时,具备多领域专业知识、提升翻译的精确度和专业度也是重中之重。诚然,翻译硕士培养计划弥补了翻译市场的人才缺口,但是,由于翻译实践涉及领域广泛,翻译硕士专业学生虽在多语种转换方面有专长,但进入翻译市场后会遭遇"瓶颈"——缺乏相关领域的背景知识,在翻译实用文本或专业性较强的文本时略显吃力,这是翻译硕士培养过程所面临的一大问题。市场需要专业的翻译人才,也需要专门的翻译人才,语言翻译功底是译员应具备的专业素养,而精通某一领域或多个领域的翻译(如经贸翻译、法律翻译、科技翻译等)则是译员应锤炼的职业素养。因此,培养翻译硕士要与市场和时代接轨,在提高学生翻译技能的同时,更应该鼓励学生开阔视野,学习其他领域的学科知识,为今后的职业之路储备能量。

二、翻译硕士培养中慕课的使用现状

慕课是一种新兴的教学方式。近年来,各大高校与慕课平台加强合作,一方面,高校老师组成团队,利用本校优势学科专业,录制在线课程,发布到慕课平台上;另一方面,一些高校教师在慕课平台上选择学科相关的课程,并将此作为教学内容的一部分,这样既达到了知识的分享与互通,又能提高教学质量和教学效果，拓展学生思维。自2013年清华大学推出首个中文慕课平台以来，许多国内慕课平台不断涌现，目前，使用人数较多的慕课平台有"中国大学慕课（MOOC）""学堂在线""MOOC中国"等。"中国大学慕课（MOOC）"是国内优质的中文慕课（MOOC）学习平台，该平台拥有包括"985高校"在内提供的千余门课程，用户可通过手机客户端、平板客户端及电脑网页平台，即可学习国内高校推出的精品课程。"中国大学慕课（MOOC）"有一套系统的课程体系：每门课程定期开课，学习过程包括观看视频、参与讨论、提交作业，穿插课程的提问和最终考试，考试通过后，可免费获取由学校发出主讲老师签署的合格或优秀证书。

下面以"中国大学慕课（MOOC）"为例调查研究慕课与翻译硕士培养相结合的情况。

（一）翻译类慕课

在"中国大学慕课（MOOC）"平台上分别搜索"翻译""笔译"和"口译"字样，根据搜索到的课程结果进行统计，并选取参与人数超过1000人的16门课程进行比较，如表6-1所示（数据统计截至2020年1月21日）。

表6-1　"中国大学慕课（MOOC）"平台慕课相关词条统一

课程名称	所属院校	参与人数	课程评价	评价人数
英汉互译方法与技巧	南京大学	22878	4.8	418
交替传译	广东外语外贸大学	22856	4.8	441
英汉口译	上海师范大学	8257	4.9	167
学术论文文献阅读与机助汉英翻译	重庆大学	6687	5.0	102
翻译理论与实践	江西财经大学	6368	4.8	131
医学英语翻译	西安交通大学	5911	4.8	58
新实用汉译英翻译课程	西安电子科技大学	4798	4.5	31
翻译导论	中南大学	4390	4.6	39
商务英语翻译技巧	江西外语外贸职业学院	3519	4.7	119
译言中国	西华师范大学	3422	4.6	836

续表

课程名称	所属院校	参与人数	课程评价	评价人数
《论语》英译鉴赏	厦门大学	3389	4.9	19
商务英语笔译	上海外国语大学	3207	5.0	4
同声传译基础	西安交通大学	2869	4.9	20
科技英语翻译	西安电子科技大学	2430	4.5	8
中级笔译	苏州大学	1882	4.7	15
英汉交替传译	东北大学	1665	4.8	4

在这 16 门课程中，绝大多数课程由国内重点院校(原"985 高校"或"211 高校")推出，有关翻译理论(笔译)和翻译技巧(笔译)的课程占多数。也有与其他领域学科结合的翻译课程，比如医学英语翻译、商务英语翻译技巧、商务英语笔译、科技英语翻译等，所占比例为 25%。尽管如此，此类课程评分较高，且选择此类课程学生数量较多。进一步研究还发现，推出与其他领域学科结合的翻译课程的院校，本身就拥有该领域的特色专业或者本身就属于特色院校，比如由西安交通大学推出的医学英语翻译，西安电子科技大学推出的科技英语翻译，以及上海外国语大学推出的商务英语笔译等。由此可见，一些特色院校推出的翻译课程能够很好地结合本校特色专业，其课程具有更高的专业性和针对性。总而言之，"中国大学慕课(MOOC)"平台推出的翻译与其他领域学科结合的课程较少，但此类课程专业性更强，且参与人数多，反响热烈，学生可通过参与此类课程提升职业和专业素养。

(二) 其他专业课程慕课

"中国大学慕课(MOOC)"平台上共设有 12 个学科频道，包括外语、心理学、文史哲、法学、农林园艺、艺术设计、计算机、经济管理、教育教学、理学、工学、医药卫生等，每个学科频道都有国内各大高校推出的专业课程。这些专业课程中既有基础课程，可供非专业学生或零基础学生入门学习，也有专业性更强的课程，供有兴趣或本专业学生拔高学习使用。表 6-2 是"中国大学慕课(MOOC)"平台每个频道(除外语频道)参与学习人数前三的课程统计表(数据统计截至 2020 年 3 月 13 日)。

表 6-2　"中国大学慕课（MOOC）"平台频道学习人数统计（列前三）

频道	课程名称	所属院校	参与人数	课程评价	评价人数
心理学	心理学与生活	南京大学	473046	4.8	5298
	心理学：我知无不言，它妙不可言	华中师范大学	131847	4.8	3722
	沟通心理学	哈尔滨工业大学	94689	4.7	1775
文史哲	现代礼仪	湖南大学	245730	4.8	2377
	哲学问题	浙江大学	59703	4.6	1000
	中国哲学史	武汉大学	31596	4.8	181
法学	毛泽东思想和中国特色社会主义理论体系概论	武汉大学	195609	4.6	2636
	中国近现代史纲要	武汉大学	181196	4.7	3603
	马克思主义基本原理概论	武汉大学	114242	4.6	1806
农林园艺	植物学	华中农业大学	16315	4.7	377
	中国茶文化与茶健康	浙江大学	13996	4.9	218
	中国茶道	湖南农业大学	10066	4.8	1049
艺术设计	Photoshop 设计精讲精练	浙江大学	93976	4.7	526
	中国书法	高等教育出版社	33761	4.9	78
	音乐奥秘解码——轻松学乐理	中央音乐学院	33198	4.8	461
计算机	Python 语言程序设计	北京理工大学	509679	4.8	19014
	零基础学 Python 语言 CAP	北京理工大学	204380	4.5	181
	程序设计入门	浙江大学	170988	4.9	6743
经济管理	金融学（二）	中央财经大学	78982	4.7	47
	会计学原理	北京外国语大学	62036	5.0	11
	微观经济学	武汉大学	47200	4.8	947
教育教学	体育与健康	北京科技大学	72176	4.4	436
	大学生瑜伽	北京大学	63960	4.8	383
	体育与健康	华东师范大学	52574	4.6	733
理学	高等数学（一）	同济大学	261456	4.2	994
	微积分（一）	浙江大学	42575	5.0	963
	线性代数	山东大学	41133	4.9	817

续表

频道	课程名称	所属院校	参与人数	课程评价	评价人数
工学	公共建筑设计原理与 类型建筑设计	同济大学	6019	4.9	44
	Solidworks 三维产品设计与建模	西北工业大学	5499	5.0	6
	中外铁路文化之旅	华东交通大学	4234	4.7	79
医药 卫生	传染病学	复旦大学	112426	4.7	1994
	内科学(呼吸系统疾病)	西安交通大学	61649	4.7	656
	营养学	武汉大学	54634	4.7	1253

表 6-2 中所列出的课程中,绝大多数参与人数在 1 万以上,有的课程参与人数甚至在 10 万以上,且评分较高,对于本科为语言类专业或者本科为其他专业但想再辅修一门专业的翻译硕士学生而言,可通过课程评价以及课程的热门程度,结合自己的兴趣,对计划学习的课程进行筛选和学习。此外,表中所列出的各学科热门课程大多数是初级课程,有些甚至是针对零基础或者想要入门的学生,比如北京理工大学开设的"零基础学 Python 语言 CAP"。因此,无相关学科背景的翻译硕士学生可根据自己的兴趣选择此类初级课程进行入门学习。与此同时,"中国大学慕课(MOOC)"平台还提供了更具专业性或针对性的课程,如复旦大学开设的"传染病学",对于具备相关学科背景或者想要拔高学习的翻译硕士学生,可以在平台上选择此类课程,以及其他适用于高年级学生的专业课程,这对于进一步了解相关行业知识有非常大的帮助。

同时,"中国大学慕课(MOOC)"平台有针对性较强的专业英语课程,主要涉及经济外贸、理工科和医学,如"国际商务英语""理工科英语演讲""护理英语口语""人工智能英语"等。对于翻译硕士学生而言,一方面,可以利用"中国大学慕课(MOOC)"平台上其他领域的基础课程丰富和拓展自己的学科背景知识;另一方面,可通过专业英语课程学习相关领域的专业表达,储备多领域学科的专业术语,提高自身的职业素养。表 6-3 是"中国大学慕课(MOOC)"平台上参与人数前十的专业英语课程统计表(数据统计截至 2020 年 3 月 13 日)。

表 6-3　"中国大学慕课(MOOC)"平台参与人数前十的专业英语课程统计

课程名称	所属院校	参与人数	课程评价	评价人数
商务英语	中南财经政法大学	19015	4.7	274
现代邮政英语	南京邮电大学	14923	4.6	346
新闻英语	中南大学	13772	4.7	337
医学术语解密	福建医科大学	5171	4.6	22
电子信息专业英语	重庆电子工程职业学院	4466	4.7	55
IT 行业职场英语	大连理工大学	3467	4.7	36
私法英语表达	吉林大学	3423	4.7	16
生物医学英语写作	西安交通大学	3367	4.6	7
服装专业英语	浙江纺织服装职业技术学院	2093	5.0	13
"互联网+"大学英语	南方医科大学	2070	4.8	11

这 10 门课程均为专门用途英语，且开设院校均为特色院校，因此这类英语课程更具有权威性和专业性。同时，翻译硕士学生还可以根据自己的需求选择专业英语课程。比如，学生希望提升自己的专业英语写作水平，可以选择相关写作课程，如西安交通大学开设的"生物医学英语写作"。又比如，学生的专业英语水平只是入门阶段，希望学习相关专业的英语术语，可以选择与术语相关的英语课程，如福建医科大学开设的"医学术语解密"。此外，翻译硕士学生可以同时学习一门或多门专业课程及其英语课程，增强专业背景的同时不断提升自己的专业水平，从而成为一名专业知识广泛的"行家"。

三、翻译硕士培养中慕课的运用策略

(一)面临的问题

首先，其他领域慕课翻译课程资源偏少。以"中国大学慕课(MOOC)"为例，该平台是国内优质的慕课平台，提供千余门课程，仅手机客户端下载人数就有 60 余万，但是经过调查可以发现，在"中国大学慕课(MOOC)"平台上，与常规的翻译理论课程和翻译技巧课程相比，将翻译与其他领域学科相结合的课程数量较少。此外，"中国大学慕课(MOOC)"平台并没有完整的翻译课程体系，课程设置较为分散，许多课程的上线时间不够统一，并且要求

学生有较强的自主学习意识，学习计划自由度高，导致学生自学整套翻译课程所用的学习周期较长。同时，一些高校曾推出的翻译课程，另外一些高校会重复推出，造成课程资源重复。这些现象导致学生在选择课程时过于盲目，不能"对症下药"、有针对性地选择相关翻译课程。

其次，学生学习质量难以保证。多数慕课平台是某个特定时间推出课程，不一定完全符合学生正常学习计划，学生只能按照课余时间安排上课，这导致学习时间较为分散，学生的学习进度各不相同，就学校整个翻译硕士培养计划而言，影响较大。另外，翻译硕士招生要求不限本科所学专业，那些本科为非语言类专业的翻译硕士学生与本科为语言类专业的学生相比，缺少理论基础，翻译经验不足，在自主学习慕课课程时会略显吃力，其学习进度和学习质量难以保证。诚然，慕课平台的每项课程都有完整的流程，包括观看视频、参与讨论、完成作业、在线答疑、参加考试、获得证书等，但是与理工科类课程不同，翻译硕士课程的作业灵活性强，不能以唯一标准评判作业的优劣，学生作业中出现的纰漏若不能及时更正，则作业质量无法保证，从而严重影响学生的学习质量。同时，一些学生因为缺乏学习动机，往往对于非本专业慕课课程给予少量的关注或者只是简单地浏览课程，直至课程结业也未曾有过显著和有意义的学习，这种学习可以视作无效学习。① 此外，许多高校并未将慕课平台上的课程作为辅助性教学内容，而是让学生自主选择感兴趣的课程并自学，导致学生的专业水平参差不齐，老师也难以掌握学生的学习情况，这种情况给翻译硕士的培养造成了困难。

(二)对策及建议

慕课平台上有大量的课程可供老师和学生选择，而翻译硕士既要求学生掌握翻译理论知识，又要求学生参加丰富的实践，同时学生还应有宽广的知识面，能够胜任不同专业领域所需的高级翻译工作(《翻译硕士专业学位设置方案》)。为此，针对慕课运用在翻译硕士培养中面临的问题，高等院校或者学习者可以扬其长避其短，采取一些针对性策略。

一是把线上慕课学习与和线下课堂教学、辅导相结合。从长远角度讲，

① 王宇：《慕课低完成率问题的归因与解法》，《现代教育技术》2018年第9期，第85页。

高校翻译硕士专业老师可结合本校特色，比如理工类院校、政法类院校、医学院校等的特色专业，根据学生的能力，将本校课程与慕课课程结合，可以以作业的形式，统一要求学生参与到慕课课程中，并定期向老师汇报课程学习进度。

对于本科为非语言类专业的翻译硕士学生，老师可为其推荐具有针对性的翻译慕课课程，督促其自主学习。针对慕课平台上翻译课程的作业，线下的高校老师可定期组织答疑，及时解释学生的知识盲点，拟定专门的评估标准，并随时更新翻译硕士的培养计划。

对于无效学习者，教师可提高教学管理，建立网上学习群，要求学生定期在群内打卡，并于每周学习结束时递交周记，总结本周慕课课程的学习情况。对于学习懈怠的学生，教师可通过邮件或发送私信的形式督促学生进行学习，也可鼓励学生组成帮扶小组；学习积极者可以督促学习消极者，促进其赶上学习进度。

二是探索"慕课+实践+慕课"的教学模式。高校可充分利用慕课资源，线上学习慕课课程，线下由高校组织学生前往相关领域的企业和公司进行短期实习或交流，再在线上学习相关专业的英语慕课课程。例如，高校安排学生学习法律相关的慕课课程，课程结束后，高校可与律师事务所达成合作，组织学生前往合作企业实习，更深入地了解行业知识，实习结束后，高校可安排学生学习相关专业或领域的英语课程或翻译课程，并做好教学质量评估等工作。

三是与其他专业教师开展合作。高校从事翻译教学的老师在制作多领域学科的翻译课程的过程中，涉及专业性知识时，可邀请专业老师作为顾问进行指导，随时指出课程中出现的有关专业知识的纰漏，审阅并及时指正翻译课程中的双语术语和双语表达。同时，对于特色院校，如理工类院校、政法类院校、医学院校等，高校之间可搭建课程共享平台，组成团队，兄弟院校之间可以采取合作，共同推出与特色专业相结合的翻译课程，做到信息互通、共享。

四、在翻译硕士国际化培养中慕课的作用

随着"一带一路"的推进，中国急需大量的具备国际化视野的人才，高校

作为人才培养的"最后一站",是人才国际化培养最重要的一环,以语言服务专业人才为培养目标的翻译硕士课程建设也随之加入高校国际化的浪潮。① 但是,随着翻译硕士国际化进程的推进,全国高校翻译硕士国际化的探索似乎没有大的起色。② 慕课作为教育改革创新的新举措,受到了教育部一系列相关政策的鼓励和支持。③ 据 2019 年 4 月的中国慕课大会提供的数据,我国的慕课数量和应用规模已经稳居世界第一,各地高校也纷纷出台政策推进慕课建设,慕课对传统课堂造成冲击的同时,也带来了提升传统课程教学的契机。④ 在此背景下,慕课的发展可以为高校翻译硕士国际化课程建设提供全新的视野和高质量的教育资源,对各高校翻译硕士人才培养质量的提升具有很大的促进作用。

(一)翻译硕士国际化培养的定义及现存的问题

美国学者弗里曼·布茨(Freeman R. Butts)将高等教育国际化界定为"国际化的课程内容、培训流动、跨国研究以及研究者和学生的跨国流动"。⑤ 荷兰学者汉斯·迪·威特(Hans de Wit)认为,高等教育国际化是将国际意识与本土高等教育的教学、科研和社会服务等职能相结合的发展过程。⑥ 他们各自的论述角度不同,但都指出了高等教育国际化的某些表现特征。我们结合柴明颎教授关于翻译硕士培养的诠释,⑦ 可以作出这样的总结,即翻译硕士国际化是指:高校在培养传统高层次、应用型、专业性和职业化口笔译人才

---

① 侯淑霞、韩鹏:《"双一流"建设背景下我国高等教育国际化发展研究》,《国家教育行政学院学报》2019 年第 8 期,第 46 页。

② 崔启亮:《全国翻译硕士专业学位研究生教育与就业调查报告》,北京:对外经济贸易大学出版社 2017 年版,第 9 页。

③ 徐晓飞等:《发展中国特色的慕课模式 提升教改创新与人才培养质量》,《中国大学教学》2018 年第 1 期,第 23 页。

④ 刘秀玲、黄凌宇、朱瑞雪、苗芳:《结合慕课资源的课程建设》,《大连民族学院学报》2015 年第 4 期,第 409 页。

⑤ [美]劳拉·珀纳等:《促进学生流动:美国高等教育国际化的发展趋势》,《比较教育研究》2015 年第 8 期,第 99 页。

⑥ 朱红、马云鹏:《高等教育国际化新思维:来自全英文授课国际研究生教育实践的探讨》,《大学教育科学》2012 年第 6 期,第 48 页。

⑦ 曹新宇等:《翻译硕士教育国际化与职业化的思考——上海外国语大学高翻学院柴明颎教授访谈录》,《东方翻译》2018 年第 6 期,第 69 页。

的同时，整合教育信息和资源，将国际理解与认同、跨文化交流与全球视野融入研究生教学、科研和服务的一个过程，其中主要包括师资的国际化、课程的国际化、实习实践的国际化、社会服务的国际化以及师生的国际互动，以此实现信息与资源的交叉、渗透与交融，培育国际化的精神气质和氛围。

2007 年国务院学位委员会宣布设置翻译硕士专业学位，我国的翻译硕士培养至今已经历了 10 多年，但是翻译硕士培养的国际化程度却一直处于弱势，主要表现在以下几点：

一是部分翻译硕士培养单位的专业方向不明确，课程设置也缺乏系统科学性。目前，国内大多数的翻译硕士培养单位是按照翻译专业学位研究生教育指导委员会的培养方案来指导和培养学生，方案中没有明确指出国际化培养的具体实施步骤和开设的课程，很多高校的国际化训练课程只是 General English，就是所谓的普遍英语，没有明确翻译硕士专业国际化具体培养方向；而且很多高校的翻译硕士课程存在训练环境相对宽松，国际化真实度不高，训练强度低，国际化方面翻译训练量少，缺乏必要的国际化实际教学案例等问题，也就是学生普遍反映的所学课程内容实用性不强。并且课程设置缺乏系统性、科学性和结合自身学校的特色性，不符合国际化人才培养的课程设置要求。综合以上这些课程设置不合理和专业不明确的问题，就导致我国高校很难培养出高层次国际化的翻译硕士。

二是部分高校的国际交流合作流于形式，无法起到提高学生水平的作用。通过中外合作培养来提升学生学习水平，是国际合作要达到的一个重要目标。但是很多高校仅仅是签一个合同或意向合作书，把学生送到对方学校，比如山东某市从 20 世纪 90 年代起就开始了国际化的尝试，几所名校先后通过中外合作办学等方式走国际化道路，可是，这些尝试大多倾向于为学生出国留学服务，实际效果仅仅是为学生的出国留学开辟了一些通道，国际合作完全流于形式。因此，这样的国际化培养基本无法起到提升人才培养水平的作用。

三是教师资源匮乏导致高校国际化进程缓慢。我国高校在翻译硕士培养领域主要的薄弱环节是师资，尤其设定培养目标包括国际化，就要设置国外的相应课程，而国内教师对国外课程知之不多，所以需要聘请熟悉国外课程的外籍教师来校任教，这对学校师资建设带来一定挑战。此外，教育的国际化还对本土教师素质提出了新的要求，教师不仅能熟练运用英语讲授学科知识，而且要求教师有较高的国际课程比较研究的能力，可以对中西方的教育思想、学科差异进行比较、研究，更重要的是教师应该具有国际视野，能够放眼全球。

(二)慕课助推翻译硕士国际化培养

慕课具有大规模、开放式、网络性等特征，为所有学习者提供了一个前所未有的国际化学习大平台。① 当前，我国高校翻译硕士国际化培养面临瓶颈期，如何利用慕课，将其优质的教育资源、国际化的交流平台以及先进的培养模式引入我国翻译硕士课程体系的构建，使慕课成为促进当前翻译硕士课程国际化改革的崭新路径，值得我们去深入探讨。

1. 慕课在翻译硕士国际化培养课程设置中的作用

首先，相较于传统的翻译硕士教学模式，慕课的课程设置可以解决多数高校翻译硕士国际化教学质量参差不齐的问题。一般高层次翻译硕士学校的名师最多只能教授 2 个班，只能有少数学生受益，并且这些名师资源往往高度集中在某些头部高校。② 而慕课的兴起就可以突破这种资源高度垄断的局面。高校可以引进国内外制作精良、符合国际化教学要求且符合自己学校实际的翻译硕士慕课课程，实现自己本校的教学资源的"精品化"。引进的国内外慕课课程，是根据多年的实际教学反馈制作而成，其课程设置也是经过精心编排和反复推敲，内容精良，这样的教学资源一定是最"精细化"的。综上所述，慕课带来的"精品化"和"精细化"课程基本可以解决某些学校课程设置不科学、不系统和后期配套不足的问题。

其次，相较于传统的翻译硕士教学模式，慕课的课程设置可以解决多数高校教学质量达不到国际化培养要求的问题。在翻译硕士国际化教学中，不仅需要注重语言水平的培养，还需要学生具备国际化视野，具有国际沟通、获取国际信息、能够处理国际事务等方面的能力。这些能力的培养需要高校

---

① 李斐、黄明东：《"慕课"带给高校的机遇与挑战》，《中国高等教育》2014 年第 7 期，第 22 页。

② 董洪学、韩大伟：《迥然相异抑或和而不同？——关于翻译学硕士(MA)和翻译硕士专业学位(翻译硕士)培养的几点思考》，《外国语文》2013 年第 4 期，第 128 页。

设置相应的"国际化课程"，如果这些国际化课程都由本校设置，需要投入大量的人力和物力，在教学经费和教师精力并不富裕的情况下，很难高质量完成建设。慕课的出现就可以很好地填补这些课程的空白。可以说，在已经建立的翻译硕士课程体系基础上，利用慕课不断完善国际化课程结构，探索新的教学理念与教学模式，强化国际化课程建设的数量和水平，对提升教学质量和教学效果，从而提升翻译硕士国际化人才培养质量是非常有必要的。

最后，相较于传统的翻译硕士教学模式，慕课的课程设置可以改善多数高校翻译硕士国际化培养模式特色不鲜明的问题。国际化协同运作，需要既熟练掌握英语，又了解相应产业的专业人才，这种复合翻译人才更加容易在国际化竞争中脱颖而出。慕课平台上门类齐全的课程资源，可以很轻松地帮助高校打造拥有自己特色的翻译硕士国际化培养方案，而且由于慕课本身具有海量、开放和灵活性等特点，培养方案的设计可以灵活调整，以达到最适合本校所需的效果。因此，利用慕课，打造高校特色鲜明、优势明显的翻译硕士国际化课程是可以办到的。

2. 慕课在翻译硕士国际化培养教育模式中的作用

各高校在翻译硕士国际化培养质量停滞不前的当下，慕课的培养模式给翻译硕士的国际化带来了前所未有的机遇和活力。

首先，在翻译硕士国际化培养中，慕课的教育模式可以做到师生跨国界、跨文化的互动交流，从而提高学术和职业水平。慕课的教学模式本身就打破了地域上的限制，天然具备国际化属性。[①] 学生可以听到地道的英语传授的专业课，基础好的同学在用英语与来自世界各国的学生讨论问题的同时，不但强化了语言技能，还可能逐渐理解到"生存于国际社会"的国际化教育，提升学生理解和甄别中外文化差异的能力，在英语知识内化的过程中跨越文化鸿沟。通过不一样的视角和思维方式来面对和学习外国文化，可提高学生多元文化的学术水平。这种慕课的学习模式不仅提高了学生的外语和学术水平，而且消除了高校国际化交流流于形式的弊端。

---

① 邓东元等：《中美高等教育慕课（MOOC）发展的国际化审思》，《昆明理工大学学报（社会科学版）》2018 年第 2 期，第 78 页。

其次，在翻译硕士国际化培养中，慕课的教育模式可以一定程度上缓解学生英语水平参差不齐这一矛盾。当前，高等学校为了国际化战略发展需求，引进了一些外教，这些外教授课方式以全英为主，这种课程对于所有同学都是一种挑战，因为基础较差的同学需要大量的时间来适应全英教学的方式，即便是基础较好的同学也需要一定的时间来适应。课堂中没有听明白的地方，外教不会再讲第二遍，一节课下来，学生的接受程度并不高。但是慕课因其不受时间的限制，学生可以自行调节学习进度。基础较差的学生可以重复多次听一节课，直至逐渐追上课程的节奏，基础较好的学生在适应课程节奏的前提下，可以加快进度，提前完成学习任务。因此，这种灵活的授课模式提供给学生很大的自由度去缓解上课听不懂的尴尬，从根本上解决学生英语水平参差不齐的问题。

最后，在翻译硕士国际化培养中，慕课的教育模式可以帮助高校缓解师资不足的问题。翻译硕士慕课的国际化发展，需要优质的师资人才，而且学科的建设，说到底是人才的建设。目前，我国高校能够熟练运用双语或全英授课的专业教师比重仍然偏低，既熟练掌握语言，又了解相应产业的复合型师资人才就更加缺乏。而且，即便现有的本土师资也存在不同程度的口音不纯正、专业术语不精确等问题；若直接聘请外方师资，又存在水平参差不齐、费用高昂和高流动性等问题。而由国内外知名大学开设的慕课课程，以其地道的语言使用和广泛的课程选择很好地弥补了专业师资缺乏这一问题。因此，慕课的设置，不仅为高校国际化进程解决了师资匮乏的问题，而且也为教学经费不足的学校节省下一大笔开支，起到了开源节流的作用。

3. 慕课在翻译硕士国际化培养中的进一步探讨

慕课自 2012 年兴起以来日臻完善，但是翻译硕士利用慕课提高国际化培养程度却是一个尚需深入探讨的领域，还有很长的路要走。

首先，翻译硕士教育离不开国际化，中国的国际化进程也离不开翻译硕士人才。翻译硕士教育具有特定的职业指向性，国际化首先要做到职业化。[①] 翻译硕士教育的国际化导向要有一个培养过程与职业化紧密相连的机制，学

①　曹新宇等:《翻译硕士教育国际化与职业化的思考——上海外国语大学高翻学院柴明颖教授访谈录》,《东方翻译》2018 年第 6 期，第 69 页。

校要建构与职业联通的桥梁，将学生往职业化方向引导。因此，各高校原本要开设的"计划以内的慕课课程"在选择上也更应该倾向职业化，而不是偏重理论。

其次，既然要培养国际化翻译硕士，那么翻译硕士的课程设置一定要遵循国际化要求，做到课程设置具有国际化视野。要达到培养国际化视野人才的目标，就应从学生特点出发，在"计划以内的慕课课程"设置的基础上，增加如下四类额外慕课培养课程与"计划以内的慕课课程"相配套：一是国际化视野课程，包括以中文开设的了解和掌握国际知识的课程；二是国际沟通能力课程，即外语语言学习与训练课程，为后续国际化课程学习打好语言基础；三是学科基础双语课程，即使用原版教材，采用双语教学的学科基础课程；四是国际事务能力课程，即采用双语或全英语教学，充分利用国内外教学资源，提高学生处理国际事务能力的专业教育课程或实训环节。

最后，翻译硕士慕课的国际化建设也离不开各高校的政策鼓励和专业教师团队的建设。高校行政部门如果能在翻译硕士慕课国际化课程质量评价、信息化教学支持服务、课程开发、持续融资与经费投入、教师选拔与培训、课程推广、学分认证等方面牵头工作，广泛参与，做好顶层设计、政策规划，翻译硕士慕课国际化发展会事半功倍。在宏观政策上，高校可联合组成慕课国际化推进委员会，编制国际化方案，推进翻译硕士国际化进程。与此同时，高校内部应统合资源，成立翻译硕士国际化慕课教学团队，创建翻译硕士国际化教学体系，对本校慕课筛选和制作进行质量把关，始终明确以翻译硕士慕课国际化为主导的培养思想。

在"一带一路""中国文化走出去"和"教育改革创新"等时代背景下，以语言服务专业人才为培养目标的翻译硕士教育迎来了发展新契机，同时也面临着更高的要求和挑战。高校翻译硕士教育在原有教学的基础上，应该主动拥抱新时代课程建设，使慕课融入平时的翻译硕士国际化教学，坚持"一带一路"建设的高层次人才需求发展战略，务实、扎实、真实地推进翻译硕士教育国际化。还应在国际化视野下培养市场化的职业型人才，为国家输送高素质、应用型、能够传递好中国声音的专业化口笔译人才，促进翻译硕士教育持续健康发展。

第三节　慕课在外语教学中的应用

　　慕课在外语教学中的运用具有十分明显的优势，主要体现在：慕课的微课堂设计符合语言习得规律，可以满足学习者的个性化需求，能有效降低学习者的情感过滤，提高学习效率；同时也存在一些不足：学习者新知识的掌握不够牢固，慕课无法为学习者提供体验式学习环境，不能及时纠正学习者的错误。慕课在外语教学中的优势远大于其不足，而且这些不足都可以通过一定的教学设计加以克服，慕课在外语教学中的运用将极具潜力。

一、慕课在外语教学中的优势

　　被誉为"二语教学之父"的美国著名学者罗德·埃利斯(Rod Ellis)认为，"二语习得"与"二语学习"也是两个需要严格区分的概念，两者最显著的区别在于前者是无意识的过程，而后者则是有意识学习的过程。① 美国语言教育家克拉申(Stephen D. Krashen)虽也认同这一区别性特征，但却认为这两者在二语学习者掌握语言的过程中是并存的，"习得"发挥了主要作用，而"学习"则作为监察机制对已习得内容进行监察、校正。② 外语教学主要研究学习者的"二语学习"，可作为帮助学习者更好习得语言的辅助手段。

　　随着信息技术与慕课的迅速发展，外语教学也需运用先进的信息技术和高质量的慕课资源，全面提高教学质量，满足学习者多样化的学习需求。慕课在外语教学中具有独特的优势，主要表现在以下三个方面：

　　(一)慕课的微课堂设计遵循语言习得的自然顺序，有利于提高外语学习者的学习效率

　　慕课的课程设置非常独特，常常将一节课的内容划分为 5~10 分钟的片段，这些片段被称为微课堂。微课堂之间通过若干小问题串联为类似通关游

---

　　① 陈仕清：《慕课对我国基础英语教育改革的启示》，《基础英语教育》2014 年第 3 期，第 3-8 页。

　　② Krashen, Stephen. *Principles and Practice in Second Language Acquisition*. Oxford：Pergamon Press，1982，pp. 15-16.

戏的课程体系，学习者需要正确回答问题后方能继续学习后面的课程。

　　这种微课堂的设置模式强化了知识的学习过程，符合行为主义学习理论。行为主义学习理论认为，语言学习与其他任何学习活动一样，都是习惯形成的过程。学习者对环境中的刺激会做出一定的反应，若该反应得到强化，就会被学习者记住，并最终形成习惯，因此语言学习也是刺激与反应的联结。① 美国当代著名心理学家、认知理论之父阿尔伯特·班杜拉（Albert Bandura）则进一步强调，人们不仅会对环境刺激做出反应，还会观察比较反应导致的结果，根据反馈判定哪种行为可能更容易达到目的，并对该种行为进行强化。② 慕课学习者回答微课堂后的问题其实是对刺激所做出的反应，是否回答正确，是否能够通关则是对学习者行为的评价或者反馈。若成功通关，这无疑是对学习者行为的肯定，也是一种奖励形式，可以起到正强化的作用，能够极大地激发学习者的学习兴趣，增强自我效能感。反之，通关失败则类似于惩罚，能起到负强化作用，促使学习者去寻找正确答案。

　　此外，克拉申还指出，外语学习遵循一定的自然顺序，这一自然顺序与母语习得顺序不完全一样，但也具有某种程度的相似性，且所学内容的难度排序与自然顺序相一致。③ 学习者将最先学会最简单的知识，这就要求外语的课程设计遵循自然顺序，由易到难，循序渐进。微课堂的课程安排采用单线程教学模式，恰好符合这一自然顺序，使得知识结构建构更加清晰、系统和富有逻辑性，从而提高学习者的学习效率。

　　(二)慕课"以学生为中心"的课程模式尊重外语学习者的个体差异，有利于实现外语教学的个性化教学

　　埃利斯指出，外语学习者在个性、动机、学习方式、天赋、年龄等方面的差距会导致外语学习速度和结果出现差异。比如青少年一般比儿童和成年

---

　　① ［美］罗德·埃利斯：《第二语言习得》，上海：上海外语教育出版社 2000 年版，第31 页。

　　② Bandura, Albert. *Social Learning Theory*. New York：General Learning, 1971, pp. 3-4.

　　③ Krashen, Stephen. *Principles and Practice in Second Language Acquisition*. Oxford：Pergamon Press, 1982, pp. 12-15.

人学习语言的速度要快，外向的人比内向的人要学得快、学得好。① 当然，学习者学习外语的速度和结果是学习者个人因素以及各种外部因素综合作用的结果，不可一概而论，要综合考虑各方面的因素。但不可否认的是，外语学习者的个体差异是影响外语教学不可忽视的因素。

传统外语教学以行政班级为授课单位，教师面对的是数十个学习者，难以做到个性化教学。慕课的出现则可以有效解决这一问题，"慕课实现了过去的教师本位向学生本位转变"，学习者真正成为学习的主人，在学习中获得了充分的话语权，自主决定学习内容、时间、地点、进度、方式等，还原了课堂教学"学"的本质，老师由掌控者转变为激励者和启发者。② 慕课的开放性使得学习者呈现多元化趋势，学习者的个体差异更加明显。以先进的在线技术为支撑的慕课，在教务管理系统上打破传统行政班级教学的局限，能够高效处理学习者的需求，根据学习者差异打造个性化学习方案，学习者之间彼此不冲突，做到教学的私人定制。在课程设置上，慕课采用单线程和多线程相结合的方式，既遵循外语学习的自然顺序，又考虑到来自不同文化背景或认知方式不一样的学习者可能在外语学习顺序上存在的差异，赋予学习者自主选择的权利。

(三)慕课可以减轻外语学习者的焦虑感，降低其情感过滤

慕课的学习方式是在线学习，学习者可以自主选择轻松愉悦的学习环境，课堂提问也是通过电脑输入和智能评价，这有效减轻了部分学习者面对公众场合的压力和面对课堂提问的焦虑感。有专家指出，学习者的情感因素，如动机、自信和焦虑感，也会影响外语学习。自我效能感低的、焦虑的学习者有更高的情感过滤，难以将输入有效地内化为自己的知识；相反，自信的、焦虑感低的学习者则具有较低的情感过滤，能主动获取更多的输入并内化为自己的知识。③

---

① [美]罗德·埃利斯：《第二语言习得概论》，上海：上海外语教育出版社 1999 年版，第 99~124 页。

② 张鸷远：《"慕课"发展对我国高等教育影响及其对策》，《河北师范大学学报(教育科学版)》2014 年第 2 期，第 18 页。

③ Krashen, Stephen. *Principles and Practice in Second Language Acquisition*. Oxford: Pergamon Press, 1982, p. 30.

一方面，慕课有效缓解了外语学习者的焦虑感；另一方面，学习者可以通过慕课平台相互帮助，共同探讨学习问题，加强人际交流与协作，促使外语学习者以更开放的心态融入外语的语言环境，这有利于其知识的内化。从这方面来看，慕课其实给外语学习者构建了一个理想的、建构主义的学习环境。建构主义的学习环境一般包含四个因素："情境""协商""会话""意义建构"。① 慕课给外语学习者提供了超越时空的语言情境，学习者与学习者之间可以进行协作和对话，并就相关问题形成自己的观点。

二、慕课在外语教学中的不足

与任何其他事物一样，慕课在外语教学中的运用也存在一些不足，这主要表现在以下几个方面：

(一)慕课有可能成为"教学快餐"，外语学习者的实际知识掌握程度不理想

首先，慕课不是传统的学期制排课，课程周期短，一门课程几周就可以完成。这一特质显然是与现代社会效率至上的信条相一致的，但有可能导致速成法泛滥，片面追求高效和结果，而忽视学习过程。慕课的非线性教学模式也使得短期突击学习成为可能。麻省理工学院洛里·布瑞斯洛(Lori Breslow)教授等经过调查发现，学习者易集中在周末，尤其是在限定期限前完成学习任务，原因或许在于周末时间充裕，但也反映出存在学习者突击式学习的现象。②

其次，目前广为流行的 xMOOCs③ 实际上背离了慕课的初衷，流于形式，是教学法上的退步。④ 这种慕课本质上仍然是传统"填鸭式"教学，学习者仍

① 杨维东、贾楠：《建构主义学习理论述评》，《理论导刊》2011 年第 5 期，第 79 页。

② Breslow, Lori. et al. Studying learning in the worldwide classroom research into edX's first MOOC. *Research Practice Assessment*, 2013, Vol. 8, pp. 15-16.

③ 根据不同的教学方法，当今的慕课大致可以分为两类：xMoocs 和 cMoocs。xMOOCs 是当前广为流行的慕课形式，以行为主义学习理论为理论基础，课程内容由教师事先设计、精心讲授，学生通过教师的讲授接受并内化知识。cMoocs 则基于联通主义理论之上，强调学习者个人通过与其他学习者交流获取知识，教师的教学视频只是学习活动中的一个组成部分，其他学习活动则全部由学习者在相互交流与合作中完成。

④ Pence, H. E. Are MOOCs a solution or a symptom? *Educational Technology Systems*, 2013, Vol. 42, No. 2, pp. 122-123.

然是被动接受知识，进行短时间大量记忆，实际上只实现了自主学习中的"自助"，而其核心的思辨能力则被忽视。语言学家胡壮麟曾指出，语言是一种复杂的社会行为，产生于社会，并随着社会的发展而不断变化，具有任意性和创造性。① 因此，语言学习并不是一劳永逸的活动，很难凭借短期机械记忆知识点而完成。当前慕课的教学模式易让外语学习者了解更多僵硬的知识点，而非掌握思辨能力、具备创造性使用语言的能力。

(二)慕课无法满足外语学习者体验式学习的需求

认知语言学认为，语言有三大特性：体验性、隐喻性和理据性，其中"体验性是基础、前提"。所谓体验性指的是"身体的感知和体验是高级认知活动必要的基础"。② 这就意味着外语教学中对目的语的大量实际操练十分必要，但目前慕课在实现语言操练方面的功能十分有限。一方面，语言学习需要听、说、读、写四种能力相结合，慕课当前侧重听和读，有大量的输入，但是在说和写两方面比较薄弱，输出不足。外语学习者的课堂互动主要体现在对问题的回答，回答形式一般为键盘书写，网络技术又使得复制、粘贴网络资源异常便利，外语学习者写的能力并不一定得到提高。另一方面，慕课对口语表达能力的训练则更少，即使目前计算机技术允许音频输入，老师对学习者的口语评价也不是即时的。

(三)慕课不利于及时纠正外语学习者的语言错误

行为主义认为，人们对刺激所做出的反应有两个作用，即对正确的行为进行强化，对错误的行为进行修正。③ 外语学习中的错误分析有利于帮助学习者有针对性地更正语言错误，合理安排教学内容。④ 在慕课学习过程中，外语学习者的反馈多为书面形式，学习者在语音、语调等方面的错误容易被掩盖，同时书面回答也可能存在欺骗性，诚信问题难以解决。虽然慕课为学

① 胡壮麟、姜望琪：《语言学高级教程》，北京：北京大学出版社 2002 年版，第 8 页。

② 文秋芳：《认知语言学对二语教学的贡献及其局限性》，《中国外语教育》2013 年第 2 期，第 23 页。

③ [美]罗德·埃利斯：《第二语言习得概论》，上海：上海外语教育出版社 1999 年版，第 12 页。

④ [美]罗德·埃利斯：《第二语言习得概论》，上海：上海外语教育出版社 1999 年版，第 51~54 页。

习者提供了互动平台，鼓励学习者互相帮助并解决问题，但是美国学者苏珊·怀特(Susan White)指出，很多学习者不愿意分享自己的观点，也不愿意看互动平台上的消息，互动平台名存实亡。① 美国学者克里斯蒂娜·沃森(Christina Wasson)也指出，一门慕课的师生比例达到 1∶10000 至 1∶80000，这使得师生之间的有效交流显得尤为困难。② 英国的阿诺什·马尔加良教授(Anoush Margaryan)等通过调查得知，cMOOCs 和 xMOOCs 均未对学习者疑问提供专家反馈，而互动平台上信息量庞杂，可信度值得怀疑。③ 由此，学习者会感到困惑、迷茫，使得大量的错误被忽略，这非常不利于外语学习。

慕课是数字信息化时代的产物，为现代宏观的教育改革提供了方向，具有较大的启示性作用。作为一种新生事物，慕课既具有传统高等教育所无法比拟的信息资源量大、受众广、课程精、个性化强等特征，也不可避免地存在一些不足。慕课在外语教学中的运用尚属一个全新的研究课题，还有许多问题需要探讨。慕课在外语教学中的优势十分明显，慕课的微课堂设计符合语言习得的自然顺序，其课程结构设置模式尊重学习者的个体差异，体现了"以学生为中心"的教学理念，并有效降低了学习者的情感过滤，提高了他们的学习效率。但瑕不掩瑜，慕课在外语教学中的优势远大于其不足，而且这些不足都可以通过一定的教学设计加以克服。外语教师可以严格控制教学的进度，避免某些学习者的学习速度过快；教师还可以设计大量真实的语言情境供学习者反复操练所学新知识点，满足他们体验式学习的需求。在这个过程中，外语教师可以借助网络建设若干有针对性的、小型的学习社区，及时回答学习者的提问，并纠正其语言错误。由此可知，慕课在外语教学中的运用将极具潜力。

三、慕课与大学生英语自主学习能力培养

培养大学生英语自主学习能力是我国大学英语教育的目标之一，是提高

① White, Susan. Reflections on MOOCs after taking three courses: strengths and weaknesses. *The International Union of Biochemistry and Molecular Biology*, 2013, Vol. 4, p. 281.

② Wasson, Christina. "It was like a little community": an ethnographic study of online learning and its implications for MOOCs. *Ethnographic Praxis in Industry Conference*, 2013, Vol. 3, p. 193.

③ Margaryan, Anoush. et al. Instructional quality of Massive Open Online Courses(MOOCs). *Computers & Education*, 2015, Vol. 80, p. 81.

大学生英语实际运用能力的重要手段，也是实现终身教育的必然途径。慕课拥有大量的免费精品课程资源，采用以学生为中心的教学模式，并且建立跨文化交流的学习社区，是提高大学生英语自主学习能力的有效途径，能够极大地激发学生的学习热情和积极主动性，实现他们学习的自主管理，增强其创新和思辨意识。

行为主义有关理论认为，人们对语言的学习与掌握，实际上是一种刺激与反应的联结，学习过程产生刺激，学习者对刺激做出反应。大学英语教学也深受这种观念影响，课堂教学多采用教师主讲、学生机械记忆的模式。然而，现代教学理念越来越认识到这种教学模式阻碍了学生个性发展和能力的提高。20世纪70年代以来，国内外学者开始研究英语自主学习，提倡培养学生的英语自主学习能力。教育信息技术，尤其是网络教学的迅猛发展为培养学生的英语自主学习能力提供了很好的技术支持。近年来，在形形色色的网络学习平台中，慕课以其信息量大、受众广、课程质量高等特质在全球引起广泛关注，并被视为颠覆传统教育的一场"革命"。

自主学习这一概念最早由法国南锡大学霍尔克(Henri Holec)教授引入外语教学界。他认为，"具备自主性学习能力意味着获得确定学习的目标、内容、材料和方法，确定学习的时间、地点和进度，以及对学习进行评估的能力"。① 然而，霍尔克教授对自主学习能力的界定只强调了学生的自我管理能力，而忽视了现代教学观所提倡的思辨与创新能力。爱尔兰自主学习研究领域知名学者利特尔(David Little)随后提出，"学生的自主性是一种独立的、进行批判性思考、做出决定并能实施独立行为的能力，是学生学习过程和学习内容的心理联系"。② 语言的创造性使得语言随社会的发展而不断地变化，它是一个动态的系统，学生毕其一生也无法穷尽语言知识。③ 因而，大学英语教学不应该一味地以灌输英语词汇、语法知识为目标，而应着力培养可终身受用的自主学习能力，尤其是批判精神和思辨能力，这样才能有效地培养大

---

① 徐锦芬等：《非英语专业大学生自主性英语学习能力调查与分析》，《外语教学与研究》2004年第1期，第64页。

② 徐锦芬、徐丽：《自主学习模式下大学英语教师角色探析》，《高等教育研究》2004年第3期，第78页。

③ 胡壮麟、姜望琪：《语言学高级教程》，北京：北京大学出版社2002年版，第11页。

学生的英语实际应用能力，实现终身学习的教育目标。

　　然而，研究表明，目前我国大学生英语自主学习能力普遍较低，主要表现在学习计划性不够，计划实施难以保证，自我评估不足，课堂效率低，课前预习不充分，不能多渠道学习、运用英语。① 因而，培养大学生英语自主学习能力可谓任重而道远。基于互联网技术而产生的慕课有利于培养大学生的英语自主学习能力，有利于增强学生的自我管理能力和思辨、创新能力。

　　（一）慕课有利于发挥学生积极主动性和学习热情

　　国内学者倪清泉通过研究指出，大学英语学习动机与自主学习能力呈正相关关系。② 这就要求强化英语学习动机。慕课具备世界一流的精品课程资源、丰富多彩的课堂教学形式、个性化的课程安排模式，能够极大地激发学生学习英语的兴趣。同时，慕课中微课堂采用问题串联机制，就如同游戏通关，这一设计增强了课程的趣味性，同时利用学生好胜心理来引导学生不断探索，通过完成一系列挑战增强学生的自我效能感，使学生能够更加积极主动地参与英语学习。

　　慕课建立了供学生沟通交流的学习社区，集学习、交友于一体，学生可以相互学习、共同探讨。这样就创造了良好的学习氛围，提高了学生的学习积极性。更重要的是，慕课不设门槛，使慕课使用者呈现多元化趋势，实际上创建了一个世界范围内的跨文化语境。在这一语境内，学生不仅能学习语言，还能近距离了解真实的文化，极大地激发其学习热情，促使其化被动学习为主动学习。研究表明，绝大多数慕课学生的动机是为学习某一课程，增强或更新知识，还有一部分是为了体验慕课，与导师交流，以及挑战自我，当然也存在部分学生以获取证书为目的，但总体上，主动学习行为占多数。③

　　（二）慕课可以让学生实现自主管理

　　增强自主管理能力是培养大学生英语自主学习能力的第一步，慕课试图转变"以教师为中心"的教学理念，实现"以学生为中心"的个性化教学，赋予

------

① 王笃勤：《大学英语自主学习能力的培养》，《外语界》2002 年第 5 期，第 18 页。

② 倪清泉：《大学英语学习动机、学习策略与自主学习能力的相关性实证研究》，《外语界》2010 年第 3 期，第 35 页。

③ Hew, K. F. & W S Cheung. Students' and instructors' use of Massive Open Online Courses (MOOCs): motivations and challenges. *Educational Research Review*, 2014, Vol. 12, p. 47.

学生按照个人兴趣自主选择学习课程的权利，这无疑是一大突破。这表明，慕课在促使学生自己订立学习目标，选择学习内容、材料方面发挥了重要作用。此外，网络技术使学生不受时空限制，可以自主安排学习时间、地点和进度，学生真正成为学习的主人，能够根据自己的实际情况制订合理的学习计划并执行。

传统高校制定的教学目标"一直遵循着专业化的发展道路。模式化的专业设置将不同能力、不同特长、不同结构的学生放在统一的学习环境中进行锻造，出产的只可能是统一规格的产品"。① 只有实现自主管理，学生才能获得个性化发展。相较于传统高校教学目标设定，慕课的教学目标显得更为灵活；慕课系统会对学生的学习情况进行跟踪管理，学生能够对自己的学习状况有更客观的评估；慕课学习社区允许学生向教师、助教等寻求帮助，获得建议，学生可以据此随时修改、制订更为合理的学习计划。

慕课自产生以来，其高注册率和低结业率形成巨大反差，一直遭人诟病。但忽视学生结构和学习动机而单独评判慕课的结业率是不合理的。慕课或许在监督学生完成学习计划上尚有改进空间，但慕课将学习自主权归还于学生就已经在培养大学生自主学习能力上迈出了重要的一步。在传统的学校、教师包办的教学管理下，学生的自主权受到极大的限制，即使学生能够完成学习计划也难以培养英语自主学习能力。

(三)慕课有利于培养学生的思辨能力和自主创新能力

培养大学生英语自主学习能力仅有自主管理能力是不够的，更重要的是培养思辨与创新能力。北京外国语大学孙有中教授指出，大学教育赋予学生最宝贵的财富是迁移能力，即学生可以从大学中带走的能力，而在各种迁移能力中思辨能力是最重要的。② 英语是一门活的学科，只有培养思辨能力才是长远之计。慕课设置问题机制串联微课程，可以引导学生独立思考，巩固学习内容，增强其对所学知识的理解。此外，学生可以通过交互式的学习社

① 刘和海等:《"慕课"对我国高等教育的影响——基于高等教育核心价值取向视角》，《安徽师范大学学报》2014年第4期，第519页。
② 孙有中:《突出思辨能力培养，将英语专业教学改革引向深入》，《中国外语》2011年第3期，第51页。

区与授课教师交流。慕课还提倡实行翻转课堂，学生观看视频后可在课堂上与老师、同学针对相关问题进行深入探讨。这些促使学生积极思考问题，批判性地看待问题，以及创造性地解决问题。

除此之外，网络学习社区在提高学生思辨能力和自主创新能力上具有较大的作用。国内学者阮全友教授认为，培养大学生思辨能力的核心问题是构建交流环境和拓展学习、交流内容的内涵。[①] 如果说慕课的教学视频是行为主义教学理论的体现，那么网络学习社区则践行了 cMOOCs 所倡导的联结主义理论。西蒙斯（George Siemens）和道恩斯（Stephen Downes）提出的 cMOOCs 以联结主义为基础，认为学习就是构建和研究知识的联结。这种联结发生在人的神经系统和观念之中，以及社会层面，它如同一张网，社会、科技、文化等都会影响、增添和强化这种联结。[②] 慕课中的网络学习社区将生活环境与学习环境结合在一起，加强了师生之间、同学之间的交流。慕课吸引了来自全世界不同文化背景的学生，这些学生在学习社区的交流学习，反过来丰富了慕课的学习资源和会话情景，为学生提供了最真实的英语语料。同时，学生可以通过社区直接与母语为英语的学生交流，将所学知识运用于实际，促使不同的思想发生碰撞，交流内容也成为书本知识的有益补充，拓展了知识面；更重要的是学会从不同的视角看待问题，不断进行反思，掌握独立学习的技巧，提高其思辨能力，学会创新性地使用语言。

培养大学生英语自主学习能力是我国目前大学英语教育的重要目标，也是提高大学生英语综合运用能力的重要方法。慕课是培养大学生英语自主学习能力的一条有效途径，其优质的课程资源和丰富的课堂形式能够有效地激发学生的英语学习热情，引导学生发挥主观能动性；而学习社区将世界各地英语爱好者融合在一起，自发地营造良好的英语学习氛围和真实的情景。同时慕课坚持以学生为中心，让学生的自主管理能力得到了锻炼，更重要的是，慕课能从课程设置、教师、学习社区等多方面着手培养学生的思辨和创新能

---

① 阮全友：《基于 QQ 平台的实践共同体对学生思辨能力的培养》，《外语电化教学》2014 年第 156 期，第 49~52 页。

② Tschofen, Carmen & Jenny Mackness. Connectivism and dimensions of individual experience. *International Review of Research in Open and Distance Learning*, 2012, Vol. 1, p. 125.

力。但目前这方面的研究刚刚起步，还有待进一步研究和探讨，慕课在提高大学生英语自主学习能力方面还有很多难题需要攻克。

第四节 慕课与高校课程思政

2015 年，教育部出台《关于加强高等学校在线开放课程建设应用与管理的意见》，要求高校积极建设慕课和使用慕课。国内高校纷纷开始打造校本专属的慕课课程，众多慕课平台如雨后春笋般涌现。相较于传统教育教学，慕课可随时随地提供学习并提供独特的语言文化环境，因此受到了众多学习者的青睐。

值得注意的是，虽然慕课已取得一定进展，但在课程思政的大背景下，以课程思政视角反观慕课，将发现这些课程在授课重点、教学形式、考核机制等方面仍存在一些问题。2016 年，习近平总书记在全国高校思想政治工作会议上明确指出，"要坚持把立德树人作为中心环节，把思想政治工作贯穿教育教学全过程，实现全程育人、全方位育人"，① 促进"思政课程"转变为"课程思政"。2020 年，教育部在金秋系列首场新闻发布会上再次强调，要重点推进高教领域的课程思政建设，确保课程思政与思政课程同向同行，实现立德树人的教育目标。高等教育是一个"意识形态战场"，政治操纵、文化冲突、宗教渗透等问题屡见不鲜，而慕课师生分离的环境一定程度上削弱了教师的引导作用，影响了课程的思政教育功能。

一、课程思政背景下慕课的现存问题

在课程思政背景下，慕课的不足主要表现在重知识传授轻思政教育、"教""学"时空割裂、考核机制不完善三个方面。

(一)重知识传授轻思政教育

现有的多数慕课重视知识传授、忽视思政教育，对课程材料中思政要素的剖析不够深入。虽然一些高校在开发慕课时有意选取能够体现人文素养或

---

① 习近平：《习近平谈治国理政》(第二卷)，北京：外文出版社 2017 年版，第 376 页。

思政功能的教材，但慕课录制的过程中，教师仍主要围绕知识传授和技能培养展开教学，对课程材料中的思政要素关注较少。以外语类慕课为例，由于外语类慕课具有一定的特殊性，更易对学习者的意识形态和价值观产生影响，意识形态、价值观等思政要素的融入对外语类慕课至关重要。"中国大学MOOC"平台2020年秋季学期上架的"商务英语"课程虽然在课程目标中提出培养具有国际视野的复合型商务人才，但实际授课中，教师仍将商务英语词汇和商务信函写作方法视为教学重点，对学习者的商业文化、人文素养和价值观教育关注较少；"中国高校外语慕课联盟"平台2020年秋季学期开设的"基础日语"课程也将授课重点放在语法、语音等语言基础知识上，却少有提及课程材料中蕴含的中日文化以及由此导致的意识形态差异。此外，现有的外语类慕课侧重于讲述西方文化的历史根源与表现形式，却在很大程度上忽略了中华优秀传统文化的翻译与海外传播，这有可能削弱学习者的本土文化主权意识，导致其无法正确认识中西文化差异。有失偏颇的教学重点可能导致学习者对万圣节、感恩节和圣诞节等西方舶来文化津津乐道，却在一定程度上忽视了春节、端午节和中秋节等中华传统节日，进而影响学习者的民族身份认同，遑论引导他们将这些优秀传统文化译为外语并向海外传播。

而且，部分慕课教学时间的分配并不合理，知识讲解和基础能力训练的时长占据了课程总时长的绝大部分，留给学生思考的时间较少。不仅如此，基本原理、具体运用等学科知识教学多以视频形式呈现，具象化的表达方式更容易被学习者接受。思政内容主要以文档形式编入课程，容易被学生忽略。

(二) 慕课"教""学"时空割裂

学习是学习者在特定的社会环境中参与社会互动的结果。换言之，学习者在特定环境中进行交流互动，学习学科知识，同时形成特定的意识形态与价值观。因此，学习环境与互动的重要性不言而喻。在传统课堂教学中，教师担任着"教室环境打造者、课堂教学管理者、授课进程设计者、教育成果评估者、读写文化倡导者、学生学习指导者、各种关系协调者、外界沟通实践者以及终身学习进步者"九种角色，① 可以通过布置课堂环境、组织课堂交流

---

① ［美］克里斯顿·纳尔森、吉姆·贝利：《教师职业的9个角色》，刘坤译，北京：中国青年出版社2011年版，第1~176页。

等方式潜移默化地引导学习者树立爱国精神等核心价值观。然而,线上进行的慕课教学有别于课堂教学,其远程教学的方式虽然有助于学习者进行自主学习,但也存在一些问题:"教"与"学"时空上的割裂会致使各要素分离,导致课程内容和思政要素不能同频共振,无法有效引导学习者培养正确的意识形态与价值观。现有慕课的师生交流反馈并不完善,更是加剧了这一问题。

当前多数慕课主要由视频观看、课程练习与测试两个部分组成。教师在制作慕课时录制了全部教学内容,并制作为5~15分钟的教学视频,学习者则通过观看慕课视频学习新知识。教师的"教"与学习者的"学"似乎被分割成两个独立的部分。学习者对着电脑学习,被动接受相关课程知识,难以和教师进行良性互动。甚至有部分学习者抱怨,在部分慕课中,教师只是照本宣科地朗读幻灯片内容,毫不顾及学习者的课程体验。此外,慕课的呈现往往具有一定的滞后性。在一般情况下,慕课制作包括设计策划、录制准备、视频录制、视频剪辑校对、视频包装美化等多重环节,需要耗费一定的时间。一旦慕课制作完成,课程内容便固定下来。这意味着慕课的教学过程中,学习者很难紧密结合当下的时政热点与时事要闻,难以从客观现实出发切实培养家国情怀、爱国精神等价值观念。这在一定程度上削弱了教育的"即时即地性"与"独一无二性"。本雅明曾在《机械复制时代的艺术作品》中指出,相较于原作,艺术复制品总会缺失"光韵",换言之,"艺术品的即时即地性,即它在问世地点的独一无二性"。① 在某种意义上,慕课可以视作传统课堂教学的艺术复制品,"教"与"学"时空上的割裂导致慕课丧失了"光韵"。另外,师生交流反馈不完善,师生沟通渠道单一,学习者只能通过线上留言的方式进行提问,且教师的回复往往具有一定的滞后性,两者难以及时进行反馈交流。这些在极大程度上削弱了慕课的思政功能。

"生生交互",即学习者间的交流讨论也是学习的重要组成部分。学习者之间的良性互动能促使其对课程学习进行投资。在交流讨论时,不断建构和重构自己,以及自己与社会环境的关系,从而形成独特的价值取向。目前,在大多数慕课中,学习者之间的交流受制于时空上的障碍,效果十分有限,

---

① [德]瓦尔特·本雅明:《机械复制时代的艺术作品》,王才勇译,北京:中国城市出版社2001年版,第7页。

而且学习者之间的交互也具有一定的滞后性。

（三）慕课考核机制不完善

在课程学习过程中，考核机制对学习者起着至关重要的引导作用，具体化、系统化的考核机制能促进学习者的知识掌握，并促进学科之间的融合，帮助学习者确立正确的学习目标与学习计划。行之有效的考核机制不仅能有效督促学习者培养知识技能，也能潜移默化地引导他们提高自身的思想道德素质，进而形成一定的价值判断。反之，如若考核机制不完善，则学习者可能在林林总总的课程知识中迷失方向，仅仅将"通过慕课结业考试"设立为最终目标。这实际上不利于学习者知识技能的提高和思想道德素质的培养，与课程思政背景下全方位育人的要求不符。

目前，慕课的考核机制并不完善，对学习者思政方面的引导作用比较薄弱。仍以外语类慕课为例，在大部分考核中，语言知识技能的考查占据绝对的主体地位。笔者通过随机抽样的方式在"中国大学 MOOC""中国高校外语慕课联盟"等主流慕课平台上随机抽取了 5 门外语类慕课，基本涵盖外语入门课程、语言技能课程以及专门用途英语课程等不同类型的课程，考核机制统计如表 6-4 所示：

表 6-4　主流慕课平台外语类课程考核机制

课程名称	慕课平台	阅卷方式	考核机制
英语语音	中国大学 MOOC	自动化程序评测（客观题）	单元测验（客观题）80%+期末考试（客观题）18%+课程讨论 2%
应用语言学入门	中国大学 MOOC	自动化程序评测（客观题）	单元测验（客观题）40%+期末考试（客观题）50%+课程讨论 10%
基础西班牙语	中国高校外语慕课联盟	/	单元测验（客观题）30%+期末考试（客观题）40%+视频观看 10%+单元作业 20%

续表

课程名称	慕课平台	阅卷方式	考核机制
商务英语	中国高校外语慕课联盟	自动化程序评测(客观题)	单元测验(客观题)30%+期末考试(客观题)50%+课程讨论20%
基础德语	好大学在线	自动化程序评测(客观题)	单元测验(客观题)60%+期末考试(客观题)20%+课程讨论10%+视频观看10%

注：以上数据的统计时间截至 2021 年 12 月。

不难发现，这些外语类慕课的考核机制主要由单元测验、期末考试和课程讨论三部分组成。慕课的课程讨论很难发挥传统课堂讨论的作用，单元测验与期末考试的机制在育人方面也存在一定缺憾。外语类慕课的单元测验与期末考试主要形式为自动化程序评测，即系统自动发布客观选择题然后由机器进行批改。发布的客观选择题大多围绕讲解过的语言知识技能展开考察，无论是单元测验还是期末考试都缺乏主观性试题，无法有效彰显学习者的思想道德素质。这也意味着学习者在学习外语类慕课的过程中，容易将语言知识技能的提高当作首要目标，极有可能忽视思想道德素质等核心素养的培育。此外，自动化程序评测的全过程由系统自动完成，教师没有任何介入。因此，课程考核环节中，教师难以深入了解学习者的外语能力与实际素养，无法发挥立德树人的根本作用。

另外，慕课本身的评价机制也存在一定问题。近年来，国内上架的慕课数量颇丰、种类繁多，但质量参差不齐。一些慕课构思精巧、体系完善，既阐明了课程知识，也蕴含着深厚的文化，能引导学习者在课程学习的过程中塑造正确的意识形态与价值观。但也有少数慕课不假思索地引进国外授课材料与教学模式，并且，在"借鉴"过程中未对隐藏的教育操纵、文化殖民等现象加以甄别。同时，也不乏一些慕课的开设目的纯粹是为应付教学任务或牟利，其质量远远无法达到全方位育人的具体要求。在一般情况下，只要慕课资金足够、结构完整即可上线，其质量是否达标尚未有严格的评价标准。无论是慕课中知识技能方面的教学质量还是思想道德素质等思政要素的体现都缺乏宏观上强有力的监督与引导，这不利于人才培养。

二、课程思政背景下慕课的改进策略

针对上述问题，笔者认为要将课程思政融入慕课，以切实培养德才兼备人才，教师需在开发、使用慕课的过程中根据实际情况做出以下几点改进：

（一）深入钻研课程内容，挖掘内容本身的思政要素

教师应该深入剖析课程材料中的思政要素，通过一定的引导将隐性的思政要素有效外显，从而帮助学习者培养正确的意识形态与价值观。首先，教师在录制慕课时需转变传统思维，调整授课重点，不能只将授课重点全部放在基础知识、基本原理等知识技能上，而且也要重视材料中历史、文化等思政要素的分析与解读。在进行课程讲解时，教师不仅要关注基本的知识与技能，更要重点剖析材料中体现的"真、善、美"等人文精神。其次，教师要关注课程材料中展现的文化因素，引导学习者从中国立场出发，辩证地分析认知这些西方文化因素，坚定自身的文化立场。

在课程内容的时间分配方面，教师要合理分配教学时间，兼顾知识技能的讲解与历史文化等思政要素的剖析。同时，教师应适当提升对中华优秀传统文化的关注度，通过"视频讲解""互动讨论"等具象化的授课方式更加生动地彰显文化的魅力。文化因素的挖掘能切实培养学习者的文化意识，有效引导学习者培养正确的意识形态与价值观，为人才的培养作出实质性贡献。

（二）优化教学形式，采取线上线下混合式教学模式

针对外语类慕课"教""学"时空割裂，无法有效引导学习者培养爱国精神等核心素养的问题，教师应设法优化慕课的教学形式，让冰冷的电脑也有"温度"。一方面，教师录制慕课时可以精心设计视频背景并使用一些教学道具，使学习者在学习慕课的过程中身临其境，切实感受到教学的"即时即地性"。以外语类慕课为例，讲解中西方传统节日等相关知识时，教师可以将特定的节日装扮设置成视频背景，并辅以"灯笼""圣诞树"之类的道具，以强化师生交互，培养学习者的爱国精神与家国情怀。除了录制视频等常规形式，教师还可以适当做出调整，设计出新颖独特的慕课教学形式，如制作目前备受青

昧的互动视频,以"游戏闯关"的形式让学习者切实参与课程学习。设计精巧的互动视频不仅能有效提升学习者的积极性,也能在一定程度上弥合"教"与"学"空间上的割裂。

另一方面,教师可以采取线上线下混合式教学模式,让"教"与"学"在时间维度上得以协调。混合式教学模式融合线上教学与传统课堂教学,既能通过线上教学方便学习者进行自主学习,也能通过课堂教学全面培养学习者的时代精神等核心素养。① 进行线上教学时,教师可以深入挖掘知识的历史根源,引导学生进行思考。在课堂教学中,教师则可以与时俱进,紧密结合当下的时政热点与时事要闻讲解知识的发展,因势利导地对学习者进行实时的思政教育。生生之间的交互也不存在时间上的障碍,即时即地的交流讨论能有效提高学习者的积极性,对其价值观塑造起到正向的引导作用。与此同时,良好的课堂环境能够打造一定的文化氛围,强化学习者的情感体验。教育的主客体往往带着一定的情绪与他人展开交流,及时地沟通反馈可以将双方的情感调节至良好状态,促使学习者形成正确的意识形态与价值观。教师思想上的认同与行为上的引导能有效发挥情感作用,进而强化课程的思政功能。只有优化慕课的教学形式,将线上教学与课堂教学有机融合,慕课才能将"教"与"学"紧密结合,散发出自身的独特"光韵",进而引导学习者培养爱国精神、时代精神等核心素养。

(三)添加思政维度,改进慕课考核机制

针对目前高校外语类慕课的考核机制不完善,无法有效培养学习者的思想道德素质等核心素养的问题,教师需在慕课的单元测验与期末考试中添加思政维度,引导学习者正确认识语言学习的真正价值,帮助其培养一定的思想道德素质。一方面,教师应该提高平时成绩在综合成绩评定中的测算比重,并在布置平时作业时精心挑选能体现思政要素的作业材料。比如,讲解完关于感恩节的课程后,教师可以要求学习者模仿相关材料撰写一篇介绍春节的外语作文并提交作业,而该项作业的分数会按一定比例折算后纳入综合成绩评定。另一方面,设计慕课单元测验和期末考试时,教师应适当减少客观题

① 郭丽萍:《线上线下混合式教学模式在高中英语教学中的应用》,《教育理论与实践》2018 年第 35 期,第 55 页。

的比重，加入部分具有启发意义的主观题。通过主观题的设置给学习者布置特定的文化情境，要求他们在特定的文化情境下进行认知选择，从而帮助其形成正确的价值判断。调整考核重心后，学习者能根据考核要求更准确地做出取舍，在知识技能学习与综合素质能力提升之间找到合适的平衡点。综合成绩评定的全过程中，教师也应有效介入，从学习态度、情感变化、创新思维、文化意识、道德观念等多维度对学习者的成绩进行评定。

此外，引进国外的慕课或借鉴其教学模式的过程中需勤加思考、甄别，谨慎对待知识中可能渗透的意识形态、价值观、宗教信仰等因素，努力做到取其精华、去其糟粕，杜绝教育操纵、文化殖民等现象发生的可能性。在这一过程中，教育机构要努力发挥监督作用，建立一套标准化、透明化的考核评价机制，从课程内容、思政维度等多方面考核评定慕课的教学质量。慕课正式上架前，可以交由各方专家进行审核，重点围绕慕课中知识技能的教学与课程思政要素的体现进行评定，确保慕课质量达标，能够起到教书育人的根本作用。对于慕课平台上已有的课程，教育机构可以定期展开抽查，对其质量进行摸排，通过严格的监督管理保证慕课在育人方面的质量。融合思政维度的考核机制与评价体系能为慕课保驾护航，确保慕课切实做到全方位育人，有效引导学习者在语言学习的过程中培养正确的意识形态与价值观。

目前，慕课为学习者提供了多样化的选择，但因其自身的特殊性，其中思政要素的融入和体现至关重要。慕课要优化教学形式、改进考核机制，在讲解知识技能的同时，深入挖掘历史文化、爱国精神、思想道德素质等思政要素，进而帮助学习者树立正确的自我认知与社会认知。在课程教育与思政教育同向同行的前提下，慕课才能"为学生点亮理想的灯，照亮前行的路"，切实培养德才兼备人才，为我国经济的发展和作出应有贡献。

第七章

慕课的哲学反思

面对慕课这种复杂的新生事物,专家学者们褒贬不一。美国哲学家杜威(John Dewey)认为,哲学是教育的一般性指导原则,教育方面的问题均可以从哲学层面加以分析。① 美国当代教育家布鲁贝克(John S. Brubacher)也持相同看法,认为教育实践中出现的矛盾"给了哲学一个很好的机会",人们需要运用哲学分析、解决这些矛盾。② 本章将结合人本主义哲学、技术哲学和政治哲学的相关理论,分析慕课给教育领域带来的利弊得失,以期帮助人们更加理性地认识慕课,并在运用慕课的过程中做到扬长避短。

一、教育的人本化

人本主义是德文 anthropologismus 的意译,又译作人本学。希腊文词源为

---

① Dewey, John. *Democracy and Education*. New York: The Macmillan Press, 1930, p. 376.

② [美]约翰·S. 布鲁贝克:《高等教育哲学》,王承绪等译,杭州:浙江教育出版社 2001 年版,第 2 页。

antropos 和 logos，意思是人与学说。西方人本主义在发展过程中，大致经历了 4 个阶段：古代朴素的人本主义、中世纪宗教对人本主义的压制、文艺复兴时期人本主义的复兴、现代主义时期科学对人本主义的挤压。

古代人本主义思想萌生于人类自我意识觉醒的时期，认为人类能够认识外界事物。由于受当时生产力和社会实践水平制约，古代的人本主义思想十分有限，主要强调直觉、知觉等信念。中世纪是黑暗的宗教世纪，上帝和教会凌驾于人之上，人生来具有原罪，人生活的唯一目的即为死后进入天堂。为达成这个目的，人在世时便需谨遵基督教的种种规定，否定世俗生活和现世生活的乐趣，转而追求救赎。宗教神学在政治上层建筑的支持下，取得了合法的外衣，从而对人本主义传统进行了彻底的反动。中世纪神学的残酷统治对人本主义形成了浓重的遮蔽，是人本主义发展史上首次遭遇到的一场大灾难。

进入文艺复兴运动时期后，人们开始挣脱宗教神学的束缚，主张以"人性"反对"神性"，以"人权"反对"神权"，积极探索人自身的价值和意义，确立了以人为中心的哲学思想。文艺复兴运动和启蒙运动歌颂人的伟大，提倡个性的自由发展，强调现世生活的意义，用对人的肯定来反抗对神的屈从。启蒙运动以"天赋人权"为旗帜，提出了"自由""平等""社会契约"等思想，直接从政治角度抨击了封建制度的不合理性，为资产阶级反对封建阶级提供了强有力的理论支持。文艺复兴运动和启蒙运动，彻底终结了宗教神学对人本主义的奴役，开创了人本主义的发展前景。文艺复兴运动从古希腊文化中寻找人文主义的文化资源来反对宗教，希腊文化中的人本主义对人的肯定是依仗一种素朴的信念，直观相信人类依靠理性的力量能够彻底认识外在世界。

进入现代时期，随着科学的迅速发展，人们对理性的热情空前高涨。科学技术在造就辉煌的业绩的同时，日益显露出对人本主义的挤压。现代工业社会成为技术理性主宰的世界，只有符合技术合理性的要求，才能参与社会的生产活动，人被严重地机械化。科学技术成为一种价值理性主导了人的生活，一切符合技术合理性的生存方式就被认定为一种合理的生存。这就使人生活在严重异化的状态，人的生存方式趋于平面化，逐渐丧失理性批判的能力。科学技术的负面效应对人本主义形成了强力的挤压，成为继宗教神学之后人文主义的又一次劫难。

在哲学方面，笛卡尔(也译作"笛卡儿"本书与注释文献一致)在人本主义哲学的基础之上，进一步提出"我思故我在"的主体哲学，认为人不再依附于上帝，而是独立的理性主体，人是世界的中心，运用自己的理性来认识并改造作为客体的世界。笛卡尔写道，"我是一个在思维的东西，也就是说，一个精神，一个理智，或者一个理性"，①"我们只是通过在我们心里的理智功能，而不是通过想象，也不是通过感官来领会物体"。②康德将笛卡尔的主体哲学推进至新的高度，提出人先天具有的"纯粹知性概念"或"纯粹知性范畴"是认识得以可能的条件。"赋予一个判断中的各种不同表象以统一性的那同一个机能，也赋予一个直观中各种不同表象的单纯综合以统一性，这种统一性用普遍的方式来表达，就叫做纯粹知性概念……按照亚里士多德的方式把这些概念叫做范畴。"③在康德看来，在认识事物的过程中，人处于中心位置，人构造了事物和现实世界，由此康德提出"人为自然立法"的著名论断。

人本主义与主体哲学在 20 世纪主要表现为胡塞尔的现象学和萨特的存在主义。胡塞尔的现象学将外部世界括而不论，转而研究人的意识本身，认为人的纯粹自我意识是认识活动的基点，它实现了对事物的构造，确保了知识的可靠性。胡塞尔提出了意向性这一现象学的关键概念，认为人的意识总是指向某个对象，人的意向性赋予外部世界以意义，也即外部世界在被人的意向性指向之前是黑暗的、没有意义的，只有当人的意向性投射于外部世界时，外部世界才获得了意义与秩序。"我们毫不怀疑地指出，意向的体验具有这样的特性，即在一个适当的目光朝向中，可从中引出'意义'来。"④萨特认为，人是一种"自为的存在"，有选择的自由，并且要为自己的选择承担所有责任。他强调指出，并不存在所谓的"人性"，人的存在先于人的本质。"我们说存在先于本质的意思指什么呢？意思就是说首先有人，人碰上自己，在世界上涌现出来——然后才给自己下定义……人除了自己认为的那样以外，什

---

① [法]笛卡尔：《第一哲学沉思录》，庞景仁译，北京：商务印书馆 1986 年版，第 26 页。
② [法]笛卡尔：《第一哲学沉思录》，庞景仁译，北京：商务印书馆 1986 年版，第 33 页。
③ [德]康德：《纯粹理性批判》，邓晓芒译，北京：人民出版社 2004 年版，第 71 页。
④ [德]胡塞尔：《胡塞尔选集》，倪梁康选编，上海：上海三联书店 1997 年版，第 582 页。

么都不是。"①萨特的"存在先于本质"一方面否定了上帝创造人的本质这一观点，另一方面强调了人的主观能动性和人的本质的可塑性，彰显了人的个性，增强了人的自信心。

20世纪，美国心理学家马斯洛（Abraham H. Maslow）和罗杰斯创造性地将人本主义运用到教育中，提出教育要以人为本、以学习者为中心的人文主义教育思想。马斯洛认为，教师在教学过程中，要重视学生的基本需求，重视学生的认知、动机、情感、兴趣和潜能等心理因素，帮助学生肯定自我，进而实现自我。学生自我实现的关键在于自我，"他们自己的发展和持续成长依赖于自己的潜力以及潜在的资源"。② 罗杰斯将心理学上的"患者中心"治疗方法应用到教育领域，提出"自由学习"的学习观，认为学生天生具有学习的愿望，尤其当学习内容符合学生的兴趣并与自身需要相关时，学生的学习积极性最容易激发。"自由学习"是一种"有意义学习"：学生主动投入学习，探索未知事物的意义。在这个过程中，学生个人的认知、情感、人格等得到全面发展，并且还可以随时对学习进展状况进行自我评估。罗杰斯指出，这种学习不是一种方法或技术，"它是一种教育情境，个体在其中能得到成长；它又是一个价值观系统，强调个体的尊严、个人选择的重要性、责任的意义和创造的愉悦；它又是一种人生观，建立在强调人人皆有权力的民主精神基础上"。③

慕课将人本主义哲学的理论运用到具体的教育实践中，形成以学生为中心的课程设计和教学理念。慕课主讲教师在设计慕课时，首先会充分考虑学生的兴趣，打破课程的原先安排顺序，采用能激发学生兴趣的新的内容编排顺序。例如，中国大学慕课平台上的"美国文学选读"（河海大学）课程，便改变了原来的文学选读按照时间顺序安排课程内容的做法，转而将课程内容按照美国文学中的"人与自然""人与社会""人与人""人与自我"四个模块重新

① ［法］让-保罗·萨特：《存在主义是一种人道主义》，周煦良、汤永宽译，上海：上海译文出版社1988年版，第8页。
② ［美］马斯洛：《动机与人格》，许金声等译，北京：华夏出版社1987年版，第190页。
③ ［美］罗杰斯、［美］弗雷伯格：《自由学习》，伍新春等译，北京：北京师范大学出版社2006年版，第40页。

组织课程内容，帮助学生建立文本分析的能力，培养学生积极独立思考意识和问题意识。

此外，绝大多数慕课并非由一段视频组成，而是包括若干长度不等的视频片段——"微课程"，这些"微课程"的长度在 5~15 分钟，每个片段是一个相对独立的内容要点。传统课堂教学单节课程时长一般在 40 分钟以上，但"人的心理活动指向和集中于某种事物的能力一般不会超过 10 分钟",① 学生难以在整节课上集中注意力听讲，吸收所有知识点。相比较而言，慕课开发的课程多为 5~15 分钟的短视频，既方便学习者消化，也能确保学习者在学习过程中集中注意力，从而保证学习质量。慕课适应了学习者的学习习惯，凸显了"以人为本"的教学理念，这是传统教育教学难以做到的。

"微课程"之间通常会设置一些问题，学生只有在答对这些问题后，才能进入下一阶段的学习。这种课程设计类似于游戏中的闯关，充分利用了学生的心理特征和认知规律，能较好地激发学生的学习兴趣与积极性。慕课将学生视为笛卡尔式的理性主体，将他们置于认知活动的中心，让他们运用自己的理性去思考、去认知，并和自己先前的知识积累建立有效的联结，进而构造新的知识体系。慕课也十分重视学生的"意向性"指向，通过多媒体、问题设置等方式将学生的注意力吸引到课程内容上来，在此基础上完成知识的学习与内化。

慕课也将学生视为萨特意义上的"自为的存在"，赋予学生充分的自由，学生可以根据自己的时间灵活地选择学习的时间、地点和方式。与传统的课堂教学的一次性和不可逆性不同，学生在慕课学习过程中，可以反复多次观看教学视频，或者有针对性地多次重放难点部分，还可以将播放的速度调慢，以满足学习的需求。慕课的一个革命性意义便在于打破了传统高等教育中时间、地点和课堂授课制对学生的限制，将学习的自主权归还学生，最大限度地发挥了学生的主观能动性。正如萨特指出的那样，人需要为自己的选择承担所有的责任，慕课赋予学生选择的自由，同时要求学生自主负责自己的整个学习过程，这间接地培养了学生的责任意识和主人意识。

---

① 李梁：《慕课与思想政治理论课教学模式创新》，《思想理论研究》2014 年第 1 期，第 65 页。

慕课的这种学习模式符合马斯洛的自我实现理论和罗杰斯的"自由学习"理论。学生在学习慕课的过程中，充分发挥了自己的兴趣、动机、潜能等心理因素，达成了自我肯定，同时也培养了人格方面的意志、毅力、创造性等关键因素。慕课其实也构成了罗杰斯意义上的"教育情境"和"价值观系统"，学生在慕课学习的过程中，既发挥了个性自由，又体会了选择、责任的重要性，较好地促进了学生的全面发展。

2010年国家发布《国家中长期教育改革和发展规划纲要（2010—2020年）》，提出教学应该以学生为主体，教师为主导，充分发挥学生的主观能动性。传统教育教学手段一般为课堂教学，教师讲授新知，学生被动接受，学生的主体性没有得到尊重。而在慕课中，无论是通识教育课程，还是不同学科的基础课程都应有尽有，课程难度设置也有一定梯度，学生可以根据自己的水平和需求自主选择课程，自主安排课程学习时间。慕课较好地满足了学生学习的主体性和个性化要求，符合人本主义教育思想。

二、教育的技术化

作为一种社会活动，教育深受技术的影响并随着技术的进步而发展。无线电、电视、PPT、多媒体等技术都曾被运用于教育，慕课是当前互联网信息技术与教育相结合的最新产物。从技术层面入手，结合相关技术哲学理论分析慕课，我们将可以更全面地认知慕课所隐含的技术特征与后果。

科学技术作为一种工具理性，它无法对人类生存的终极状态予以关怀。相反，一旦人的生存样态受制于工具理性，那么人的生存就必定会偏离人的价值理性。科技发展史表明，科学技术曾是帮助人类摆脱宗教神学的重要力量，是对人的主体地位的一种确证；人类凭借科学理性的力量，获得了对外部世界的规律性的认识，并在理性认识的指导下，卓有成效地去改造外部世界，进而也改造人类自身。但是科学技术在现代成为一种新的"宗教"、一种新的"神话"，科学技术以工具理性的方式控制人的思维，将人变为操控对象。法兰克福学派代表理论家霍克海默在《启蒙辩证法：哲学断片》中写道，"被彻底启蒙的世界却笼罩在一片因胜利而招致的灾难之中"。[①] 法兰克福派

---

① ［德］马克斯·霍克海默、［德］阿道尔诺：《启蒙辩证法：哲学断片》，渠敬东、曹卫东译，上海：上海人民出版社2006年版，第1页。

的这种反思批判破除了科学即进步的神话，使人们清楚地认识到启蒙与科学技术的负面影响。

法国技术哲学家雅克·埃吕尔(Jacques Ellul)曾指出，技术的进步是个复杂的、含糊的矛盾体，无法明确地用好或者坏加以衡量。人们可以从四个方面来思考这个问题："所有的技术进步都有代价；技术引起的问题比解决的问题多；有害的和有益的后果不可分离；所有的技术都隐含着不可预见的后果。"①教育技术也不例外，既具有不可比拟的优势，同时也隐含着一些负面后果。就慕课而言，作为教育技术化的最新产物，它也是个"矛盾体"，既蕴含着上文所论述的人本主义哲学思想，突出了以学生为中心的教学理念，同时也隐含着一些"有害的"后果。与传统的课堂教学相比，慕课缺少现场感，其效果犹如批量复制、广泛传播的影视作品。关于复制品，本雅明在《机械复制时代的艺术作品》中写道："即使在最完美的艺术复制品中也会缺少一种成分：艺术品的即时即地性，即它在问世地点的独一无二性。"②课堂教学犹如艺术品的原作，产生于一定的时间和地点，并且当时师生之间、学生与学生之间有着较为密切的交往、互动和反馈，而慕课则类似于技术复制品，缺少"即时即地性"和"独一无二性"，没有教师与学生以及学生与学生之间的面对面互动，当然也不具有课堂教学所独有的效果。

此外，本雅明还指出，复制品与原作相比，缺少了"光韵"，"在对艺术作品的机械复制时代凋谢的东西就是艺术品的光韵"。所谓"光韵"，"从时空角度所作的描述就是：在一定距离之外但感觉上如此贴近之物的独一无二的显现"。比如，夏日午后，人们凝视远处的山脉和在自己身上投下绿荫的树枝时心理上产生的亲近感。③将"光韵"的概念挪用到课堂教学上，人们就会发现，学生和教师都散发着"光韵"：一方面，听课的学生专心致志，目不转睛地盯着教师，教师从他们的神态和眼神中发现亲近感并得到鼓舞；另一方面，

①　[法]雅克·埃吕尔：《技术秩序》，见吴国盛：《技术哲学经典读本》，上海：上海交通大学出版社 2008 年版，第 134 页
②　[德]瓦尔特·本雅明：《机械复制时代的艺术作品》，王才勇译，北京：中国城市出版社 2001 年版，第 7 页。
③　[德]瓦尔特·本雅明：《机械复制时代的艺术作品》，王才勇译，北京：中国城市出版社 2001 年版，第 10~13 页。

教师在讲台上深入浅出、滔滔不绝地讲授新知识，学生从教师身上获得情感认同并得到鼓励；学生和教师之间形成一种亲密的、双向的情感空间或"光韵"空间。这些都是慕课所不具备的。作为一种大规模在线开放课程，慕课的学习者众多，绝大多数课程缺乏有效的师生间的及时反馈与互动，而表现为一种从教师到学生的、非即时的单向知识传输。慕课将教师的"教"与学生的"学"分置于不同的时空内，否定了教师与学生之间即时的知识反馈与情感交流，解构了课堂教学的"光韵"，也削弱了教学活动的情感效果，将教学-学习这一丰富复杂的双向活动简约为单向的知识传输，显然不符合教育的本质。

　　作为一种新的教育技术，慕课还有可能引发教师与学生的"异化"。关于技术的异化，德国当代技术哲学家弗里德里希·拉普（Friedrich Rapp）曾指出，随着技术的不断发展，当代社会出现了"技术异化这一特殊问题"，"这是现代技术世界的特征。这种异化的根源在于技术程序本身的性质"。① 技术不是一个相对静止的、固定的产物，而是一个持续发展、不断前进的事物。在其发展过程中，个体的人逐渐被技术所控制、所裹挟，失去主体性，成为技术的客体或对象。

　　就慕课作为一种课程而言，决定慕课内容的本应该是主讲的教授，教授规划安排课程内容，然后在专业技术人员的帮助下，将课程内容制作为适合网络上传播与运行的电子信息；然而，当前一个奇怪的现象是，慕课的课程内容最终决定于技术人员，而非主讲教授。技术人员在慕课的制作过程中，根据技术需要对教授准备的内容进行修改，那些适合制作为电子信息的内容被保留下来，而那些不适合制作为电子信息的内容则被改动，甚至被删掉。包装精美的慕课中，起主导作用的似乎是技术专家，而非教授。如前文所述，美国佐治亚理工学院的凯伦·海德副教授主讲了一门慕课，她负责准备慕课资料和录制内容，为了得到美国慕课公司 Coursera 的批准，技术团队另外需用 5~10 天的时间对其录取的视频进行剪辑处理。② 对此，国内有研究者指

---

① ［德］弗里德里希·拉普：《技术哲学导论》，刘武等译，沈阳：辽宁科技出版社 1986 年版，第 146 页。

② Hewa, K. F. & W. S. Cheung "Students and instructors" use of Massive Open Online Courses（MOOCs）: motivations and challenges. *Educational Research Review*, 2014, Vol. 12, pp. 45-58.

出，作为目的的教学会与作为手段的慕课技术发生冲突，因为一些慕课教师面对高度专业化的技术系统无能为力。

在学生方面，他们按照慕课固有的程序设置一步步地学习，也可以根据自己需要同时学习多门慕课，这确保了他们在知识的量上的获取；但在知识的深度方面却受到极大的限制，因为教师不会针对每个学生的学习进展情况来进行有针对性的指导，并引导他们进行更深层次的阅读与研究，这是慕课的技术本质所决定的。法国技术哲学家埃吕尔曾写道："技术允许我们从量上提升所说的文化水平，但与此同时又阻止我们在深度上取得任何进展……所有的技术进步都有代价。我们不能相信技术什么也不带给我们，但我们也不应该认为它是免费带来这些东西的。"①此外，慕课对学生的要求也较高，不仅要求学生具有较强的自我管理和自我规划能力，而且具有相当高的通过网络进行自主学习的能力。当然，慕课对学生的硬件设备也有较高要求，没有便捷的网络和相关电脑设备，不具备熟练使用网络和社交平台的技术，学生无法通过慕课进行学习。

在讲授慕课时，教授和学生一定程度上成为技术操控的对象，这是教育技术化所带来的必然后果。人成为技术的客体和对象，这在德国哲学家哈贝马斯(Jurgen Habermas)看来，属于"技术的倒置"，现代技术的本来目的在于给人提供服务，结果却变成了一种控制人的手段，成为一种技术的"意识形态"。② 另一位德国哲学家马尔库塞(Herbert Marcuse)也认为，技术已经成为当今工业社会的统治手段，"技术为人的不自由提供了很大的合理性，并且证明，自主、自己决定自己的生活'在技术上'是不可能的"。③ 教育技术化之后，教师和学生似乎不再是教育活动的主体，而成为教育技术的操作对象，这既是技术哲学在教育技术方面的具体演绎，同时也是当前慕课呈现出的另一副面孔。

---

① [法]雅克·埃吕尔：《技术秩序》，见吴国盛：《技术哲学经典读本》，上海：上海交通大学出版社2008年版，第135页。

② [德]哈贝马斯：《作为"意识形态"的技术与科学》，李黎、郭官义译，上海：学林出版社1999年版，第6页。

③ [德]赫伯特·马尔库塞：《单向度的人》，张峰、吕世平译，重庆：重庆出版社1988年版，第135页。

作为一种教育技术手段，慕课还隐含着政治含义，这是当前的慕课研究中经常被忽略的层面。许多思想家曾指出，技术从来就不是中立的手段，一定的技术总是蕴含着特定的政治含义。马克思曾写道："手推磨产生的是封建主为首的社会，蒸汽磨产生的是工业资本家为首的社会。"①技术与政治之间存在千丝万缕的联系，美国哲学与技术学会的第五任主席兰登·温纳（Langdon Winner）指出，各种技术系统总是与现代政治密不可分，技术"强有力地、甚至不可避免地与特定的权力和权威的制度化模式联系在一起"。② 慕课这种教育技术也与特定的政治权力模式相关，一方面，一门慕课有着动辄几万人的学生，这些学生学习的是统一的慕课内容，这种高度集中的授课模式一定程度上否定了教育生态的多样性，容易形成一种教育独裁和知识独裁；另一方面，慕课的授课方式与技术特征使得权力机构更容易监视与控制教育的具体内容，权力机构通过操纵慕课便可以对大量的学生施加影响，从这种意义上看，慕课为权力机构提供了另一种可能的权力操作机制。

三、教育的殖民化

人类的知识与真理从来就不是中立的、客观的，知识与真理的生产、分配和传播无不隐含着权力。法国哲学家米歇尔·福柯（Michel Foucault）对西方的知识进行了考古学式的研究，深入分析了知识与权力之间的共谋关系，将西方历史划分为不同的"知识型"，并指出不同的"知识型"其实是不同形式的权力分布。在福柯看来，知识是权力的一个重要来源，知识的生产者和拥有者具有判断他人行为对错并指导他人应该如何行动的权威，可以将自己的权力施加于他人，"所有门类的知识的发展都与权力的实施密不可分……真理无疑也是也是一种权力"。③

当前国外慕课的制作者大多是西方国家的名校，尤其是美国的哈佛大学、麻省理工学院、杜克大学等世界知名大学。这些名校控制着绝大多数已有的

---

① 《马克思恩格斯选集》(第1卷)，北京：人民出版社1995年版，第108页。

② ［美］兰登·温纳：《人造物有政治吗?》，见吴国盛：《技术哲学经典读本》，上海：上海交通大学出版社2008年版，第198页。

③ ［法］米歇尔·福柯：《权力的眼睛：福柯访谈录》，严锋译，上海：上海人民出版社1997年版，第31~32页。

慕课资源，并且还决定着慕课将来的开发与发展。慕课似乎已经形成福柯意义上一种新的"知识型"，随着慕课在全球的流行，这些西方国家的知名高校的影响力也将进一步增大，甚至会以加速度的方式增大，它们将极有可能垄断知识的生产、分配与传播，形成一种新型的教育霸权。

国外已经有多位学者指出慕课的这种潜在隐患。美国波士顿学院国际高等教育研究中心主任菲利普·阿特巴赫(Philip G. Altbach)在《作为新殖民主义的慕课：谁控制知识?》一文中指出："看看支持慕课的内容和技术源于哪里，就会明白控制知识的是谁。慕课基本上是以美国为主导推动的，现有的大部分课程来自美国和其他西方国家。慕课提供商也都来自技术发达国家，大部分慕课是由美国教授制作和讲授的，慕课的内容都是基于美国学界的经验和教学理念，指定的阅读教材也是美国或其他西方国家编写的……无论知识还是教学方法都不是中立的。学术民族主义在人文社会科学领域表现得更为明显。慕课通过将技术置于现有知识框架体系内来强化西方的高等教育霸权，而世界其他地区只能搭便车，但很可能使用别人开发的技术、教学观点和内容。这一切对发展中国家来说都是必须认真考虑的严峻课题，而且慕课的方便和便宜使得其影响力延伸到发展中国家的非精英群体，慕课将进一步扩大西方学界对全世界的影响力。"[1]加利福尼亚大学洛杉矶分校教育信息学院的罗兹(Robert A. Rhoads)教授也指出，美国规模空前的慕课运动让少量的精英高校主宰了美国整个高等教育体系，他们也将控制全球高等教育市场，并且将向全球强势推销美国的经济与文化价值，慕课已构成一种新的文化殖民。[2]

国内学者也提出相似观点，认为慕课的内容和互联网技术载体均隐含着制作方的意识形态和政治因素，"包括课程中的西方式政治理念、宗教至上的终极关怀、西方中心的知识体系与思维方式、普世主义幌子下的资本主义价值倾销等"。[3]

---

① 转引自吴万伟：《"慕课热"的冷思考》，《复旦教育论坛》2014年第1期，第14页。

② Rhoads, R. A. *MOOCs, Higher Technology and Higher Learning*. Baltimore：Johns Hopkins University Press, 2015, p. 107.

③ 张继明：《高等教育现代化视域下慕课的批判性分析》，《电化教育研究》2016年第3期，第69页。

当前，慕课已经成为一些西方国家民主制度输出的新方式，而且很可能非常有效。一些西方国家对我国开展民主输出的基本路径是借助所谓的"普世价值"宣扬西方的民主观，使我国在经济、政治、文化和生活方式上逐渐西方化，其目的在于影响和颠覆我国现存政治制度。有人一针见血地指出，"在慕课课程新时空中，哈佛、斯坦福等美国名校绝不仅仅是在展示他们的课程，课程是什么？是文化，是意识形态，是民族精神……这对中国的挑战，绝不仅仅限于高等教育，而是关系到民族文化生死存亡的大问题"。①

此外，绝大多数慕课使用的语言是英语，教授推荐的阅读资料也均是英语资料。与知识一样，语言也不是中立的，而是蕴含着一定的意识形态和文化立场。英语中的一些词语本身就暗含着对其他种族和文化的贬低性价值判断，比如"pagan"一词，其原意是"异教徒"，意指基督徒之外的所有信仰其他宗教的人，后来引申为"无宗教信仰的人"。这个引申意义耐人寻味，它隐含着宗教信仰方面的价值判断：只有基督教是合法的和神圣的，所有其他宗教信仰不具有合法性。如果一个人不信仰基督教，就等同于没有宗教信仰。再如"barbarian"一词，原指"异邦人"或"其他国家的人"，但在英语中，这词还有"野蛮人""粗野的人""无教养的人"等贬低性含义。这其实内含着对其他国家和种族的人的价值判断：白人是高雅的、有教养的、有文化的，其他国家和种族的人则不是。慕课的语言是英语，这意味着除知识内容外，慕课也在通过英语这种语言潜移默化地给学生灌输着西方发达国家的意识形态和西方白人的宗教观、价值观、伦理观、政治观等。

美国阿拉伯裔理论家爱德华·萨义德（Edward W. Said）在《文化与帝国主义》一书中曾指出，西方发达国家在全球的经济扩张离不开其文化和意识形态在全球的渗透，因为一方面这为经济扩张奠定基础，另一方面也为其进行合法性与合理性的辩护。"力量与合法性并存，一种力量存在于直接的统治中，另一种力量存在于文化领域。这两种力量的并存是老牌帝国主义霸权的一个特点。在美国的世纪中，它的不同之处在于文化扩张的范围的突飞猛进。这

① 李亚员、管立国：《慕课的政治文化本质与政治安全》，《理论探索》2015年第1期，第55页。

主要是由于传播与控制信息的工具空前发展。"①萨义德预见了迅速发展的互联网技术将给美国等西方国家带来文化上的霸权，但是他没有预见到慕课也将带来教育上的霸权。

教育霸权与教育殖民之间关系密切，犹如一枚硬币的两面。慕课既意味着美国等西方发达国家所享有的教育霸权，同时也意味着对其他国家的教育殖民。由于慕课课程来自西方名校，对学生具有巨大的吸引力，学生会首先考虑获取这种优质资源，而将本国原来的教育内容置于次要位置。慕课将有可能使得这些国家失去高等教育的自主权，其高等教育的理念、目标内容、课程体系等将受到极大冲击。此外，这些国家的精英人才也将更容易被西方国家发现和挖走，人才的这种"虹吸"是慕课具有的更为隐蔽的功能。由于慕课采用大数据处理与操作，慕课开发方掌握着所有学生的信息，他们能方便地发现优秀的人才，并将其挖走。对此，罗兹教授指出，美国等西方国家通过慕课这个有效工具在全球范围内发现并招募人才，让全球的人才为自己的经济发展服务。②

慕课是当前互联网时代教育界出现的极其复杂的新生事物，它一方面打破了传统高等教育中时间、地点等对学生的限制，将学习的自主权归还学生，有利于发挥他们的主观能动性，这符合人本主义哲学的理念。但另一方面，也隐含着一些技术特征与负面后果，它犹如课堂教学的批量复制品，缺少课堂教学所具有的师生情感交流和双向互动，教师与学生均受制于互联网技术，成为慕课技术操控的客体。当前很多慕课由西方的名校制作，这极易形成西方发达国家的教育霸权和教育殖民。

面对慕课，我们不能因噎废食，忽视慕课所具有的优势，同时我们也要尽力避免慕课所包含的负面因素。比较可行的方法有三种：首先，我们在介绍引进国外的慕课时，需要进行一定的甄别，只引进那些质量较高，并且内容不包含政治、历史、宗教等偏见的国外慕课。其次，我们还要大力开发建

---

①　[美]爱德华·W. 萨义德:《文化与帝国主》，李琨译，北京：生活·读书·新知三联书店 2003 年版，第 413 页。

②　Rhoads, R. A. *MOOCs*, *Higher Technology and Higher Learning*. Baltimore：Johns Hopkins University Press, 2015, p. 109.

设自己的慕课，鼓励国内实力较强的高校建设慕课平台，制作并发布慕课。目前，国内较有影响的慕课平台有北京大学的"华文慕课"、上海交通大学的"好大学在线"和清华大学的"学堂在线"等。我们需要进一步鼓励有实力的高校加入到制作慕课的队伍中来，因为这关系到我国高等教育的未来。前北京大学校长周其凤曾指出："如果我们北京大学在这方面不努力，可能有一天学生坐在燕园里上的课程是哈佛的课程、麻省理工学院的课程、牛津的课程、剑桥的课程……不要落伍，北京大学不能落伍。这个事情既能提高我们的教育质量，也能提高北京大学的国际影响力。事实上，如果我说得严重一点，也许关系到存亡的问题。"①最后，我们需要将慕课与课堂教学有效地结合起来，既可以发挥课堂教学与慕课各自的优势，也可以有效地避免慕课所隐含的技术方面的负面结果，做到扬慕课之长，避慕课之短，进一步推进我国高等教育的改革和提高高等教育的质量。

① 转引自尚俊杰：《MOOC：能否颠覆教育流程?》，《光明日报》2013年11月18日第1版。

参考文献

Alman, S. W. & Jumba Jennifer. MOOCs Now Everything You Need to Know to Design, Set Up, and Run a Massive Open Online Course[M]. Englewood: Libraries Unlimited, 2017.

Anderson, Terry & Jon Dron. Three generations of distance education pedagogy[J]. The International Review of Research in Open and Distance Learning, 2011(12): 80-97.

Baggaley, Jon. MOOC postscript[J]. Distance Education, 2014(35): 126-132.

Bandura, Albert. Social Learning Theory[M]. New York: General Learning, 1971.

Bates, Tony. MOOCs: getting to know you better[J]. Distance Education, 2014(35): 145-148.

Borrego, Angel. The impact of MOOCs on library and information science education[J]. Education for Information, 2019(35): 87-98.

Bowen, W. G. Higher Education in a Digital Age[M]. New Jersey: Princeton University Press, 2013.

Breslow, Lori. et al. Studying learning in the worldwide classroom research into edX's first MOOC[J]. Research Practice Assessment, 2013(8): 13-25.

Burd, Elizabeth L. et al. Exploring business models for MOOCs in higher education[J]. Innovative Higher Education, 2014(40): 37-49.

Marc, Clara & Barbera Elena. Learning online: massive open online courses (MOOCs), connectivism, and cultural psychology[J]. Distance Education, 2013 (1): 129-136.

Clarke, Thomas. The advance of the MOOCs[J]. Education Training, 2013 (4): 403-413.

Cooper, Steve & Mehran Sahami. Reflections on Stanford's MOOCs [J]. Communications of the Association for Computing Machinery, 2013, 56(2): 28-30.

Cremin, Lawrence Arthur. Public Education[M]. New York: Basic Books, 1976.

Cusumano, Michael A. MOOCs revisited, with some policy suggestions[J]. Communications of the Acm, 2014, 57(4): 24-26.

De Barba, P. G. et al. The importance and meaning of session behavior in a MOOC[J]. Computers & Education, 2020(146): 1-18.

De Freitas, Sara. MOOCs: The Final Frontier for Higher Education[M]. Coventry: Coventry University, 2013.

DeWaard, Inge. et al. Using mLearning and MOOCs to understand chaos, emergence, and complexity in education[J]. International Review of Research in Open and Distance Learning, 2011, 12(7): 94-115.

Dewey, John. Democracy and Education[M]. New York: The Macmillan Press, 1930.

Dominguez, Daniel. MOOCs and Their Afterlives: Experiments in Scale and Access in Higher Education[M]. Kerala: OPEN PRAXIS, 2017.

Downs, Stevens. Connectivism and Connective Knowledge[EB/OL]. [2015-06-26]. http：//www. downes. ca/post/54540.

Eberle, Julia. et al. Grand Challenge Problems in Technology-Enhanced Learning II：MOOCs and Beyond[M]. Berlin：Springer International Publishing, 2016.

Fischer, Gerhard. Beyond hype and underestimation：identifying research challenges for the future of MOOCs[J]. Distance Education, 2014(35)：149-158.

Giuani, Nabeal. Communication patterns in Massively Open Online Courses[J]. Internet and Higher Education, 2014(23)：8-26.

Greene, Jeffrey A. et al. Predictors of retention and achievement in a massive open online course[J]. American Educational Research Journal, 2015(52)：925-955.

Hew, KheFoon & W. S. Cheung. Students' and instructors' use of massive open online courses (MOOCs)：motivations and challenges[J]. Educational Research Review, 2014(12)：45-58.

Hollands, F. M. Moocs in Higher Education：Institutional Goals and Paths Forward[M]. London：Palgrave Pivot Us, 2015.

Jacqmin, Julien. Providing MOOCs：a fun way to students? [J]. Information Economics and Policy, 2019(48)：32-39.

Jordan, Katy. Initial trends in enrolment and completion of massive open online courses[J]. The International Review of Research in Open and Distance Learning, 2014, 15(1)：33-160.

Kalman, Y. M. A race to the bottom：MOOCs and higher education business models[J]. Open Learning：The Journal of Open, Distance and e-Learning, 2014, 29(1)：5-14.

Kaushik, Anna. Library and Information Science in the Age of MOOCs[M]. Hershey：IGI Global, 2018.

Krashen, Stephen. Principles and Practice in Second Language Acquisition[M]. Oxford：Pergamon Press, 1982.

Liu, Ming. et. al. Understanding MOOCs as an emerging online learning tool: perspectives from the students[J]. American Journal of Distance Education, 2014, 28(3): 147-159.

Liyanagunawardena, T. R. et. al. MOOCs: A systematic study of the published literature 2008-2012[J]. International Review of Research in Open and Distance Learning, 2013, 14(3): 202-227.

Mahraj, Katy. Using information expertise to enhance massive open online courses[J]. Public Services Quarterly, 2012, 8(4): 359-368.

Margaryan, Anoush. et al. Instructional quality of massive open online Ccourses (MOOCs) [J]. Computers & Education, 2015(80): 77-83.

Masters, Ken. A brief guide to understanding MOOCs[J]. The Internet Journal of Medical Education, 2011, 1(2): 1-6.

Mendoza-Gonzalez, R. User-centered Design Strategies for Massive Open Online Courses (MOOCs) [M]. Hershey, PA: Information Science Reference, 2015.

Monske, Elizabeth A. & K. L. Blair. Handbook of Research on Writing and Composing in the Age of MOOCs[M]. Hershey: IGI Global, 2017.

O'Connor, Kate. MOOCs, institutional policy and change dynamics in higher education[J]. High Education, 2014, 68(5): 623-635.

Pappano, Laura. The year of the MOOC[J]. New York Times, 2012-11-02 (3).

Pence, Harry E. Are Moocs a solution or a symptom[J]. Journal of Educational Technology Systems, 2013, 42(2): 121-132.

Pence, Harry E. When will college truly leave the building: if MOOCs are the answer, what is the question[J]. Journal of Educational Technology Systems, 2013, 41(1): 25-33.

Peterson, R. D. J. MOOC fizzles[J]. Academic Quest, 2014, 27(3): 316 – 319.

Pomerol, J. C. MOOCs: Design, Use and Business Models[M]. New Jersey:

John Wiley and Sons Inc; ISTE Ltd, 2015.

Porter, Sarah. To MOOC or Not to MOOC: How Can Online Learning Help to Build the Future of Higher Education? [M]. Oxford: Chandos Publishing, 2015.

Reich, Justin. Rebooting MOOC research[J]. Science, 2015, 347(6217): 34-35.

Rhoads, Robert A. MOOCs, Higher Technology and Higher Learning[M]. Baltimore: Johns Hopkins University Press, 2015.

Roehl, Amy. et al. The flipped classroom: an opportunity to engage millennial students through active learning strategies[J]. Journal of Family and Consumer Sciences, 2013, 105(2): 44-49.

Spector, J. M. Remarks on MOOCS and Mini-MOOCS[J]. Education Tech Research, 2014, 62(3): 385-392.

Sunar, A. S. et al. Modelling MOOC learners' social behaviors[J]. Computers in Human Behavior, 2020, 107(1): 1-12.

Thai, N. T. T. et al. The impact of a flipped classroom design on learning performance in higher education[J]. Computers & Education. 2017(107): 113-126.

Tschofen, Carmen & Jenny Mackness. Connectivism and Dimensions of Individual Experience[J]. International Review of Research in Open and Distance Learning, 2012, 13(1): 124-143.

Uden, Lorna. et al. Learning Technology for Education in Cloud — MOOC and Big Data[M]. Berlin: Springer International Publishing, 2014.

Vardi, M. Y. Will MOOCs destroy academia? [J]. Communications of the Association for Computing Machinery, 2012, 55(11): 5.

Wasson, Christina. It was like a little community': an ethnographic study of online learning and tts implications for MOOCs[J]. Ethnographic Praxis in Industry Conference, 2013(1): 186-199.

White, Susan. Reflections on MOOCs after Ttaking three courses: strengths and weaknesses. The International Union of Biochemistry and Molecular Biology, 2013,

41(4)：280-281.

Woollard, John. Psychology for the Classroom：Behaviorism[M]. New York & London：Routledge，2010.

Wu, Kerry. Academic libraries in the age of MOOCs[J]. Reference Services Review，2013，41(3)：1-20.

Zhang, Jie. Can MOOCs be interesting to students? an experimental investigation from regulatory focus perspective[J]. Computers & Education，2016(95)：340-351.

Zheng, Qinhua, et al. The Development of MOOCs in China[M]. Berlin：Springer Singapore，2018.

Zhou, Mingming. Chinese university students' acceptance of MOOCs：a self-determination perspective[J]. Computers & Education，2016，92-93(1)：194-203.

[美]埃格尔斯顿. 教育生态学研究的对象[J]. 现代外国哲学社会科学文摘，1995(11)：23-25.

[美]埃利斯. 第二语言习得[M]. 上海：上海外语教育出版社，2000.

[美]埃利斯. 第二语言习得概论[M]. 上海：上海外语教育出版社，1999.

[美]艾伦·布鲁姆. 美国精神的封闭[M]. 站旭英，译. 南京：译林出版社，2007.

[美]爱德华·W. 萨义德. 文化与帝国主[M]. 李琨，译. 北京：生活·读书·新知三联书店，2003.

曹文波. 工科院校人文素质教育探析[J]. 教育评论，2015(2)：44-46.

曹新宇，朱以财，柴明颎. 翻译硕士教育国际化与职业化的思考——上海外国语大学高翻学院柴明颎教授访谈录[J]. 东方翻译，2018(6)：67-70.

柴阳丽. 基于微信的非英语专业大学生英语听说学习诉求的调查研究[J]. 外语电化教学，2014(9)：34-39.

陈冰冰. MOOCs课程模式：贡献和困境[J]. 外语电化教学，2014(3)：39-40.

陈佳. 慕课与微课在服装设计专业教学中开发及应用[J]. 人民论坛，

2015(33)：124-126.

陈坚林. 计算机网络与外语课程整合——一项基于大学英语教学改革的研究[M]. 上海：上海外语教育出版社，2010.

陈仕清. 慕课对我国基础英语教育改革的启示[J]. 基础英语教育，2014(3)：3-8.

陈嵩，张龙. 基于多运营商出口的高校校园网运维模型设计与实现[J]. 福建师范大学学报(自然科学版)，2017(4)：15-20.

陈晓雁，郑晓鸿，陈少强. 西方理工院校学生人文素质教育模式及其启示——以麻省理工学院为例[J]. 理论观察，2014(11)：138-140.

陈玉琨，田爱丽. 慕课与翻转课堂导论[M]. 上海：华东师范大学出版社，2014.

崔宏伟，程淑佳. 对慕课热的冷思考[J]. 中国教育学刊，2014(10)：106-107.

崔启亮. 全国翻译硕士教育与就业调查报告[R]. 北京：全国翻译硕士教育与就业调查报告，2017.

[美]德里克·博克. 回归大学之道——对美国大学本科教育的反思与展望[M]. 侯定凯，等译. 上海：华东师范大学出版社，2008.

[爱尔兰]德斯蒙德·基更. 远距离教育：国际终身教育的第一选择[J]. 徐辉富，译. 开放教育研究，1998(2)：9-12.

邓东元，王庆奖，段虹. 中美高等教育慕课(MOOC)发展的国际化审思[J]. 昆明理工大学学报(社会科学版)，2018(2)：76-81.

邓莉. 欧洲高等教育政策研讨会：慕课对大学不构成威胁[J]. 世界教育信息，2013(22)：78.

[法]笛卡尔. 第一哲学沉思录[M]. 庞景仁，译. 北京：商务印书馆，1986.

丁素萍. 建立翻译硕士专业学位(MTI)双导师制可持续发展的合作机制[J]. 教育与职业，2012(32)：181-182.

丁振华. 开放大学：战略转型与人才培养模式创新——中国远程教育学术论坛综述[J]. 中国远程教育，2012(6)：5-20.

董洪学，韩大伟．迥然相异抑或和而不同？——关于翻译学硕士（MA）和翻译硕士专业学位（MTI）培养的几点思考[J].外国语文，2013（4）：126-129.

杜积西，严小芳．慕课：重新定义学习[M].北京：北京师范大学出版社，2016.

杜作润，廖文武．高等教育学[M].上海：复旦大学出版社，2003.

范国睿．共生与和谐：生态学视角下的学校发展[M].北京：教育科学出版社，2011.

范国睿．教育生态学[M].北京：人民教育出版社，2000.

方旭．高等教育慕课（MOOC）学分转化的理论和实证研究[M].北京：人民出版社，2019.

冯宏义．构建我国慕课质量评价标准体系的新启示[J].福建广播电视大学学报，2018（3）：6-9.

冯晓双．慕课背景下审计学教学模式的改革与实施[J].商业会计，2019（9）：115-117.

[联邦德国]弗里德里希·拉普．技术哲学导论[M].刘武，等译．沈阳：辽宁科技出版社，1986.

高地．"慕课"：核心理念、实践反思与文化安全[J].东北师范大学学报（哲学社会科学版），2014（5）：178-186.

郭丽萍．"线上线下"混合式教学模式在高中英语教学中的应用[J].教育理论与实践，2018（35）：55-57.

郭亚红，张洪霞．大中小学思政课教师一体化建设路径[J].思想政治课教学，2021（2）：82-85.

顾骏．"慕课"虽好，难解国内教育难题[J].东方早报，2013-07-19.

[德]哈贝马斯．作为"意识形态"的技术与科学[M].李黎，郭官义，译．上海：学林出版社，1999.

韩震．推进德育一体化的时代背景、内涵要求与实践进路[J].思想政治课教学，2021（3）：4-7.

何克抗．从"翻转课堂"的本质，看"翻转课堂"在我国的未来发展[J].电化教育研究，2014（7）：5-16.

何源，何淑通.基于MOOCs平台的高校翻转课堂师生人际互动指标体系构建探究[J].江苏高教，2017(12)：50-52.

[德]赫伯特·马尔库塞.单向度的人[M].张峰，吕世平，译.重庆：重庆出版社，1988.

侯淑霞，韩鹏."双一流"建设背景下我国高等教育国际化发展研究[J].国家教育行政学院学报，2019(8)：46-51.

胡姣，张文兰，陈思睿.大学生碎片化学习中注意力失焦归因研究——基于扎根理论的质性分析[J].电化教育研究，2019(11)：36-42.

[德]胡塞尔.胡塞尔选集[M].倪梁康，选编.上海：上海三联书店，1997.

胡铁生.微课：区域教育信息资源发展的新趋势[J].电化教育研究，2011(10)：61-65.

胡艺龄，陈婧雅，等.MOOCs在教育均衡中的挑战及应对策略[J].中国电化教育，2014(7)：40-45.

胡壮麟，姜望琪.语言学高级教程[M].北京：北京大学出版社，2002.

[英]怀特海.教育的目的[M].徐汝舟，译.北京：生活·读书·新知三联书店，2002.

[美]霍克海默，[美]阿道尔诺.启蒙辩证法：哲学断片[M].渠敬东，曹卫东，译.上海：上海人民出版社，2006.

姜强，等.MOOC低完课率现象背景下的设计质量有效规范实证研究[J].电化教育研究，2016(1)：51-58.

姜永玲，等.我国高校MOOCs发展的影响因素及发展路径[J].中国成人教育，2014(11)：18-21.

焦建利，王萍.慕课[M].北京：机械工业出版社，2015.

教育部.国家开放大学与中央广播电视大学有什么不同[EB/OL].[2012-08-008].publicfiles/business/htmlfiles/moe/s6073/201208/140343.hhtm.

教育部.国家中长期教育改革和发展规划纲要(2010—2020年)[EB/OL].[2010-07-29]http：//www.moe.edu.cn/edoas/website18/30/info1280446539090830.html.

颉茂华，刘冬梅. 审计专业本科人才培养现状与对策——基于教师、学生与用人单位的三维调查问卷分析[J]. 财会通讯，2013(1)：45-49.

[德]康德. 纯粹理性批判[M]. 邓晓芒，译. 北京：人民出版社，2004.

康霞. 慕课在我国高职教育发展中的冷思考[J]. 教育与职业，2018(6)：99-103.

[美]克里斯顿·纳尔森，[美]吉姆·贝利. 教师职业的9个角色[M]. 北京：中国青年出版社，2008.

[美]莱瑞·约翰逊，[美]萨曼莎·亚当斯贝克尔. 对于"慕课"的质疑——在线学习变革引发的社会反响[J]. 白晓晶，李胜波，译. 北京广播电视大学学报，2013(6)：18-23.

[美]兰登·温纳. 人造物有政治吗？[M]//技术哲学经典读本. 吴国盛，编. 上海：上海交通大学出版社，2008.

[美]劳拉·珀纳，等. 促进学生流动：美国高等教育国际化的发展趋势[J]. 比较教育研究，2015(8)：89-99.

李斐，黄明东. "慕课"带给高校的机遇与挑战[J]. 中国高等教育，2014(7)：22-26.

李辉，林亦平. 大学精神的人文解读与回归[J]. 高等工程教育研究，2004(1)：27-30.

李加军，张楚珊，陈春丽. 基于模糊综合评价法的MOOC教学质量评价研究[J]. 当代继续教育，2016(2)：50-54.

李梁. "慕课"背景下思政课教学改革的问题逻辑视角[J]. 中国高等教育，2014(2)：37-39.

李梁. 慕课与思想政治理论课教学模式创新[J]. 思想理论研究，2014(1)：65-69.

李荣江，成永红. MOOCs：新建本科院校辅导员素质提升的新途径[J]. 教育理论与实践，2017(37)：38-39.

李稳敏，席丽红. 基于课程设置的翻译硕士人才培养路径研究[J]. 赤峰学院学报(汉文哲学社会科学版)，2019(4)：148-150.

李晓明. 四重视角看慕课——访北京大学校长助理、慕课工作组组长李晓明[N]. 中国教育报，2014-09-29.

李雅丽，李思琪，曾艳雯. 翻译硕士教育研究（2007-2018）：回顾与展望[J]. 国际公关，2019(11)：237-241.

李亚员，管立国. 慕课的政治文化本质与政治安全[J]. 理论探索，2015(1)：54-58.

李志河，等. 翻转课堂模式下的深度学习影响因素研究[J]. 现代教育技术，2018(12)：55-61.

梁延秋. 现代审计教育的方法选择与创新路径[J]. 广西师范学院学报（哲社版），2018(4)：143-146.

林建. "慕课"环境下基础教育教学改革的机遇与挑战[J]. 教学与管理，2017(24)：4-6.

林玲，高丽，刘国良. 我国高校慕课建设的政策对比分析与建议[J]. 卫生职业教育，2018(17)：16-18.

刘方林，乔莉莉. 慕课：我国基础教育均衡发展的出路[J]. 教育探索，2015(7)：32-34.

刘和海，李起斌，张舒予. "慕课"对我国高等教育的影响——基于高等教育核心价值取向视角[J]. 安徽师范大学学报，2014(4)：517-521.

刘和海，张舒予，朱丽兰. 论"慕课"本质、内涵与价值[J]. 现代教育技术，2014(24)：5-11.

刘杰. 高等院校审计专业人才培养路径选择[J]. 财会通讯，2018(4)：38-41.

刘俊学，罗元云. 在线与混合：慕课时代地方高校战略选择[M]. 长沙：中南大学出版社，2018.

刘其，李金云. 翻译硕士翻译实训基地当前存在的问题及对策[J]. 英语广场，2020(1)：28-29.

刘秀玲，黄凌宇，朱瑞雪，苗芳. 结合慕课资源的课程建设[J]. 大连民族学院学报，2015(4)：409-412.

刘永贵，孟夏. 大学先修课慕课（MOOCAP）：我国大学与高中教育衔接的新方式[J]. 远程教育杂志，2016(3)：15-23.

刘志山，李燕燕. 慕课背景下"思想道德修养与法律基础"课教学面临的机遇、挑战及其对策[J]. 思想教育研究，2014(11)：55-58.

[美]罗杰斯，[美]弗雷伯格. 自由学习[M]. 伍新春，等译. 北京：北京师范大学出版社，2006.

马婧. 联通主义视域下高校混合式教学研究[J]. 河南大学学报(社会科学版)，2019(6)：123-127.

马克思恩格斯选集(第1卷)[M]. 北京：人民出版社，1995.

[美]马斯洛. 动机与人格[M]. 许金声，等译. 北京：华夏出版社，1987.

马武林，李晓江. 国际MOOCs课程对我国大学英语后续课程建设的启示[J]. 现代教育技术，2013(23)：85-89.

毛齐明，等. 高校翻转课堂的实践反思与超越路径[J]. 高等教育研究，2019(12)：75-80.

孟庆宁. "慕课"热潮重释：现实困境、行动逻辑与文化反思[J]. 江汉学术，2014(4)：66-71.

孟志远，等. MOOCs引发的矛盾关系思考[J]. 中国电化教育，2015(10)：22-27.

[法]米歇尔·福柯. 权力的眼睛：福柯访谈录[M]. 严峰，译. 上海：上海人民出版社，1997.

倪清泉. 大学英语学习动机、学习策略与自主学习能力的相关性实证研究[J]. 外语界，2010(3)：30-35.

聂晶，张羽. 慕课"接轨"基础教育的现状与走向[J]. 中小学管理，2014(7)：24-27.

裴念赟，邓东元. 慕课(MOOC)在我国高校MTI教学中的应用研究[J]. 英语教师，2019(12)：6-8.

彭世华. 发展区域教育学[M]. 北京：教育科学出版社，2003.

钱小龙. MOOC与中小学教育整合的目标与路径：美国的经验[J]. 外国教育研究，2017(6)：41-53.

钱小龙. 大学慕课商业模式的成本结构解析——以加州大学欧文分校为

例[J].教育学术月刊,2019(7):103-111.

　　钱小龙.可持续发展视野下大学慕课商业化运作的整体性分析[J].现代教育技术,2019(29):87-93.

　　乔峤,夏南强.慕课与高校图书馆的新角色——国外图书馆参与慕课建设与利用介绍[J].图书馆理论与实践,2015(12):65-69.

　　邱均平,欧玉芳.慕课质量评价指标体系构建及应用研究[J].高教发展与评估,2015(5):72-81.

　　[法]让-保罗·萨特.存在主义是一种人道主义[M].周煦良,汤永宽,译.上海:上海译文出版社,1988.

　　任凯,白燕.教育生态学[M].沈阳:辽宁教育出版社,1992.

　　阮全友.基于QQ平台的实践共同体对学生思辨能力的培养[J].外语电化教学,2014(2):48-54.

　　尚俊杰.MOOC:能否颠覆教育流程?[N].光明日报,2013-11-18.

　　孙冀萍.融入"慕课"模式破解审计案例教学困境[J].太原师范学院学报,2016(5):127-128.

　　孙进,皮国萃.新世纪高等教育人才培养的目标:基于英、德、加三国国家资格框架的分析[J].比较教育研究,2011(1):36-40.

　　孙曼丽.国外大学混合学习教学模式述评[J].福建师范大学学报(哲学社会科学版),2015(3):153-160.

　　孙霞,等.基于深度学习的MOOCs辍学率预测方法[J].计算机工程与科学,2019(41):893-899.

　　孙有中.突出思辨能力培养,将英语专业教学改革引向深入[J].中国外语,2011(3):49-58.

　　谭伟平.大学人文教育与人文课程[D].武汉:华中科技大学博士学位论文,2005.

　　汤敏.慕课革命:互联网如何变革教育?[M].北京:中信出版社,2015.

　　田爱丽.基础教育慕课与翻转课堂教学理论和实践[M].上海:华东师范大学出版社,2016.

童小素，贾小军. MOOC 质量评价体系的构建探究［J］. 中国远程教育，2017（5）：63-71.

［德］瓦尔特·本雅明. 机械复制时代的艺术作品［M］. 王才勇，译. 北京：中国城市出版社，2001.

汪俊辉，朱国平. 试论理工科大学生的人文素质教育［J］. 教育与职业，2005（35）：51-52.

王笃勤. 大学英语自主学习能力的培养［J］. 外语界，2002（5）：17-23.

王海波. 国外当前慕课发展中存在的问题探析［J］. 复旦教育论坛，2015（4）：25-30.

王秋月."慕课""微课"与"翻转课堂"的实质及其应用［J］. 上海教育科研，2014（8）：15-18.

王善迈，等. 我国各省份教育发展水平比较研究［J］. 教育研究，2013（6）：29-41.

王文礼. 从慕课 1.0 到慕课 4.0：创新和颠覆［J］. 现代教育技术，2018（7）：92-98.

王晓波，牟艳娜. 慕课——多元在线教育形态的创新与发展［J］. 中小学信息技术教育，2014（2）：27-30.

王宇. 慕课低完成率问题的归因与解法［J］. 现代教育技术，2018（9）：80-85.

文秋芳. 构建"产出导向法"理论体系［J］. 外语教学与研究，2015（4）：547-558.

文秋芳. 认知语言学对二语教学的贡献及其局限性［J］. 中国外语教育，2013（2）：23-31.

吴鼎福，诸文蔚. 教育生态学［M］. 南京：江苏教育出版社，2000.

吴鼎福. 教育生态学刍议［J］. 南京师范大学学报（社会科学版），1988（3）：33-36.

吴继兰，尚珊珊. MOOCs 平台学习使用影响因素研究——基于隐性和显性知识学习视角［J］. 管理科学学报，2019（22）：21-39.

吴霓. 中国民办高职教育发展的现状、问题和对策——基于统计数据的分析和研究[J]. 中国职业技术教育，2017(36)：5-9.

吴琼，方旭. MOOC 课程质量标准框架模型构建研究[J]. 高等理科教育，2017(6)：75-81.

吴秋生，杨瑞平，王晓亮. 慕课下"审计学"研究性教学改革：结构、模式与条件[J]. 财会月刊，2017(12)：68-72.

吴万伟. "慕课热"的冷思考[J]. 复旦教育论坛，2014(1)：10-17.

肖辉. MOOC 环境下中小学音乐课程面临的契机与挑战[J]. 湖南社会科学，2017(1)：197-202.

谢贵兰. 慕课、翻转课堂、微课及微视频的五大关系辨析[J]. 教育科学，2015(31)：43-46.

谢惠媛. "慕课"教学的理性反思——基于 SWOT 的分析框架[J]. 思想政治课教学，2015(11)：12-15.

徐海波. 高等教育大众化视野下现代远程教育的发展[J]. 中国成人教育，2014(7)：22-24.

徐鹤田. 复合型审计人才培养策略的思考[J]. 中国内部审计，2014(6)：78-81.

徐辉富，等. 直面变革：中国式 MOOCs 的实践探索[J]. 开放教育研究，2013(19)：11-17.

徐建华，姜君. 我国基础教育慕课热的冷思考[J]. 中国教育学刊，2014(8)：34-37.

徐锦芬，等. 非英语专业大学生自主性英语学习能力调查与分析[J]. 外语教学与研究，2004(1)：64-68.

徐锦芬，徐丽. 自主学习模式下大学英语教师角色探析[J]. 高等教育研究，2004(3)：77-79.

徐锦培. 英国评估机构对英国开放大学的评价及启示[J]. 中国远程教育，2014(10)：20-26.

徐明祥，李兴洲. 构建我国终身教育体系的难点及对策[J]. 教育研究，2001(3)：59-63.

徐晓飞，等. 发展中国特色的慕课模式提升教改创新与人才培养质量[J]. 中国大学教学，2018（1）：23-24.

许程竣. CAT 计算机辅助翻译技术教学实践[M]//孙丁. 外语教育与翻译发展创新研究（第八卷）. 四川：四川师范大学电子出版社，2019.

薛瑞昌，王清. 互联网思维下职业院校 MOOC 本土化建设与启示[J]. 中国职业技术教育，2016（26）：62-65.

[法]雅克·埃吕尔. 技术秩序[M]//技术哲学经典读本. 吴国盛，编. 上海：上海交通大学出版社，2008.

[德]雅斯贝尔斯. 什么是教育[M]. 邹进，译. 北京：生活·读书·新知三联书店，1991.

杨东平. 教育公平的理想与现实[M]. 北京：北京大学出版社，2006.

杨改学. 解读信息化教育资源[J]. 电化教育研究，2009（3）：12-14.

杨慧，葛春丰. 关于 MTI 翻译硕士培养的探索与思考[J]. 语文学刊，2016（5）：142-144.

杨楠，等. 以"开放度—时间"视角分析慕课质量模型[J]. 现代教育技术，2019（4）：108-113.

杨琪. 基于应用型人才培养的高职审计教学改革探索[J]. 中国成人教育，2014（8）：137-139.

杨叔子. 传统文化·人文底蕴·大学教育[M]//中国大学人文启思录（第一卷），武汉：华中理工大学出版社，1996.

杨维东，贾楠. 建构主义学习理论述评[J]. 理论导刊，2011（5）：77-80.

殷企平. 两种文化和英国高等教育（下）[J]. 高等教育研究，1994（3）：98-101.

于歆杰. 以高质量在线教学应对高校疫情防控大考[J]. 人民论坛，2020（10）：108-109.

袁莉，斯蒂芬·鲍威尔，马红亮. 大规模开放在线课程的国际现状分析[J]. 开放教育研究，2013（19）：56-62.

[美]约翰·S. 布鲁贝克. 高等教育哲学[M]. 王承绪，等译. 杭州：浙江教育出版社，2001.

[英]约翰·亨利·纽曼. 大学的理念[M]. 高师宁，等译. 贵阳：贵州教

育出版社，2003.

臧玉春，刘春宇. 高校校园网应用现状的分析与探讨[J]. 长春工业大学学报(高教研究版)，2004(3)：34-38.

张楚廷. 高等教育哲学[M]. 长沙：湖南教育出版社，2004.

张德禄，王正. 多模态互动分析框架探索[J]. 中国外语，2016(2)：54-61.

张继明. 高等教育现代化视域下慕课的批判性分析[J]. 电化教育研究，2016(3)：66-71.

张家华. 美国网络高等教育十年发展报告：现状、问题与启示[J]. 现代教育技术，2013(23)：11-14.

张杰. "慕课"(MOOCs)带给中国大学的挑战与机遇——访上海交通大学校长张杰[J]. 大学(学术版)，2014(1)：4-15.

张金磊，等. 翻转课堂教学模式研究[J]. 远程教育杂志，2012(4)：46-51.

张麒，等. 哈佛"慕课"深度谈——访哈佛大学副教务长包弼德教授[J]. 开放教育研究，2014(5)：4-10.

张庆堂，沈澄英. 慕课时代下高职院校教师面临的挑战与对策[J]. 职教论坛，2017(5)：5-9.

张维. 世界成人教育概论[M]. 北京：北京出版社，1990.

张亚强. 新时期高校创新型审计人才的培养瓶颈与对策[J]. 广西师范学院学报(哲社版)，2018(5)：159-162.

张玉娴. 美国调查发现慕课或导致被动学习[J]. 世界教育信息，2014(11)：77.

张鸷远. "慕课"(MOOCs)发展对我国高等教育影响及其对策[J]. 河北师范大学学报(教育科学版)，2014(2)：116~121.

赵晋. 大学生慕课学习意愿的影响因素与形成机制研究[M]. 上海：同济大学出版社，2019.

赵军峰，姚恺璇. 深化改革探讨创新推进发展——全国翻译专业学位研究生教育2019年会综述[J]. 中国翻译，2019(4)：111-116.

赵晓冬，等. 教育信息化的国际行动框架研究[J]. 中国远程教育，2017（10）：20-25.

赵艳波. 慕课时代我国基础教育的应对策略[J]. 教学与管理，2014（30）：28-30.

郑立，姜桂桂. 慕课与高校英语学习方式研究[M]. 成都：西南交通大学出版社，2017.

郑新丽. 理性看待基础教育阶段的慕课热[J]. 教育科学研究，2015(5)：23-27.

钟志贤，等. 远程教育的现状、挑战与发展——访远程教育专家 Michael G. Moore[J]. 中国电化教育，2014(8)：14-18.

周元玲，李金云. 基于"科教融合、校企合作"的研究生跨学科课程体系初探[J]. 牡丹江大学学报，2019(2)：133-135.

朱红，马云鹏. 高等教育国际化新思维：来自全英文授课国际研究生教育实践的探讨[J]. 大学教育科学，2012(6)：46-51.

朱洪斌，袁广西. 中职学校慕课、微课应用研究与实践——以公共基础课为例[M]. 北京：中国纺织出版社，2019.

邹菊梅. 慕课学习者持续参与行为研究[M]. 杭州：浙江大学出版社，2019.

邹园园，等. 疫情时期高校在线教学"湾区模式"的构建与实施[J]. 中国电化教育，2020(4)：22-28.

左雪琰. 慕课助教的回答对社区讨论过程的影响[D]. 武汉：华中师范大学硕士论文，2018.

后　记

　　慕课始于 2012 年，在过去十年里取得迅猛发展。2014 年时，国内开始有相关论文发表，笔者对这种新型的教育信息技术产生了浓厚兴趣，开始着手进行这方面的研究。次年，在《复旦教育论坛》第 4 期上发表了论文《国外当前慕课发展中存在的问题探析》，概述了国内外慕课发展所面临的问题，并尝试提出应对之策。接下来的几年里，陆续在《黑龙江高教研究》《中国远程教育》《教育评论》等期刊上发文，探讨了慕课对高等教育的影响、慕课给成人教育带来的机遇以及慕课在具体教学中的运用等一系列问题。其中，发表在《中国远程教育》2016 年第 4 期的论文《慕课背景下我国网络远程教育的差异性目标定位》被中国人民大学复印报刊资料《成人教育学刊》2016 年第 9 期全文转载。

　　这些文章的发表更激起了笔者对慕课研究的兴趣，2016 年以来，围绕慕课先后申报立项了 3 项省部级课题和 2 项市厅级课题。基于之前的研究，本书力图全面展示慕课的优势与不足以及慕课在基础教育、高等教育和继续教育中的运用，尝试对慕课进行全方位、多角度的分析，并结合人本主义、技术哲学、殖民主义等理论对慕课进行形而上的审视，以期帮助人们更加清楚地认知和运用慕课，做到扬慕课之长、避慕课之短，推进线上线下结合的教学改革，全面提高教学质量。

虽然笔者从不同慕课平台上旁听了多门课程，也花了很大工夫收集和研读国内外关于慕课的研究资料，但是目前研究仍存在一些不足，比如未能具体指出慕课在将来的巨大潜力与发展空间、慕课对学习者人格塑造的作用等。期待在以后的研究中能有所突破！

在研究过程中，笔者得到了课题组成员吴林凯、黄瑞芳、侯怡、胡元蕴、涂超波等的大力协助，他们前期帮忙搜集了大量研究资料，提出了很有启发性的看法，并完成初稿部分段落撰写。感谢成员们的不懈努力！

著作的出版得到了武汉大学出版社胡国民编辑的大力帮助，胡编辑提出很多宝贵的建议，给笔者带来诸多启发，在此一并致谢！